近代会計成立史

平林 喜博
［編著］

Accounting History

同文舘出版

はしがき

　会計学の世界において，会計史——以前は簿記史あるいは簿記・会計史といわれていた——は，従来マイナーな分野であるといわれていた。事実，大学において，会計史を講じているところはごくわずかである。また，会計史家（研究者）も少ない。多くは，他の会計学の分野を研究の主要領域としており，いわば片手間に会計史の研究・教育をしているのが現状ではないだろうか。
　しかし，一寸立ち止って考えれば気付くことであるが，会計学の他の分野を研究するさい，必ずといっても良いほどその分野の現在の研究成果を鳥瞰する。つまり，過去の研究状況を知得し，現在の問題点を認識し，未来を展望するであろう。ということは，各研究者は現代会計の研究をしていると考えているが，暗黙のうちに実は会計の歴史研究にも目を向けているのである。もし，そうであるとすれば，会計史の研究は決してマイナーなものではなく，むしろ会計学研究の隅の首石として重い存在感を持っているといえよう。
　このこともあってか，会計史の研究はここ数十年間に著しい発展をとげている。そして多くの研究成果が公表され耳目を引くようになってきた。各国に会計史学会ともいうべき組織も設立され，かつ世界の会計史研究者が一堂に会する国際会議も毎年世界のどこかで開催されるようになっている。いまや，会計（学）の歴史的研究抜きで会計（学）は語られないといえよう。
　かくて，会計史研究の蓄積は会計通史を生み出すに至る。つまり会計史の教科書の誕生である。これは会計史という分野が1つの学問体系を確立し，市民権を獲得したことを意味している。本書は『近代会計成立史』と銘を打っているが，会計通史のテキストであって，わが国では日本人の手になる最初のものである。一人でも多くの人々に会計史に関心を持ってもらい，将来，会計史の研究者を目指す方々が輩出することを願って刊行するものである。また，すでに会計学の研究に従事している学徒にも，最小限本書に盛り込まれている内容程度の会計史の知見は持ってもらいたいと考えている。その意味で，テキストとはいえ，多少とも難しい内容のものになっているかもしれない。しかし，そ

れは執筆者一同が会計史に興味を持ち，研究意欲を喚起させるべく，いわば志の高い内容をあえて意識して執筆しているからであろう。何卒ご寛恕を請うものである。

　同時に，本書は通常のテキストにみられる編集とは違った新しい試みでもって上梓している。例えば，一般には各頁下あるいは各章末にある引用参考文献を，一括本書の巻末にまとめている。また，文献紹介――エピローグの主要文献と巻末の参考文献を含む――において，当然に掲載されるべきものと思われているものがいくつか省かれている。会計通史を意識しているからである。しかし，執筆者は，本書にみられるように，会計史の時代・地域・問題別に分けた場合に，それぞれにおいてもっとも適任と考えられる方々にお願いした。その意味でいえば，現在のわが国会計史研究の最先端の水準を示していると自負している。

　とはいえ，もとより本書の不備は編著者が一番熟知しているところであって，例えば，会計通史といいながら，簿記史を含む財務会計史偏重になっている。また，先述の新しい試みがテキストの場合に適切なものであるか等々，思わざる誤謬を犯していることを恐れている。先学諸先生ならびに読者諸賢の忌憚のないご批判，そしてご指導を賜りたい。

　最後に，本書は，事実上，神戸大学大学院経営学研究科　中野常男教授と兵庫県立大学経営学部　高須教夫教授，さらに帝塚山大学経営情報学部　橋本武久助教授の手によって結実したものである。企画段階から，出版社との交渉，そして最終校正はもちろん，文献等の点検に至るまで多くの手を煩わした。ここにその労苦に対して衷心より感謝申し上げる。また，本書刊行を，出版事情の悪い環境下にもかかわらず，快く引き受けてくださった同文舘出版社長の中島治久氏，そして出版に至るまでの煩わしい多種多様の編集上の営為を引き受けてくださった同取締役出版部長の市川良之氏に厚くお礼申し上げる。

2005年2月22日

編著者　平林　喜博

執筆者紹介 (執筆順)

平林　喜博	(大阪市立大学名誉教授)	プロローグ，エピローグ
片岡　泰彦	(大東文化大学教授)	第1章
土方　　久	(西南学院大学教授)	第2章
橋本　武久	(帝塚山大学助教授)	第3章
岸　　悦三	(広島修道大学名誉教授)	第4章
渡邉　　泉	(大阪経済大学教授)	第5章
中野　常男	(神戸大学教授)	第6章
田中　孝治	(三重県立明野高等学校教諭)	第7章
高須　教夫	(兵庫県立大学教授)	第8章
清水　泰洋	(神戸大学助教授)	第9章
中嶌　道靖	(関西大学教授)	第10章
原　　征士	(法政大学教授)	第11章
興津　裕康	(近畿大学教授)	第12章
藤井　秀樹	(京都大学教授)	第13章

目　次

はしがき　　　　　　　　　　　　　　　　　　　　　　　　　　　(1)

プロローグ　会計史の意義　　　　　　　　　　　　　　　3

第1節　歴史とは何か————————————————— 4
  1. 歴史とは何か　4
  2. 歴史家の役割と史料の重要性　6

第2節　会計史の意義————————————————— 11
  1. 過去を知る　11
  2. 将来を展望する　13
  3. 歴史認識を深める　14

第Ⅰ部
複式簿記の誕生とその漸次的普及
（13世紀～19世紀）

第1章　複式簿記の誕生とパチョーリ簿記論
－イタリア簿記史－　　　　　　　　　　　　　　　　19

第1節　複式簿記の起源————————————————— 20
  1. 古代ローマ起源説　20
  2. 中世イタリア起源説　20

第2節　ベネデット・コトルリの簿記論 ─────────── 25
　　　1．コトルリの簿記写本　25
　　　2．コトルリ簿記論の特徴　26
第3節　パチョーリ簿記論 ─────────────── 27
　　　1．世界最初に出版された複式簿記文献　27
　　　2．パチョーリ簿記論の特徴　27
第4節　お わ り に ───────────────── 33

第2章　フッガー家の会計と複式簿記の伝播
　　　　　－ドイツ簿記史－　　　　　　　　　　　　　　36

第1節　は じ め に ───────────────── 36
第2節　帳簿締切 ───────────────────── 38
第3節　簿記の検証 ─────────────────── 41
第4節　お わ り に ───────────────── 47

第3章　商人国家の台頭とステフィン
　　　　　－ネーデルラント簿記史－　　　　　　　　　　53

第1節　ネーデルラントの簿記書および実務の重要性 ─── 53
第2節　ネーデルラントの黄金時代：商人国家の台頭 ──── 54
　　　1．世界経済の中心地化　54
　　　2．アントウェルペン：常設的取引所の開設　55
　　　3．アムステルダム：連合東インド会社
　　　　（オランダ東インド会社）の設立　56
第3節　ネーデルラントの簿記書 ────────────── 57
　　　1．期間損益計算思考と売残商品勘定：イムピン〔1543〕　57
　　　2．状態表と状態証明表の出現：ステフィン〔1607〕　58

　　　　3． 物的二勘定学説（資本主理論的簿記論）の嚆矢：
　　　　　　ファン・フューゼル［1682］　60
　第4節　17世紀の実務：連合東インド会社の会計システム ——— 61
　　　　1． ネーデルラント本国の会計システム　61
　　　　2． 在外商館の会計システム　63
　　　　3． 「1会社2システム」　64
　第5節　おわりに：ネーデルラント簿記書研究の課題 ————— 65

第4章　ルイ14世商事王令とサヴァリー
－フランス簿記史－
67

　第1節　はじめに ——————————————————— 67
　第2節　フランスにおける複式簿記の展開 ————————— 68
　　　　1． フランスへの複式簿記の伝播　68
　　　　2． イムピン簿記論の成立　69
　　　　3． メンハー代理人簿記論の成立　70
　　　　4． サヴォンヌ簿記論の成立　71
　第3節　期間損益計算の成立 ————————————————— 72
　　　　1． 期間損益計算の胎動　72
　　　　2． 期間損益計算の成立　73
　第4節　商業帳簿規定，破産法規定の整備 ————————— 74
　　　　1． 中世法学者の所説　74
　　　　2． 中世ヨーロッパ諸都市における商業帳簿規定　75
　　　　3． 破産法の整備　76
　第5節　ルイ14世商事王令の成立 ————————————— 77
　　　　1． 1673年ルイ14世商事王令の制定　77
　　　　2． 王令の構成　78
　　　　3． 商業帳簿規定，財産目録規定　78
　　　　4． サヴァリーの王令簿記・会計規定解釈　79

目　次　(7)

第6節　おわりに────────────────── 85

第5章　産業革命期における損益計算の展開
　　　　　－イギリス簿記史－　　　　　　　　86

　第1節　はじめに────────────────── 86
　第2節　キャッシュ・フロー思考の出現─────── 87
　　　1．ストックからフローによる損益計算へ　87
　　　2．キャッシュ・フロー計算書の原初形態　89
　第3節　時価評価の出現─────────────── 90
　　　1．棚卸資産の時価評価の出現　90
　　　2．初期における固定資産の評価　93
　　　3．18世紀における固定資産の評価方法　94
　第4節　減価償却の生成─────────────── 95
　　　1．評価減から減価償却へ　95
　　　2．鉄道会社における減価償却　97
　第5節　おわりに──ディスクロージャーへの動き ─── 98

第6章　パートナーシップの簿記と巨大株式会社企業の会計
　　　　　－企業形態の変遷にみるアメリカ会計史－　　　103

　第1節　北アメリカ植民地の形成と独立革命─────── 103
　第2節　プレンティス商会：植民地時代のパートナーシップの
　　　　財務報告──────────────────── 107
　第3節　工業化の進展と国内市場の成立─────────── 109
　第4節　資本主義の確立と独占への移行─────────── 111
　第5節　USスティール社：巨大株式会社企業の財務報告─── 114

第7章　日本の伝統簿記と洋式簿記の導入　　　121
　　　　　　－日本簿記史－

第1節　わが国の伝統簿記 ──────────────── 121
第2節　複式決算簿記 ────────────────── 123
第3節　洋式簿記の導入と簿記書 ─────────────── 128
第4節　洋式簿記の導入と教育機関 ────────────── 131
第5節　伝統簿記と洋式簿記 ──────────────── 133

第Ⅱ部
株式会社制度の普及と企業会計
（19世紀末～20世紀前半）

第8章　企業集団の形成と連結財務諸表　　　139

第1節　はじめに──アメリカにおける連結財務諸表の生成 ──── 139
第2節　産業会社への連結財務諸表の普及 ─────────── 140
　　　1.　世紀の転換期頃における
　　　　　財務情報開示をめぐる経済的・社会的状況　　140
　　　2.　普及期における公表連結財務諸表の性格　　142
　　　3.　普及期における連結財務諸表の公表要因　　144
第3節　産業会社における連結財務諸表の一般化 ────────── 146
　　　1.　財務情報開示をめぐる経済的・社会的状況の変化　　146
　　　2.　一般化期における公表連結財務諸表の性格　　148
　　　3.　一般化期における連結財務諸表の公表要因　　149
第4節　おわりに ────────────────────── 151

第9章　無形資産の認識と資本会計　　154

第1節　はじめに ——————————————— 154
第2節　ビッグ・ビジネスの登場 ————————— 155
第3節　無形資産会計の変遷 ——————————— 158
　　　1．トラスト問題と無形資産会計への対処　158
　　　2．トラスト問題の変化と無形資産会計の変化　160
第4節　配当規制，利益留保と資本会計の諸問題 ——— 163
　　　1．株式発行と配当規制，剰余金の会計　163
　　　2．会計主体論の生成　164
第5節　おわりに ——————————————— 165

第10章　工業化社会と管理会計　　167

第1節　はじめに ——————————————— 167
第2節　工業化に伴なう管理会計の生成 ——————— 168
第3節　アメリカにおける管理会計の生成 —————— 170
第4節　ドイツにおける管理会計の生成 ——————— 172
第5節　おわりに——工業化社会の発展と管理会計の関係性 ——— 178

第11章　株式会社制度と会計監査　　180

第1節　はじめに ——————————————— 180
第2節　株式会社制度と監査制度 —————————— 181
　　　1．イギリスにおける監査制度　181
　　　2．ドイツにおける監査制度　183
　　　3．アメリカにおける監査制度　186
第3節　日本における監査制度 —————————— 188
　　　1．第2次世界大戦前の展開　188

2.　第2次世界大戦後の展開　190
　第4節　お わ り に ―――――――――――――――――――― 192

第Ⅲ部
近代会計学の確立

第12章　シュマーレンバッハと動的会計理論の系譜
―ドイツ会計学説史― 197

　第1節　は じ め に ―――――――――――――――――――― 197
　第2節　経営経済学者としてのシュマーレンバッハの歩んだ道 ― 198
　第3節　シュマーレンバッハの動的貸借対照表の生成と展開 ―― 200
　　　1.　動的貸借対照表の生成過程　200
　　　2.　動的論と期間損益計算　203
　　　3.　全体損益計算と期間損益計算　204
　　　4.　力の貯蔵庫としての貸借対照表項目　207
　第4節　収支的価値をベースとする会計 ―――――――――――― 208
　第5節　お わ り に ―――――――――――――――――――― 209

第13章　リトルトンと取得原価主義会計の系譜
―アメリカ会計学説史― 211

　第1節　取得原価主義会計とリトルトン学説 ――――――――― 211
　第2節　『会計発達史』―「複式簿記の進化」と
　　　　　「簿記から会計への発展」――――――――――――― 213

第3節 『会社会計基準序説』－「測定された対価」と
　　　「検証力ある客観的な証拠」 ──────────── 214
第4節 「投下原価」論争と『会計理論の構造』－
　　　「同質的資料の原則」と「客観的決定の原則」──── 217
　　1. メイとの「投下原価」論争　217
　　2. 『会計理論の構造』　218
第5節 リトルトン学説の理論的特徴と現代的意義 ──────── 220
　　1. 原価即事実説としてのリトルトン学説　220
　　2. 歴史から帰納された企業経営者の視点　221
　　3. リトルトン学説の現代的意義　222

エピローグ　会計史研究の歩み　　225

第1節 はじめに ─────────────────────── 225
第2節 会計史研究の歩み ──────────────────── 227
第3節 会計史学の生成・成立・発展 ─────────────── 229
　　1. 会計史学の生成・成立　229
　　2. 会計史の主要文献（欧文献）　232
　　3. 会計史の主要文献（日本語文献）　235

和文参考文献 ─────────────────────────── 239
欧文参考文献 ─────────────────────────── 244
事項索引 ──────────────────────────── 251
人名索引 ──────────────────────────── 256

近代会計成立史

プロローグ

会計史の意義

本章(プロローグ)のねらい

1. 会計史も歴史学の1つの学問領域であるので,まず,歴史学について――といっても歴史とは何かについて――述べる。しかし,本書の性格に鑑みてほんの初歩的なことに限定して述べる。そのさい,本章では,カーの見解を拠り所としている。したがって,カーの著者『歴史とは何か』をぜひ熟読してもらいたい。
2. 歴史においては,史料というものが非常に重要である。したがって,会計史の研究においても,この史料の取扱をめぐって種々の考え方がある。そこで,本章でも,歴史学で論議されている史料の問題と会計史において論じられている史料問題との違いについて簡単に言及する。
3. 会計史の意義については,順不同であるが――しかし,実はこれらは密接に相互関連しているが――,第1に,歴史に学ぶということの大切さ。第2に,事物の本質を認識する上で重要である。第3に,会計史の学びを通して,会計あるいは会計学の生成発展過程における光の部分と闇の部分とを認識して,いわば会計の歴史的機能を理解する。かくて,これらの認識・理解のために社会経済の発展とどうかかわったかを把握することの必要不可欠さを知ってもらいたい。なお,会計史の意義と会計史研究の意義とを本章では同義的に解している。

第1節　歴史とは何か

1．歴史とは何か

「歴史とは何か」と問われると，即座に，カー(Carr, E. H.)の『歴史とは何か』という1962年に岩波新書版として刊行された書物をわれわれは想起する。清水幾太郎訳で現在でも版を重ねている。ということは，いまだにその高い評価を失うことはなく，いわば初めて歴史を学ぶさいの格好の入門書であることを証明している。いま入門書といったが，訳者である清水も指摘しているように，本書は連続講演をまとめたものであるが，歴史哲学の書物であって，熟読含味すれば，くめどつきない泉のように歴史というものの醍醐味を味わうことができ，また歴史の根本問題を提起している学術書であることに気づくであろう。それがゆえに，いまなお洛陽の紙価を高め，歴史書において引用されているのであろう。

さて，カーはこの講演で「歴史とは歴史家と事実との間の相互作用の不断の過程であり，現在と過去との間の尽きることを知らぬ対話」(清水(幾)訳〔1962〕40頁)であるという。そして，「過去は，現在の光に照らして初めて私たちに理解出来るものでありますし，過去の光に照らして初めて私たちは現在をよく理解することが出来るものであります。人間に過去の社会を理解させ，現在の社会に対する人間の支配力を増大させるのは，こうした歴史の二重機能にほかなりません」(清水(幾)訳〔1962〕78頁)とも述べている。さらに，ネーミア(Namier, L.)の「歴史家は過去を想像し，未来を想起する」という言葉を引用して，「未来だけが，過去を解釈する鍵を与えてくれるのです。そして，この意味においてのみ，私たちは歴史における究極的客観性ということを云々することが出来るのです。過去が未来に光を投げ，未来が過去に光を投げるというのは，歴史の弁明であると同時に歴史の説明なのであります」(清水(幾)訳〔1962〕182頁)，

とカーは語っている。

　以上，カーの歴史についての考え方を長々と引用したが，要するにカーが強調しているのは，歴史は過去と現在との対話を通して，過去と現在を学ぶということ，つまり「過去と現在との相互関係を通して両者を更に深く理解」(清水(幾)訳〔1962〕97頁)することができるという点である。したがって，過去を学ぶということは現在を学ぶことであり，逆に現在を学ぼうとすれば過去を学ばなければならない，というのである。過去と現在とは切っても切れない関係にある，という主張である。

　われわれが会計史を学ぶさいにもこのカーの思考は重要である。現在の会計の歩みを正しく理解するためには，会計の過去をしっかりと学ぶ——これが一般には「会計史」の研究といえよう——ことが必要である。一方，会計の過去を学ぶことを通して，現在の会計を実は明析に理解することに結びつくのである。辻厚生がしばしば強調しており，後に再び言及するが，現在の会計あるいは会計理論の本質・原点を明解にしようとすれば，その会計の始源にまでさかのぼり原初形態を確定しなければならないのである（辻〔1971〕序文1頁参照）。それはまさしく過去に光をあてて現在を通暁するということであろう。元西ドイツ大統領のヴァイツゼッカー(Weizsäcker, R. von)も「しかし過去に目を閉ざす者は結局のところ現在にも盲目となります」(永井訳〔1986〕16頁)と述べている。論語の"温故知新"もこの考えに通じるものであろう。

　しかし，このような過去と現在との対話では未来はどうなるのか，という疑問が生じよう。歴史は未来に対して何らの発言力を持っていないのか，という疑念と同時に歴史の限界を人は看取するかもしれない。しかし，この点について，カーは既述の引用でも言い及んでいるように，過去が未来に光を投げかけてくれると語っている。事実，歴史を学ぶのは未来を展望するためである，という人々が多い。現在をどう理解し，その現在を将来どう発展させ形成させていくのか，これを考えるさい，過去との対話が不可欠となるのである。いわば過去・現在・未来，この一連の連鎖の相互関係を学ぶというのが歴史であるといえる。「歴史家はまた『どこへ』という問題を提出するもの」(清水(幾)訳〔1962〕160頁)であって，預言者的立場にあるともカーは述べて，歴史家の使命の尊厳

さを示唆している。そして，歴史は予言の役割を担っている，とカーはしめくくるのである。

このようにみてくると，歴史を学ぶということは，たんに過去の史実を知るということだけではなく，現在の諸問題の解明に適切な示唆を与え，さらに未来の行く末を明示する役割を持っていることが理解されよう。ドイツ帝国の宰相ビスマルク(Bismarck, O. E. L. von)が"賢者は歴史に学ぶ"といっているが，まさしく名言であろう。

2．歴史家の役割と史料の重要性

さて，歴史の重要性を上記のように認識するとすれば，その歴史を叙述する歴史家の使命はまことに重いといわざるをえない。歴史は歴史家の認識と解釈の所産であるとしばしばいわれる。つまり，歴史家の基本的任務は史実を明らかにするという認識と，その認識した史実に意味を付与して1つの歴史像を描くという解釈の作業があるのである。しかも，その認識・解釈には歴史家による根拠づけが求められるのである。歴史小説のように作家がフィクションで想像のかぎりを尽して叙述するものとは違うということである。カーの言葉を再び引用すれば，「歴史とは解釈のこと」(清水(幾)訳〔1962〕29頁)であり，また「歴史的事実という地位は解釈の問題に依存する」(清水(幾)訳〔1962〕11頁)ということ，さらにいえば，歴史は「決して事実ではなく，受け容れられた判断の連鎖である」(清水(幾)訳〔1962〕87-88頁参照)ということになる。

さて，こうなると，歴史にとって史実——筆者はこれを歴史の真実といいかえたいが——とたんなる事実とをはっきり区別しなければならない，という極めて重要な作業が歴史家には課せられる。しかも，その判別がまさしく上記の歴史家による認識・解釈・判断に基づくのであるが，その出発点になるのが史料である。つまり，史料をどう認識・解釈・判断して史実であるとするのか，これが歴史では，そして歴史家には常に問われているのである。それはまた歴史叙述である史実には，常に根拠づけが必要不可欠であることを意味している。つまり史料の，しかも偽りのない真の史料の裏づけが伴なうということである。

ところが，その史料というものが難物である。史料と一口にいうが，何をもって史料というのか。「文書史料中心主義」という言葉があるぐらいであるから，様々な文書が今日まで史料の中心的な位置をしめているといえる。会計史でいえば，会社の会計記録，例えば歴年の財務諸表，あるいはその作成のための基礎資料となる会計帳簿というものが重要な文書史料ということになろう。しかし，これ以外にも政府を初めとする公的機関が作成した「公文書」，さらには『三菱社誌』のような記録文書も史料に含められる。また「日記」のような証言も考えられる。

　このようにみてくると，ここに史料の選択という問題が次に浮び上る。小田中直樹は「史料を探す，見つける，見つけた資料を解釈する，その価値を評価する，取捨選択する，加工する，といった一連の体系」（小田中〔2004〕169頁）を史料批判と称しているが，歴史にとってこの史料批判，つまり史料の選択が極めて重大な営みとなる。

　ところで，会計史研究では，この史料というさいに，しばしば会計学の学術書や雑誌等にみられる学術論文が文書史料として取り扱われている。しかも，それを「文献」と称し，この文献に基づく史的研究を文献史研究といい，これも会計史研究であるとして重要な位置をしめている。他の学問領域ではたぶんこの研究分野は「学(説)史」として区別されていると思われる。が，会計史の世界ではこのいわば「会計学(説)史」あるいは「会計学史」と「会計史」とが渾然一体となっている。その１つの例が1494年に刊行されたパチョーリ(Pacioli, L.)の『スムマ』(Summa de Arithmetica Geometria Proportioni et Proportionalita)である。

　この書物が簿記・会計史でしばしば研究の対象となっていることは周知の通りである。しかし，この文書史料は上述の分類からみれば学術書の範疇に入るのではないか。というのは，この『スムマ』は数学百科全書『算術・幾何・比および比例総覧』という学術書なのである。もしそうであれば，「簿記学(説)史」の領域に属するものではないか，という素朴な疑念が生じる。ただ，簿記・会計史研究で論議の対象となるのは，この『スムマ』の第１部・第９編・論説第11の「計算及び記録に関する詳説」というタイトルの下で論述されている部分

のものであって，15世紀末のヴェネツィアで用いられていた商業簿記を合計36章にわたって解説したものである。つまり，当時のヴェネツィア商人たちの間で用いられていた財産目録，日記帳，仕訳帳，そして元帳等の処理や取扱を詳述している個所である。かくて，数学の書ではあるものの，問題の個所は当時のヴェネツィア商人たちが使っていた簿記技法を述べたものであるという意味では記録文書であるといえる。そうであればこれはこれでりっぱな1つの文書史料であって，会計史の研究上貴重な文献ということになる。

いま，筆者は繰り返し文献という言葉を用いたが，会計史研究においては，既述のようにいままでは文献も文書史料とみなされていたので格別の嫌疑もかけられなかった。しかし，近時，上記の文書史料との関係で，文献は文書史料なのか，という問題提起がなされている。つまり，会計史はこの文献以外の文書史料に依拠してのみ叙述されるものである。それが文献と文書史料とが入り混って会計の歴史は叙述されているのが現状であって，深く自己批判しなければないというのである。その意味で，主として文献に依拠して綴っていた会計史研究は批判の矢面に立っている。

たしかに，この批判は正鵠を射ている。もしこのような厳しい論評にいち早く対応しておれば，さきに指摘した会計史と会計学(説)史との混在は会計の史的研究においても避けられたであろう。近時，特に原価計算，管理会計の領域で顕著にみられる歴史研究は，文献ではなく文書史料に基づいているものが多い。このことは大いに歓迎されるべきことである。もっとも，会計の史的研究において，文字通り会計学(説)史の研究成果がないわけではない。例えば，ドイツの会計学説＝貸借対照表論について，シュマーレンバッハ(Schmalenbach, E.)の所説，ワルプ(Walb, E.)の所説，コジオール(Kosiol, E.)の所説を時系列的に比較し検討・吟味した秀逸な成果が数多くみられることは周知のところである。したがって，会計学(説)史の存在が無視されているわけではないことに注意する必要がある。

ではなぜ会計史の中に会計学説史的なものが入り込むのか。種々の理由が考えられようが，1つには会計史研究が簿記史の研究として営まれたことによると筆者は推論する。そのさい，その文書史料の欠如から勢い簿記書を取り上げ

て研究されたのではないか。そしてそこでは複式簿記技法がいかに精緻化していったかが主として追究されたのではないか。しかもその技法が実務に適用された上での反映として叙述されていたものであるから，各時代の簿記書――当然のことながら簿記論も展開されている――の綿密な解析が行なわれ，これを歴年順に論述していくと1つの簿記史研究として存在価値を持つに至る。このプロセスの延長線上として会計学書にも及び，簿記史が会計史と称されるようになったと筆者は考える。

　したがって，会計史がまだ簿記史あるいは簿記・会計史といわれていた時代は，会計史と会計学(説)史とは一体化していたのではなかろうか。しかし，会計史として市民権を獲得するようになって，会計学説史との境界を明確にしなければならない，という議論が起こり今日に至っているのではないか。そこへ幸いにも文書史料――別称第1次資料とか原資料とかいわれるもの――が発掘・解釈・判断されて，ここに文献史的研究，つまり会計学説史的研究が会計史の範疇とは別のものであるという見解が強調されるようになったと考えられる。

　しかしながら，会計の史的研究に関するかぎり，文献と文書史料とを峻別して，前者による歴史研究を学説史，後者による歴史研究を会計史と判別することは困難であると筆者は考える。つまり，経済学のように経済史と経済学説史とを明解に区別することは，会計史研究領域では現在のところ極めて難しいのではないかと愚考する。それは会計学という学問の性格に依存するのであるが，会計学の文献といわれる学術論文に会計の史的研究に非常に参考となる叙述がみられることである。一方，会計に関する文書史料というものが，最近は多く発掘されるようになったが，依然として少ないという状況下にあることである。しかして，どうしても会計史の叙述には文献において述べられている事柄，それが実務に適用された上での論述であればなおさら参考にしなければならない。ここに文献もりっぱな1つの史料である根拠が生れる。

　その上，これが筆者の本音であるが，文書史料に基づいて会計史が叙述されたとしても，それがはたして真の会計史実――筆者は歴史の真実と称したいが――であると断言できるかという問題である。つまり，会計の真実と会計史実

とを区分して考えるべきであると筆者は思惟しているのである。たしかに，会計史実は会計の歴史的真実を明示するものであると考えられるが，しかしながらはたしてそうなのか，という筆者の素朴な疑問である。会計文書史料に依拠して会計史が叙述されたからといって，それが会計史実でありかつ会計の真実を間違いなく正確に指摘しているか，現在の筆者には判断できない。なぜならば，文書史料それ自体に，すでにその文書史料を作成した人のある種のバイアスがあろう。しかもその史料に基づいて叙述する歴史家には，当然その人なりの史料選択観があり，またその人の歴史観や分析視点等がある。そうであればこれまたある種のバイアスが必ず伴なうと考えて良いであろう。

かくて，これらの積み重ねられた上での歴史叙述がどこまで史実＝真実を示しているのか，ここでいえば会計上の史実が会計上の真実を表わしているのか，慎重に検討しなければならないのではあるまいか。ある会計事実はたしかに存在したであろう。しかし，そのある会計事実が即その会計真実とイコールになるのか，こう考えると発言は慎重にならざるをえない。

例えば，戦後わが国において『企業会計原則』(1949年7月公表)が制定された。そこで，証券取引法とかかわって証券取引所に上場している会社等は有価証券報告書の提出が求められた。その中の経理の状況の一環として財務諸表を監査証明を付して当時の大蔵大臣に提出するようになった。そのさい『企業会計原則』に準拠するため，取得原価主義会計に基づいて財務諸表が作成された。これは間違いのない会計史実でありかつ会計真実である。したがって，戦後わが国の会計制度は取得原価主義会計の時代が続いた，という歴史叙述は肯定され定説として何人も認めるところである。しかし，(公表)財務諸表は取得原主義会計であっても，内部的には，例えば時価主義会計に基づいて財務諸表が作成されたり，あるいは資金計算書が作成されたりして，これらによって実質上企業の略略上の意思決定等が行なわれていたかもしれない。もしそうであれば，建前は取得原価主義会計の時代であって，会計史実＝会計真実といえるが，実態は会計史実と会計真実とが乖離している一端を垣間見ることになる。

しばしば歴史が書き直されるという事態が発生していることは，周知のところである。多くは歴史家の歴史観の相違，つまり分析視点の相違に由来するも

のである。が，時には新史料発見ということによる場合もある。かくて，歴史研究においては，既述のように史料の解釈や判断，そして根拠づけが極めて重要であって，そのために常に「なぜ」が問われつつ，その理由を明らかにしていかなければないのである。会計史の研究においても，この歴史一般に通じる考え方は同様に尊重しなければならない。特に会計史の研究においては文書史料の少ないこともあって，文献による助けを借りて，会計史実が会計真実であることを明らかにする必要があるので筆者の思念は一層強い。

かくて，会計史研究においては，再言になるが会計上の文献と会計上の文書史料とが相互補完的に用いられて，会計史が叙述されることになろう。二者択一はたしかに望ましいことではあるが，それはいわばないものねだりのように現在の筆者には考えられる。要は史料批判をきっちりしているかにかかわる問題である。

以上，歴史学においては極めて常識的なことであって，わざわざ多くの紙幅をさいて述べるほどのものではないであろう。しかし，何分にも会計史研究は未開拓の領域であって，緒についたところである。せいぜいここ50〜60年間に急速に発展した分野である。したがって，研究者も少なく，未知の領域であってその広がりは限りない。今後この方面の研究を志す人々の輩出を願い，その人々に十分認識しておいてもらいたい，こう念じてあえて駄弁を弄した次第である。

第2節　会計史の意義

1．過去を知る

ところで，会計史研究はなぜ行なわれるのか。つまり会計史の意義という本題に入らなければならない。ここでは3つの事柄を指摘しておきたい。

1つは，すでに歴史とは何か，ということとの関連で述べたものであり，し

かも一般に歴史とはといえば誰れもが即答することである。つまり，過去を知る，ということである。「いま」「自分」が生きているということから，われわれは過去に問いを発する，という心の動きが生起するのではなかろうか。それは，「いま」「自分」の抱えている問題を解決したいために，過去——ということは歴史ということになるが——を知り，そこから「自分」が歩むべき方途を認識し自覚するということである。よく歴史に学ぶ，歴史から教訓を得る，といういい方をするが，これらはこのたぐいに入ると考える。

　会計史研究においても，現在の会計上の諸問題を解明して，1つの解決策を提示しようとすれば，過去に類似の問題があったか，あったとすればその時どう対処して問題解決にたどりついたか，これをおそらくレヴューするに違いない。端的にいえば先行研究を復習して，そこから今後の途を学ぶ，あるいは道筋をつけるということである。そのさい，会計史研究があって，そこから問いに対する成果を発見すれば，その成果を十分に認識してわれわれの将来へ向けての研究は迅速に進み，さらなる良き成果を挙げることに結びつく。その意味で，会計史研究が豊かになり，多くの研究業績が公表されることは，会計上の諸問題の解決に大きく貢献することになる。カーのいう"歴史は現在と過去との対話"であるという名言を再度想起してもらいたい。

　いまひとつ，会計史研究の意義として過去を知る，という意味内容には，さきにも一言した辻がつとに強調している側面がある。つまり，「およそ事物の本質の究明は，その完成された資態の観察よりもむしろ単純かつ素朴な本源的形態に遡り，その生成発展過程の史的分析によって核心にふれうること」（辻〔1971〕序文1頁）である，という主張である。当然，この本源的形態から史的分析を通して事物の生成発展過程を明らかにするさい，それぞれの社会経済的な時代背景の分析が肝要である。しかして，会計史研究には社会経済的背景との連鎖が不可欠であるといえる。

　が，それはともかく，上記辻の主張は，もちろん現在と過去とを連続的に捉えて漸次的進化の帰結として現在があるという，いわば遡行的方法である。しかし，それと同時に，現在と過去とを対比しつつ過去を「いま」とは違う，したがって過去と現在とが連続的に結びついて連鎖となっていると捉えるのでは

なく，むしろ「両者を対比しつつ過去を異文化として再発見しようとする」(二宮〔2004〕19頁)意図が辻にはあると筆者は看取する。その再発見によって事物の本質をより鮮明にすることが可能になる，という会計史研究の意義および必要性の真意を筆者は読み取る。

かくて，会計史研究は，簡単にいってしまえば，現在とかかわらせて過去を知るためにその意義があり価値を持つといえる。しかし，その中身には，事物の本源的形態を知り，現在もそれが根底に存在するとして理論展開する面と，一方，その本源的形態においては現在本質的であり核心であるとは考えられていない，まったく異なる異質的なものを発見して，逆に現在の本質論に再検討を促迫して，新たなる理論形成に進む出立点の契機となる面との，二面性があることを認識する必要性があると筆者は考える。

2．将来を展望する

ところで，歴史とは何か，ということを述べたさいにも指摘したが，会計史研究の意義は，会計の今後の行く末を見定めることであろう。現在の会計の営為が将来どのように進展していくのか，会計学徒や会計人ならずとも大きな関心の寄せるところであろう。とくに"会計ビッグバン"といわれて，現今の会計は大きく変革しようとしている。しかし，その終息はまだまだ先のように思われる。その原因は，会計研究者が歴史から学んでいないからであるといえば，会計史を多少なりとも勉強している筆者の暴言になるであろうか。会計の歴史をちょっとみれば，過去に幾度となく"会計ビッグバン"はあった。いまその詳細なことは紙幅の関係から述べられない。しかし，静態論から動態論へと変った時代，あるいはほんの数十年前，情報会計論が主唱されて，ASOBAT (American Accounting Association, *A Statement of Basic Accounting Theory*, 1966)が論議された時代等々，その当時，会計学徒はどう対処して理論構築を練り，実務に浸透させていったのか。よく"原点に戻れ"，"初心に返れ"，といわれる。あるいは"温故知新"という言葉もある。会計史は既述のように将来を展望するところに1つの意義がある。が，そのためには会計史研究そのものの充実，

そして会計史研究の存在価値が高く評価されなくてはならない。しかし，その会計史研究の成果を十分に咀嚼して会計の行く末を明示していく必要があろう。その意味で会計史は決してマイナーな分野ではないことを強調したい。

3．歴史認識を深める

会計史の意義の第3は，会計の歴史を学ぶことによっていわゆる歴史認識が深まるということである。そのさい，この歴史認識という場合に，実は2つの側面があるということである。1つは一般にいわれていることであり，具体的な歴史上の事実の把握の仕方が問われていること，それらが一般に「歴史認識」問題と呼ばれているのである。本章で歴史認識という場合もそのような意味で用いている。しかし，一方，歴史認識を「歴史を捉え記述するとはいかなる精神の営みかという，歴史学の学問としての存立根拠を問いなおす認識論上の考察であって，個々の歴史事象を認めるか認めないか，またそれをどう評価すべきか」（二宮〔2004〕9頁）を論じる「歴史認識」もある。

さて，ここでは一般にいわれている歴史認識のみについて言及する。したがって，歴史理解といった方がわかりやすいであろう。会計にひきつけていえば，会計の歴史的機能を正しく捉えるということにつながる問題である。例えば，有形固定資産を取得原価で評価するのが取得原価主義会計であろう。一方，この資産を時価で評価しようとするのが時価主義会計であろう。いまいずれの立場をとって有形固定資産の測定＝評価論を展開するのか。この会計上の問題を研究するさいに，会計の歴史上この問題がどう論議されてきたか，当事者は考察すると予想される。もし，そのようないわば歴史に学ぶ，ということをしないとすれば，それはまさしく歴史認識や歴史理解なしの論究ということになる。たしかに，過去にいっさい捕われずに理論形成の営みをすることはありうる。しかし，それがはたして正鵠を射た理論となって，一般化され普遍化されて会計学の世界で受容されるのか，はなはだ疑問なしとしない。ただ，問題はその歴史理解が誤ったものであれば，誤解を招く理論構築になる可能性は高いであろう。

こういうと，この会計史の意義の歴史認識を深めるということは，いわば先行研究を重視する必要がある，あるいは看過してはならない，という主唱にすぎないと判断されよう。たしかにその通りであって，それがゆえに，第1，第2の会計史の意義で述べた繰り返しである，という批判は甘受しなければならない。しかしながら，筆者があえてここに第3として指摘するのはそれなりの考えがあってのことである。たしかに端的にいえば歴史に学ぶということである。しかし，その学ぶという意味・内容である。「学ぶ」という表現をあえて「認識・理解」という表現に変えていることに筆者の思いがある。それは，簡単にいえば，歴史を学ぶことを通して歴史の深みというか，歴史の質的な側面を学ぶ必要があるということである。つまり，会計の歴史的機能をしっかり掌握することが重要である，と筆者は考えているのである。

　例えば，ある会社の財務分析を通して当該会社の歴史，つまり会社史を叙述することがあろう。そのさい，当然のことながら，当該会社の例えば歴年の財務諸表を史料の1つとして用いるであろう。そのさい，その財務諸表の数値というものをどう読み解くか，ということである。たんに当該会社の毎年の損益額はこのように推移し大いに発展して今日に至っている，という類の歴史叙述として皮相的に読むのか。それとも毎年の当該会社の損益の数値の奥底（あるいは裏）に秘んでいる真相というものを洞察するのか。そのために当時の社会経済的背景はもとより，世界の動向，あるいは政治情勢，はたまた庶民の生活実態等々をも分析した上で，その損益数値を読むのか。両者には大きな相違があると筆者は考える。そしてさらに追求していけば，この会社はその時代に莫大な利益を獲得していたが，社会的影響を考慮して，いわゆる粉飾決算まがいの会計処理をしていた，ということが明らかになるかもしれない。

　かくて，このような歴史叙述の見方は，いわば企業経営の光の部分と闇の部分とを剔出することを含意しており，そのことを通して当時の社会や経済・経営，さらには政治にどう影響を与えていたかを示すものになる。そして，このような実相を知ることを通して，会計でいえば会計の歴史的機能あるいは会計の役割を認識することになる。しかして，この知見から会計の理論形成がより精緻化されるし，過去の会計理論の批判も的確なものとなる。いわばこのよう

な意味において，歴史認識・理解が枢要である。いいかえれば，過去の会計実務批判ということになろうし，また今後の会計政策の礎石になる。

よく歴史は骨董品を観賞して，これを褒めたり，貶したりして楽しんでいる老人の道楽だ，といわれる。しかし，そうではない。各時代時代に生きた人々の真の有様をできるかぎり炙り出し，まさしく歴史の真実を摘出することにある。かくて，再言になるが，歴史においては社会経済的背景等を十分に分析・解釈・判断して，将来を予言することが肝要になる。会計史の意義もその一翼を担ってこそ意義をもつのである。

最後に，上村忠男他編著『歴史を問う』シリーズ（全6巻）の「序にかえて」という冒頭の言葉を引用する。「歴史とは，なによりも，〈いま〉を生きるわたしたちの顔である。いま現在の生を生きるなかで，わたしたちの出遭うさまざまな困難。あるいは苦悩と欲求。それらを解決するための手がかりを求めて，わたしたちは過去に眼を向け，過去を手繰り寄せる。そして，そこから立ちのぼってくる声に耳を澄まし，未来へと歩みを進めていくための指針とする」（上村他編著〔2001～2004〕序にかえてv頁）。この言葉は会計史にも当てはまるであろう。

注

(1) ルカ・パチョーリ（Luca Pacioli：1445？～1514？）の名前については，姓と名の双方を表記する場合には上記のように「ルカ・パチョーリ」とし，姓のみを表記する場合には「パチョーロ」（Paciolo）とする。前者がパチョーリ家のルカというように文法的には複数形の表現をしたものであるのに対し，後者は彼個人を指すという意味で単数形の表現をしたものである。このような表記方法は中世の会計帳簿にも見受けられるが，以下，本書では，わが国におけるこれまでの慣例に従って，いずれの場合にも「パチョーリ」と表記してあえて区別しないことにする（泉谷〔1997〕17頁注2）を参照）。

（平林　喜博）

第Ⅰ部

複式簿記の誕生とその漸次的普及
(13世紀～19世紀)

第1章

複式簿記の誕生とパチョーリ簿記論

－イタリア簿記史－

本章のねらい

1. 複式簿記の起源は，古代ローマ起源説と中世イタリア起源説があるが，中世イタリア起源説が正しいと信じられている。そして，中世イタリア起源説には，トスカーナ説，ジェノヴァ説，ロンバルディーア説，ヴェネツィア説，同時期説があり，一般には同時期説が正しいと言われている。

2. 世界最初の複式簿記に関する原稿は，1458年にコトルリが執筆した『商業技術の本』である。この原稿は，すぐには出版されず，1573年になってやっと出版された。そしてこの本の簿記論に関する解説は，短く簡単なものであった。しかしこの原稿には，1475年と1484年に2冊の写本（＝手書本）が作成されていたのである。

3. 1494年にヴェネツィアで出版されたパチョーリの『スムマ』は，世界最初に出版された複式簿記文献として高く評価されている。パチョーリの簿記論は，16世紀以後，世界各国に伝えられ，その後の簿記・会計に大きな影響を与えたのである。したがって，パチョーリは「近代会計学の父」と呼ばれている。

第1節　複式簿記の起源

1．古代ローマ起源説

　複式簿記の起源は，古代ローマの時代に始まったとする古代ローマ起源説と中世イタリアの時代に始まったとする中世イタリア起源説の2つの考え方がある。

　古代ローマ起源説とは，複式簿記による記録方法が古代ローマの会計記録の中に見られたとする説である。そして中世イタリア起源説とは，古代ローマの時代には複式簿記がまだ存在せず，中世のイタリアの都市国家の会計帳簿の中に，初めて複式簿記が採用されたと考える説である。

　古代ローマの時代，一般の市民が公然と商売をすることは，法律で禁じられていた。そこで市民たちは，優秀な奴隷を使って商売をさせ，会計帳簿に商売の内容を記録させた。奴隷は，主人のために商売を行ない，会計帳簿に主人勘定と現金勘定を使って，商売を記録したのである。主人（＝市民）と奴隷（＝代理人）との間に発生した委託と受託の関係は，債権と債務の関係に発展し，複式簿記の起源になったというのである。主人と代理人の間の金銭関係を明確にすることを目的とする簿記組織を，「代理人簿記」と呼ぶ。この説は，マリイ（Murray, D.）およびカッツ（Kats, P.）によって主張されたものである。ただこの説は，理論のみで，この理論の基礎となる史料の存在が不明確なので，一般には認められていない。

2．中世イタリア起源説

　西暦476年西ローマ帝国の滅亡とともに，文明は行き詰まり，地中海を中心とした古代の遠隔地商業は萎縮し，ヨーロッパは5世紀にわたる暗い時代に陥

り，商業は衰退の悲運に見舞われた。やがてこの暗黒の中に覚醒の警鐘を打ち鳴らし，長暗のヨーロッパに輝かしい商業の烽火を掲げたのは，実に南欧のイタリア諸都市であった。これこそ「商業の復活」(la renaissance de commerce)である。

その先駆をなしたのは，アドリア海の女王ヴェネツィア，ルネッサンス期の芸術で名高いフィレンツェ，ジェノヴァそしてミラノ等の諸都市であった。

イタリア諸都市の商業の繁栄は，13世紀から14世紀にかけて，頂点に達するが，この頃，イタリアの独立した活気ある諸都市の商人たちの中で，複式簿記は誕生したのである。この中世のイタリア都市国家の商人の間で，複式簿記は生まれたとする説を，中世イタリア起源説という。この中世イタリア起源説は，トスカーナ説，ジェノヴァ説，ロンバルディーア説，ヴェネツィア説そして同時期説に分類される。

(1) トスカーナ説

この説は，複式簿記の起源を，フィレンツェを中心とするトスカーナ地方に置くものである。[(2)]

現在，フィレンツェのメディチェオ・ラウレンツィアナ図書館(Biblioteca Mediceo-Laurenziana di Firenze)に，1211年の一銀行家の会計帳簿の一部が保管されている。この帳簿は，世界最古の会計記録といわれている。

この会計帳簿には，一銀行家によってなされた貸付と回収に関する取引が記録されている。勘定は，人名勘定が主たるもので，債権の発生と消滅の振替記帳以外に，利子の計算が見られる。この利子に損益勘定(＝名目勘定)の存在を認め，複式簿記の起源とする説もある。

しかし，この会計帳簿は，4頁だけのもので，資料が不足しており，複式簿記の起源と認めることは困難である。この会計帳簿の価値は，最古の勘定の貸借振替形式にあったように思われる。

フィレンツェを中心とするトスカーナ地方は，中世会計史資料研究上の宝庫である。このトスカーナ地方の多くの会計諸帳簿のうち1296年から1305年にかけてのレニエリ・フィニ(Fini, R.)の会計帳簿が，複式簿記最古の会計帳簿とす

る説を主唱したのは，カステラーニ(Castellani, A.)とメリス(Melis, F.)である。この帳簿で採用された勘定科目は，人名勘定，経費勘定，支出勘定及び利益勘定等である。貸借用語は，借方を de dare または deono dare (与えるべし)で，また貸方を de avere または deono avere (持つべし)で統一表示されている。このフィニの元帳の特徴は，仕訳帳から転記されたものでは独立した帳簿である。勘定は，それぞれ違うフォーリオ(1フォーリオ＝2頁)で，借方と貸方が離れて，対照記入されている。現金勘定は採用されず，その代わりに人名勘定が採用されている。

(2) ジェノヴァ説

ジェノヴァ説は，ジェノヴァの国立古文書館に保管されている1340年のジェノヴァ市庁の財務帳簿に複式簿記の起源を求めるものである。[3]

この説は，ズィーヴェキング(Sieveking, H.)，フォーゴ(Fogo, J. R.)，ウルフ(Woolf, A. H.)，ペンドルフ(Penndorf, B.)，ベスタ(Besta, F.)そしてマルティネッリ(Martinelli, A.)等によって主張された。この帳簿は，各頁を真ん中から左右に区分し，左側に借方を，右側に貸方を記入している。勘定は左右対照形式である。勘定の貸借用語は，借方を debet nobis pro (我々に負う)貸方を Recepimus in (我々は受領する)で統一表示している。

元帳に記帳された勘定科目は，胡椒，絹等の諸種の商品勘定，人名勘定，ジェノヴァの市庁勘定，領事館勘定，商品販売損益勘定，為替利益および損失勘定，ジェノヴァ市庁の費用勘定，損害勘定，経費勘定他等である。この元帳勘定の中では，複雑な損益計算が遂行されている。最終的に，119フォーリオのジェノヴァの市庁勘定の借方には17の項目，貸方には7つの項目が記入されている。この119フォーリオのジェノヴァの市庁勘定の借方には支出が，貸方には収入が集められている。すなわち，市庁の1年間の全収入と全支出が示されている。そして，借方合計から貸方合計を差し引いた金額16,285リラ18ゾルディ5デナリィが，欠損として，新元帳のジェノヴァ市庁勘定へ繰り越されるのである。

この元帳は，左右対照の勘定形式による複式記入の元帳で，人名勘定，商品

販売損益勘定，為替利益および損失勘定，損益勘定，ジェノヴァの市庁勘定が採用されたのである。確かに，1340年のジェノヴァ市庁の財務帳簿は，複式簿記としての組織を有している。そして最近までは，複式簿記の起源として見なされていた。しかし，この説に対する疑問が生じ，同時期説が登場してくるのである。

(3) ロンバルディーア説

　ロンバルディーア説は，ミラノのドゥオーモ建物古文書館（Archivio della Fablica de Duomo）に保管されているカタロニア商会（Societa di Catalogna）の元帳（1395年～1398年）に複式簿記の起源を求めるものである。⁽⁴⁾この説は，ゼルビ（Zerbi, T.）によって主張された。

　カタロニア商会は，金属，綿布等をプロヴァンスやスペインへ輸出し，羊毛，毛皮，米そして乾燥果実等をヴァレンシアやバルセロナから輸入することを主な仕事とした。商会の共同経営者であるジョアンニーノ・デ・デゥニャーノ（Dugnano, J. de）とマルコ・セライネリオ（Serrainerio, M.）の2人は，ソキエタスを組み，商会の経営に当たった。うち，デゥニャーノは，主としてローディーの町から経営を援助し，セライネリオはミラノで実際の仕事に当たった。

　カタロニアの元帳は，1頁を左右に区分し，左側に借方を，右側に貸方を記入している。この方式はマノイ（Del Maino）銀行の場合と同様である。借方はdebet（またはdebent）dare，貸方はdebet（またはdebent）haberで統一されている。

　元帳に記入された勘定科目は，全部で136あるが，何回も同じ勘定が振り替えられ記入されているので実質上の数は，当然少ない。これらの勘定科目は，各種の商品，綿布，毛皮等勘定，現金勘定，マルコ・セライネリオ勘定，ジョアンニーノ・デ・デゥニャーノ勘定，共同損益勘定，各種の人名勘定に分類することができる。

　この元帳では，資本金（Capital）という言葉の勘定は存在しない。この企業への出資者および経営者であるセライネリオとデゥニャーノの2人の勘定が，出資者として別々に記録されている。この2人の出資者勘定が，ソキエタス

第1章　複式簿記の誕生とパチョーリ簿記論　23

(societas)としてのカタロニア商会の資本金勘定となる。

　すなわち，カタロニアの元帳では，人名勘定，諸種の商品勘定，資本金勘定，損益勘定そして現金勘定が採用されたのである。

(4) ヴェネツィア説

　ヴェネツィア説は，ヴェネツィアの国立古文書館(Archivio di Stato di Venezia)に保管されているソランツォ(Solanzo)兄弟の新元帳(1406年～1434年)を，複式簿記の起源とするものである。元帳は，1頁を真ん中から左右に区分し，左側に借方を，右側に貸方を記入している。貸借の用語は，借方を de dar または deno dar で，貸方は de aver または deno aver で統一している。この元帳では，貸借複式で記入がなされ，人的勘定，現金勘定，旅商勘定，商品勘定，損益勘定，資本金勘定等が記録されている(5)。

　このヴェネツィア説は，過去においては，極めて有力な説であった。パチョーリ(Pacioli, L.)は，『スムマ』の簿記論の第1章で，「確実に賛美されているヴェネツィア方式を，我々は採用しよう。この方式こそ，すべての場所に応用できるものである」と記述している。

(5) 同時期説

　同時期説は，複式簿記の起源を，一都市および特定の会計帳簿に限定するのではなく，ジェノヴァ，フィレンツェ，ミラノそしてヴェネツィア等の各都市で，ほぼ同時期，すなわち13～14世紀にかけて，複式簿記が生成したと考える説である(6)。一般には，上述したように，複式簿記は，ある都市で完成され，それが他の都市へ伝えられるという一都市起源説が信じられていた。しかし，複式簿記とは，突然，ある人物が発明したものではなく，またある一都市の商人が考え出したものではないように思われる。

　すなわち複式簿記は，各都市から各都市へ伝えられたものではない。複式簿記は，ジェノヴァ，トスカーナのみならず，ロンバルディーアそしてヴェネツィアでも，交流を通じながら，同時期に発展していったといえよう。

第2節　ベネデット・コトルリの簿記論

1．コトルリの簿記写本

　出版はされていないが，世界最初の複式簿記に関する論文は，1458年8月25日に，ラグーサ出身のコトルリ (Cotrugli, B.) によって，執筆された『商業技術の本』(Libro dell'arte di mercatura) である。

　この論文はすぐには出版されず，執筆後115年たった1573年に，『商業と完全な商人』(Della mercantura et del mercante perfetto) というタイトルで，ヴェネツィアで出版された。この文献の出版は，パチョーリの『スムマ』(1494年) 出版の約80年後になされたものであり，また内容的にも『スムマ』の簿記論と比較して，短く簡単なものであった。すなわち，コトルリの出版本とパチョーリの『スムマ』の2つの簿記論を比較すると，パチョーリのコトルリに対する優越性は歴然であった。

　このコトルリの文献の重要性は，内容の本質的な価値よりも，パチョーリの『スムマ』出版の36年前に完成されていたという年代的価値にあるとされていた。

　このコトルリが，自ら執筆した原稿は，現在も発見されていない。しかしこの原稿には2冊の写本が作成されていたことが最近判明した。そしてこの写本と出版本の内容には，多くの相違点が存在していた。写本には出版本にない複式簿記に関する解説が見られたのである。したがって，複式簿記上は，写本の方が出版本より価値があることが明らかとなった。なんと原稿を出版するとき，その出版者は原稿の内容を大きく変えてしまったのである。

　原稿執筆後作成された第1冊目の写本は，1475年にドブロブニクの商人マリン・ラファエリ (Rafaeli, M.; Raphaeli, M. de) によって転写されたものである。この写本は，ごく最近発見されたもので，現在マルタ共和国のヴァレッタ

(Valletta)の国立図書館に保管されている。

　第2冊目の写本は，フィレンツェの商人ジョヴァンニ・ストロッツィ(Strozzi, G.)によって，1484年3月17日に転写されたもので，現在はフィレンツェの国立中央図書館(Biblioteca Nazionale Centrale Firenze)に保管されている。[7]

2．コトルリ簿記論の特徴

　写本の中で，コトルリが解説した簿記論の特徴は，次のように要約することができる。[8]

① 正式な帳簿として，三帳簿制を採用した
　　コトルリは，記録に必要な正式な帳簿として，日記帳(ricordançé)，仕訳帳(giornale)そして元帳(libro grande)の3冊を解説している。
② 毎年，帳簿を締切ることを解説している
③ 損益計算の方法について説明している
　　コトルリは，利益(avançi)と損失(perde)の算出方法について解説し，利益を資本金勘定の貸方へ振り替えるよう記述している。
④ 貸借用語について解説している
　　仕訳帳では，借方は Per, 貸方は A である。そして元帳では，借方 de (ve) dare, 貸方は de (ve) avere である。これもパチョーリと同様である。これについて，写本では詳細に述べられているが，出版本では簡略化されている。
⑤ 複式簿記という用語を使用している
　　複式簿記(dupple partite)という言葉を用いたのは，コトルリが初めてであった。
⑥ 一連の仕訳帳例題を示した
　　写本の巻末に一連の仕訳帳の例題が示されている。
⑦ ヴェネツィア式簿記を採用した
⑧ 決算時に，損益の差額を資本金に替える方法について解説している
⑨ 商人は，取引をするに際して，記憶に頼るべきではなく，必ず記録する

べきことを主張している
⑩ 元帳には，すぐに勘定が見つかるように，アルファベット順の目録をつけるように，主張している
⑪ 外国通貨用の欄を，帳簿に設けることを勧めている
⑫ 手紙の重要性について解説している
⑬ 実務を詳細に述べることは，不可能であると記述している

第3節 パチョーリ簿記論

1．世界最初に出版された複式簿記文献

　世界で最初に出版された簿記・会計に関する文献は，パチョーリが執筆した『スムマ』すなわち『算術・幾何・比及び比例全書』，(*Summa de Arithmetica Geometria Proportioni et Proportionalita*)である。この数学書は，1494年11月10日（または11月20日）にヴェネツィアで出版された。印刷兼出版業者は，ブレスチアのパガニーノ・デ・パガニーニ(Paganino, de Paganini di Brescia)である。
　『スムマ』（第2版）は，1523年12月20日にガルダ湖近くのトスコラーノで，パガニーノの息子のアレッサンドロ(Alessandro del Figlio di Paganino)によって出版されている。この『スムマ』は，308フォーリオ，616頁からなる大冊で，パチョーリ「簿記論」と呼ばれる部分は，第1部・第9編・論説第11の「計算及び記録に関する詳説」(particularis de computis et scripturis)というタイトルの197フォーリオ裏頁(verso)から210フォーリオ裏頁までの27頁である。

2．パチョーリ簿記論の特徴

　パチョーリ簿記論の主要な特徴を，次に論述する。

(1) 全体を通して宗教的論述が多く見られる

簿記論の全般にわたり，宗教的傾向が極めて強い。例えば，第1章では，「なぜなら，すべての人は，カトリックの信仰によって救われるからである。この信仰なくしては，神の恵みは不可能である」，また第2章で「そこで，神の御名とともに，彼の仕事を始めなければならない。そして，すべての彼等の記入の初めに，聖なる御名を心に抱くのである」と記述している。

パチョーリは，フランチェスコ修道会のコンヴェンツァル派の修道僧であった。したがって，簿記論の中にキリスト教に関する用語が多く用いられたことは当然のことである。

(2) 商人に必要な3つの主要な事柄について解説

パチョーリは，簿記論の第1章で，「注意深く商売をしようと欲している人にとって，3つの主要な事柄が必要である」と解説している。

第1は，「現金とすべての実在するその他の資産」である。第2は，「善良な会計係と敏腕な計算係」である。第3は「すべての取引を借方と貸方に順序よく整理すること」である。

(3) ヴェネツィア式簿記の採用

パチョーリは，簿記論の第1章において，「そして，他のうちでは，確実に賛美されているヴェネツィア方式を，我々は採用しよう。そしてこの方式こそ，すべての場合に応用できるものである」と記述している。

この文章は，2つの重要な意味を持つ。

第1は，パチョーリ自ら複式簿記の発明者でないことを明らかにしていることである。複式簿記は，13~14世紀のイタリアに生誕したもので，パチョーリは，それを文献として初めて出版したのである。

第2に，パチョーリは，「ヴェネツィア式簿記」を採用したと自ら述べていることである。パチョーリはヴェネツィア式といっているが，複式簿記とは記述していないのである。

(4) 三帳簿制を採用

パチョーリが正式な会計帳簿として解説したのは，日記帳，仕訳帳そして元帳である。

① 日 記 帳

パチョーリは，日記帳を，記録簿またはスクアルタフォーリオ(Squartafoglio)と呼んでいる。そして「売買に関するすべての事柄を，略記することなく，広く，明確に記述するのである」と述べている。

そして，日記帳には，営業に関するすべての事項を記入し，他人の目にふれることになる。しかし財産目録に記録された，動産や不動産は，この日記帳に記入しない方がよいと解説している。

② 仕 訳 帳

パチョーリは，仕訳帳について，第2の重要な商業帳簿であると解説している。仕訳帳において重要なことは，借方(*Per*)と貸方(*A*)の2つの用語である。この用語は，最も高貴な都市・ヴェネツィアで使用されているのである。

そして，借方は1人以上の債務者を示し，貸方は1人以上の債権者を意味するのである。

このパチョーリが解説した *Per* と *A* は，ヴェネツィアの商人アンドレア・バルバリゴ(Barbarigo, A.)が実際に採用しており，他の都市では，仕訳帳の例が見られない。したがって，この *Per* と *A* は，パチョーリが言うように，ヴェネツィア独特のものであったといえよう。

③ 元　帳

パチョーリは，元帳を，最後の主要な商業帳簿または偉大な元帳とも呼んでいる。そして，この元帳には，財産目録および仕訳帳に記入されたすべての項目が転記されるのである。仕訳帳から元帳へ転記された場合は，転記済みであることを示すため，仕訳帳の借方欄と貸方欄に，それぞれ1本の斜線(／)，合計2本の斜線を引くのである。1本は借方線，もう1本は貸方線と呼ぶのである。

さらに，仕訳帳の余白に，元帳の借方と貸方の頁数を上下に重ねて記入

するのである。この数字によって，仕訳帳の借方項目と貸方項目が元帳の何頁に転記されたかが明白となるのである。

(5) 開業財産目録を解説

　パチョーリは，第2章で「そして，商人は，まず第1に，次のような方法で，財産目録を注意深く作成することが必要である」と記述している。このことは商人が，商売を始めるにあたり，まず財産目録を作成し，商人が所有するすべての財産を記入するべきであることを意味している。

　その内容は，現金，宝石，衣服，茶碗，フォーク，テーブル・クロス，羽毛のベッド，商品，毛皮，建物，土地，貯金，貸付金等の資産および借入金等の負債である。

　しかし，パチョーリは，元帳締切後の財産目録については何も解説していない。したがって，パチョーリは開業財産目録については解説したが，決算財産目録については何も記述していないというのが通説である。

(6) 時価主義・高価主義の採用

　パチョーリは，第12章の財産記入の際の資産評価の説明において，時価主義及び高価主義を採用している。すなわち，「あなたは，あなた自身のために，時価をつけない。それは低いよりもむしろ高くしなさい。すなわち，20の価値があると思われるなら24等にしなさい。このようにして，あなたが利益をあげるのは良いことである」と解説している。すなわち，資産の評価に際しては，時価で評価し，なるべく高い価値をつけるようにしなさいというのである。

(7) 年度締切を記述

　従来，パチョーリは，年度決算は知らないとする考えが通説である。パチョーリが説いた元帳締切の方法は，旧元帳勘定の記入が一杯になって記入の余白がなくなった場合に，新元帳へ繰り越す方法である。したがって，年度末に元帳勘定を締め切る方法は知らなかったというのである。

　しかし，パチョーリは，第29章で「しかし，毎年締め切ることはいつもよい

ことである。特に会社にいる人にはそうなのである」と記述している。また32章では，「毎年，特に年代が新しくなった時に，帳簿を新たにすることは，有名な地域における習慣である」そして第6章では「時々，多くの人々は諸種の場所で，一杯になっていないのにもかかわらず，毎年締め切り，再び新しい帳簿にする習慣がある」と述べている。

　これらの文章をもって，パチョーリが年度決算を知っていたと結論付けることは，多少早計である。しかし，パチョーリが，毎年元帳を締め切る方法を知っていたとすることは，正しいことと思われる。

(8) 損益計算の方法

　パチョーリは，旅商に関する損益計算と，商品に関する損益計算を解説している。

　旅商については，商人自身が出張して商売する場合と，自分のために他人に出張を委託する場合の2つの例について説明している。

　自分で出張した場合は，財産目録，小仕訳帳および小元帳を作成し，旅商資本金，旅商損益等の勘定を設ける。そして旅商ごとの損益を計算するのである。そして，旅商を他人に委託した場合は，他人が帰宅したときに，清算し，損益を計算するのである。

　商品別の損益計算については，まず元帳の各商品の勘定を締切り，借方が貸方より大ならば損失となり，その反対なら利益となる。そこで，商品勘定の残高を損益勘定へ振り替え，損益勘定の差額を資本金勘定へ振り替えるのである。

(9) 借方と貸方の説明

　パチョーリは，仕訳帳と元帳の貸借について解説している。

　仕訳帳では借方(Per)は，1人または1人以上の債務者($debitore$)を示す。そして貸方(A)は，1人または1人以上の債権者($cretitore$)を示す。

　仕訳帳で記入したすべての項目は，常に元帳でも借方($dare$)と貸方($avere$)に記入される。借方は，債務者を，そして貸方は債権者を示す。そして債務者は左側に，債権者は右側に置くのである。元帳のすべての項目は，関連しあって

いるので，貸方記入を伴なわない借方記入はなく，借方記入を伴なわない貸方記入は決してないのである。

パチョーリは，初期の人的一勘定学説をもって，貸借関係を解説したように思われる。

⑽　元帳勘定の締切と残高試算表の作成

パチョーリは，第14章で元帳の締切方法と試算表の作成方法について解説している。「このようにして元帳の差引残高を示す試算表が生ずるのである」と記述している。これは元帳勘定の差引残高を示す試算表を作成することを意味している。したがって，ここでは残高試算表の作成を意味しているのである。

⑾　会社勘定に関する解説

パチョーリは，組合，または会社勘定について，詳しく解説している。

⑿　官庁取引に関する解説

パチョーリは，第17章で官庁と取引する際の注意すべきことを説明している。

⒀　一連の取引を基礎とする例題の不作成

パチョーリは，財産目録，日記帳，仕訳帳そして元帳等についての個々の例題は示した。しかし，パチョーリは，仕訳帳，元帳，元帳の締切という一連の取引を作成しなかった。

⒁　貸借対照表および損益計算書の不作成

上述したように，パチョーリの簿記手続の最終は，試算表である。今日で言うところの貸借対照表と損益計算書は示されていない。

⒂　多くの格言や諺を記述している

面白いことに，パチョーリは，簿記論の中に，多くの格言や諺，さらにはダンテの「神曲」や聖書からの言葉を挿入し，商人に対して商売上および人生上

の教育を遂行している。

例えば第18章では,「何事もしない者は過ちをしない,しかし何の過ちもしない者は学ぶことができない」と記述している。

(16) 支店会計について解説

第23章において,商人が自分の店(本店)以外に店(支店)を所有し,営業する場合の会計記録方法について説明している。

(17) 誤り記入の訂正方法について説明

第31章において,勘定記入を間違えた場合の訂正方法を説明している。この場合は,反対記入により相殺することによって訂正するよう解説している。

第4節 おわりに

複式簿記は,1340年のジェノヴァの財務帳簿をもって,1つの完成を見た。その内容は,左右貸借対照形式,商品勘定,人名勘定,資本金勘定,損益勘定の記録の認識をもって達成されたのである。ただし,この財務帳簿の簿記法が,その後,その他の各都市へ伝えられた訳ではない。

各都市の商人たちは,発展した都市間の情報網の中で,複式簿記を発展させていった。すなわち,商人たちは,共通の簿記法を学びながらも,各都市独自の用語で記録し,さらに独自の方法を考察することを試みたのである。

したがって,複式簿記は,ある都市で突然に考えられたものではない。イタリアの繁栄する都市国家で,徐々に,時間をかけて,同時期に完成されていったのである。やがて,これらの生成・完成された実践的複式簿記から,理論的複式簿記が,成立してくる。その先駆となったのが,ラグーサ出身のコトルリである。

コトルリは,1458年に複式簿記に関する原稿を『商業技術の本』というタイトルで執筆した。しかし,この原稿は出版されなかった。そして執筆後115年

たった1573年に，やっと『商業と完全な商人』という題名でヴェネツィアで出版された。コトルリの原稿は，イタリアでも発見されていない。しかし，この原稿には2冊の写本(マノスクリット)が作成された。

コトルリの簿記論に対して，多くの会計史学者たちが，複式簿記肯定説をとっている。

ただし，彼の簿記論の内容は簡単であり，出版の時代も遅いということで，あまり問題にされなかった。しかし，最近，写本の内容への研究がなされた。その結果，写本の内容は，出版本よりもより詳しく複式簿記を解説していることが判明してきた。

さらに，1494年，ヴェネツィア簿記を参照して，世界最初の複式簿記文献を，ヴェネツィアで出版したのが，パチョーリである。

パチョーリの簿記論は，三帳簿制を基礎として，左右貸借対照の勘定形式を示した。勘定科目については，債権・債務勘定そして資本金勘定等の人的勘定，諸資産からなる物的勘定そして損益勘定である名目勘定について解説した。そして，最終的には，試算表の中で，資本計算と損益計算の結果を示したのである。

パチョーリの簿記論の完成は，まさに，複式簿記についての，イタリア諸都市の商人たちの，長期にわたる同時期のたゆまざる努力の結晶でもあったのである。そしてパチョーリが論述した簿記論は，16世紀以後世界中に伝えられ，パチョーリは「近代会計学の父」と呼ばれているのである。

注

(1) マリイとカッツの理論については，片岡〔1988〕4-5頁；同〔2000c〕11頁を参照されたい。
(2) トスカーナ説については，片岡〔1988〕7-13頁；同〔1999〕83-84頁；同〔2000c〕12-15頁に記述してある。
(3) ジェノヴァ説に関しては，片岡〔1988〕13-19頁；同〔1999〕84頁；同〔2000c〕15-17頁を参照のこと。
(4) ロンバルディーア説については，片岡〔1988〕19-31頁；同〔1999b〕85-86頁；同〔2000c〕17-18頁で詳述してある。
(5) ヴェネツィアの商人の会計帳簿については，片岡〔1988〕35-96頁に詳しく論述している。
(6) 同時期説については，片岡〔1999〕87-91頁を参照されたい。

(7) コトルリの簿記写本についての詳細は，片岡〔2000a〕；同〔2000b〕を参照されたい。
(8) コトルリ簿記論の写本と出版本の日本語訳については，片岡〔2000b〕113-123頁を参照のこと。
(9) 『スムマ』の第1フォーリオ裏頁は，1494年11月20日となっているが，最終頁では1494年11月10日と印刷されている。
(10) パチョーリは，2頁分を表す用語としてカルタ(C. = Carta)という言葉を採用している。しかし，一般には英語でフォーリオ(folio)と訳されている。そしてこの場合のフォーリオは，表頁(recto)と裏頁(verso)をもって1フォーリオとするのである。イタリア語では foglio，ドイツ語では Folio である。日本語では丁または葉がこの言葉にあたる。
(11) パチョーリ簿記論の日本語訳については，片岡〔1988〕174-254頁を参照されたい。

(片岡　泰彦)

第 2 章

フッガー家の会計と複式簿記の伝播

― ドイツ簿記史 ―

本章のねらい

　「ドイツ簿記史」としては，フッガー家の会計から解明しなければならないかもしれない。しかし，「複式簿記」が世界に伝播したのはパチョーリの印刷本。これを原型とするイタリア簿記をドイツに移入したのはシュヴァイカーの印刷本。それまでに，「ドイツ固有の簿記」が展開されたことになる。これを代表するゴットリープの印刷本に解説される帳簿締切を解明することによって，残高勘定によって検証されるのは「借方合計＝貸方合計」ではなく，本来，「正味財産＝期末資本」に敷衍されることを想像してもらいたい。

第1節　はじめに

　ドイツに現存する最古の商業帳簿は，ニュルンベルグの商人ホルツシューア(Holzschuher)家の1304年から1307年の帳簿である(de Roover〔1956〕p. 170；Kellenbenz〔1970〕S. 622)。これに後続するのは，リューベックの商人ヴィッテンボルク(Wittenborg)家の1329年から1360年の帳簿である(片岡〔1994〕3頁)。いずれも債権・債務が乱雑に記録されるだけで，返済されると，斜線で消去されたが，レーゲンスブルクの商人ルーティンガー(Runtinger)家の1383年から1407年の帳簿では，帳簿の見開きの両面の左右対照に，債権・債務が暦順的に記録

される(白井〔1997〕927頁)。

　したがって，ドイツの14〜15世紀には，債権・債務が記録されたにすぎないが，16世紀には，アウグスブルグの商人フッガー(Fugger)家の会計報告書として，1511年から1579年にかけて，財産目録，貸借対照表と損益計算書が断続的に現存する(片岡〔1994〕20頁以降)。帳簿も断片的にしか現存しないので，この会計報告書が複式簿記と関連したかどうかは即断しえないが，フッガー家の会計主任シュバルツ(Schwarz M.)によって，イタリアのヴェネツィアでの経験から，1518年に例示される手書本の写本が現存する事実からは，すでに，複式簿記がドイツに実践，ドイツに伝播されたことは想像するに難くない(岡下〔1980〕28, 30頁)。

　ところが，複式簿記について，世界に現存する最古の印刷本は，1494年にパチョーリ(Pacioli, L.)によって出版された『算術・幾何・比および比例全書』。この印刷本の第1部・第9編・論説第11「計算及び記録に関する詳説」に解説される。これに対して，ドイツに現存する最古の印刷本は，約4半世紀後の1518年にグラマテウス(Grammateus, H.：本名シュライバー(Schreiber, H.))によって出版された『新しい技術書』。この印刷本の1編「商人の仕訳帳，商品帳および金銭帳による簿記」に解説される。しかし，パチョーリの複式簿記を原型とする印刷本として複式簿記がドイツに移入，ドイツに伝播されるのは，さらに，約4半世紀後の1549年である。事実，ペンドルフ(Penndorf, B.)は表現する。「これまでの著作にイタリア人が影響を与えたにしても，わずかであるか，全く影響を与えてはいない。しかし，わずか数年後の1549年には，パチョーリの論文を完全に模範とする著作が出版される。シュヴァイカー(Schweicker, W.)の著作『複式簿記』が，それである」(Penndorf〔1913〕S. 125)と。

　そうであるとするなら，1549年に，パチョーリの複式簿記が移入されるまでは，ドイツ固有の複式簿記が展開されたことになるのではなかろうか。事実，1531年と1546年には，ゴットリープ(Gottlieb, J.)によって，『ドイツの明解な簿記』と『簿記，二様の精巧かつ明解な簿記』，この間，1538年には，エーレンボーゲン(Ellenbogen, E. von)によって，『プロシアの貨幣単位と重量単位に拠る簿記』も出版されて，ドイツ固有の複式簿記が実際に展開される。

そこで，複式簿記の伝播ともなると，フッガー家の会計報告書はともかく，印刷本として複式簿記がドイツに移入される直前に，どこがドイツ固有の複式簿記であったか，差し当たり，ゴットリープによって出版された『簿記，二様の精巧かつ明解な簿記』に解説される「帳簿締切」を解明して，若干の卑見を披瀝することにしたい。

第2節　帳簿締切

さて，ゴットリープは，1531年には，「帳簿締切」ばかりか，グラマテウスの表現する「簿記の検証」(Proba des Buchhaltens)(Grammateus〔1518〕Bl. 105R.)を暗示するにすぎない。「さらに，どのように計算を完了して，『帳簿締切』をしては，『検証』(Probe)をしなければならないか，現金，債務，債権または商品，それぞれの残高を新たに開設される計算に振り替えるにしても，どのように振り替えるかについて説明しなければならない」(Gottlieb〔1531〕Bl. 11L.)とは表現するが，「帳簿締切だけではなく，これ以外に内密にされる技能，要旨を適切かつ簡潔に教授することについては，口頭によってしたい」(Gottlieb〔1531〕Bl. 11L.)と表現するだけである。これに対して，1546年には，「帳簿締切」と「簿記の検証」についても解説する。ゴットリープ自身，「14年前に出版した簿記の算術的かつ手段的な技法——これ自体は完結していなかったが——については，大いに好評を博しただけでなく，かなりの改良も示唆されたが，しばしば，この技法に興味のある人々ばかりか，良き親友および後援者からも，『帳簿締切』と『検証』まで例示する簿記を出版するように依頼された」(Gottlieb〔1546〕Bl. 1R.)と表現するからである。

そこで，現金の収入と支出ばかりか，債権の発生と消滅，債務の発生と消滅を記録する「金銭帳」(Schuldbuch)と，商品の仕入と売上を記録する「商品帳」(Gütterbuch)に分類される元帳は，実際に締め切られる。「口別損益計算」(Erfolgsrechnung an die Partien)の域に留まってのことではない。「期間損益計算」(Periodenerfolgsrechnung)に移行してのことである。金銭帳について，現金勘定

から「現金残高」が，この帳簿（丁数1）の見開きの右側の面に計算される。債務と同様に記録される資本主勘定から「資本金残高」，債務勘定から「債務残高」が，この帳簿（丁数2）の見開きの左側の面に計算される。さらに，債権勘定から「債権残高」が，この帳簿（丁数3）の見開きの右側の面に計算される。いずれも計算されると，「ここから振替」(hinhinter getragen) と記録して締め切られる (Gottlieb〔1546〕Bl. 8R/9L.)。これに対して，商品帳については，商品が完売されるなら，X商品，Y商品に区別する商品勘定の左側の面には「商品の仕入」，右側の面には「商品の売上」が転記されるので，商品勘定には「口別損益」が計算される。事実，X商品，Y商品に区別する商品勘定から口別利益が，この帳簿（丁数6および丁数7）の見開きの左側に計算される。また，商品が完売されないなら，帳簿棚卸ではあるが，「期末棚卸」が導入される。X商品，Y商品に区別する商品勘定の左側の面には「商品の仕入」，右側の面には「商品の売上」が転記されるので，「売残商品」(so noch unverkaufft sein/so noch vorhanden sein) である繰越商品が商品勘定の右側の面に追加，記録されるなら，X商品，Y商品に区別する商品勘定には「期間の口別損益」が計算される。事実，X商品，Y商品に区別する商品勘定から期間の口別利益が，この帳簿（丁数8）の見開きの左側の面に計算される。しかし，いずれも計算されるだけである。「ここから振替」と記録しては締め切られない。「売残商品」である繰越商品だけが，「ここから振替」と記録して締め切られる (Gottlieb〔1546〕Bl. 14R.)。

しかし，商品帳の末尾に注目しなければならない。商品帳の末尾，この帳簿（丁数8）の見開きの右側の面には，「売上商品 (verkauffte Wahre) から商品帳に計算される（期間）利益」と記録すると同時に，商品帳に分類される元帳の丁数，「元丁6から，ここまでを合計，ここに振替 (hieher getragen)」と記録して締め切られる (Gottlieb〔1546〕Bl. 14R.)。したがって，「ここに振替」と記録して締め切られるからには，実際に振り替えられたからにちがいない。商品帳の末尾に振り替えられるのである。

したがって，実は「損益勘定」(Gewinn-und Velustkonto) という表現は見出されないが，損益勘定が開設，振り替えられることによっては，まさに「期間損益」が計算される。X商品，Y商品に区別する商品勘定から計算されるのは，

第2章　フッガー家の会計と複式簿記の伝播　39

口別利益，期間の口別利益である。利益は利益だけ集計して，この損益勘定の右側の面に振り替えられる。さらに，「口別損失」が計算される。したがって，「期間の口別損失」が計算されることも可能である。損失は損失だけ集計して，この損益勘定の左側の面に振り替えられる。そればかりか，諸掛り経費は直接に振り替えられる。諸掛り経費は，商品に加算して記録されるか，X商品，Y商品に按分して記録される。さらに，諸掛り経費は，この損益勘定の左側の面に振り替えられもする。例えば，この損益勘定の右側の面に振り替えられる「利益」(Gewin) の合計が左側の面に振り替えられる「諸掛り経費と損失」(Unkost und Verlust) の合計を上回るなら，「純利益」(lauter Gewin)，したがって，期間利益が計算されることになる。

　そうであるとするなら，商品帳の末尾こそは，まさに「損益勘定」であるにちがいない。したがって，「商品帳の末尾には『損益集合表』(Zusammenstellung der Gewinne und Verluste) を認識するにすぎない」ので，「実際の『損益勘定』が元帳にはない」(Penndorf [1913] S. 123) と，ペンドルフが批判することには，あえて反論しておかねばならない。

　ところが，ゴットリープによると，損益勘定の左側の面に計算される「純利益」，したがって，期間利益が，商品帳の末尾，この帳簿(丁数8)の見開きの左側の面には，「最後に，帳簿締切とその検証をしたところで，ここに計算される(期間)利益は，さらに取引を継続しようとするかぎりでは，私に関係する項目に振替 (tragen und setzen an mein Post)」(Gottlieb [1546] Bl. 14L.) と記録して締め切られる。「私の関係する項目に振替」とは記録されるが，振り替えられるのは，元帳の丁数，「元丁10」である。資本主勘定の右側の面に振り替えられるのではない。この帳簿(丁数2)の見開きの右側の面に振り替えられるのではないのである。金銭帳でも商品帳でもない，新たな帳簿(丁数10)の見開きの右側の面に振り替えられる。しかも，振り替えられるのは，「帳簿締切とその検証をしたところで」の，まさに「最後に」なるというのである。

第3節　簿記の検証

　それでは，金銭帳について，「ここから振替」と記録して締め切られる「現金残高」，「資本金残高」，「債務残高」，さらに，「債権残高」，これに対して，商品帳についても，「ここから振替」と記録して締め切られる「売残商品」である繰越商品は，はたして，どこに振り替えられるであろうか。ゴットリープは表現する。「金銭帳と商品帳からは，いずれも，以下の帳面(Blat)に振り替える。振り替えることによって，この取引の帳簿締切をしなければならない」(Gottlieb〔1546〕Bl. 21R.)ので，「金銭帳と商品帳からは，以下の帳面，丁数10に振替えられる」(Gottlieb〔1546〕Bl. 15R.)と。

　そこで，企業の決算時(決算日)には，金銭帳にも商品帳にも分類されない，新たな帳簿が作成される。帳簿の見開きの右側の面に計算される「現金残高」，「債権残高」および「売残商品」である繰越商品は，この新たな帳簿(丁数10)の見開きの左側の面に振り替えられる。これに対して，帳簿の見開きの左側の面に計算される「資本金残高」および「債務残高」は，この新たな帳簿(丁数10)の見開きの右側の面に振り替えられる。いずれも振り替えられると，「ここに振替」と記録して締め切られる(Gottlieb〔1546〕Bl. 16.)。

　したがって，実は「残高勘定」(Bilanzkonto)という表現は見出されないが，残高勘定が開設，振り替えられることによっては，まさに翌期に繰り越される。帳簿の見開きの右側の面に計算される「現金残高」，「債権残高」および「売残商品」である繰越商品は，この残高勘定の左側の面に振り替えて繰り越されるのである。これに対して，帳簿の見開きの左側の面に計算される「資本金残高」および「債務残高」も，この残高勘定の右側の面に振り替えて繰り越されるのである。したがって，新たに開設，振り替えられるのは，まさに「繰越勘定」としての残高勘定であるにちがいない。

　しかし，ゴットリープによると，損益勘定に計算される「期間損益」は，資本主勘定に振り替えられることはない。「資本金残高」は，それだけ減算され

るか，加算されてはいないのである。したがって，期間損益が算出されない場合を除いては，この帳簿（丁数10）の見開きの左側の面に振り替えられる「現金残高」，「債権残高」および「売残商品」である繰越商品の合計と，この帳簿（丁数10）の見開きの右側の面に振り替えられる「資本金残高」および「債務残高」の合計とが均衡しては，この残高勘定は，まだ締め切られることはない。例えば，純利益，したがって，期間利益が計算されるなら，この残高勘定の左側の面に振り替えられる「現金残高」，「債権残高」および「売残商品」である繰越商品の合計は，右側の面に振り替えられる「資本金残高」および「債務残高」の合計を上回ることになる（Gottlieb〔1546〕Bl. 16.）（〔図表2-1〕を参照）。

図表2-1　検証前の残高勘定

残高勘定（繰越勘定）　丁数10

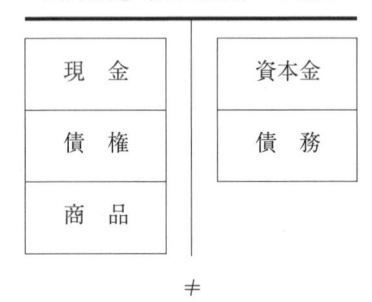

現　金	資本金
債　権	債　務
商　品	

≠

ところが，想像するに，これではまだ，帳簿締切は完結しない。簿記の検証が完了されて，最後に，損益勘定に計算される「期間損益」が振り替えられてこそ，帳簿締切は完結する。ゴットリープは表現する。「金銭帳と商品帳からは，以下の帳面，丁数10に振り替えたところで，（丁数11に）天秤（Wag）にかける。まだ保有される現金，債権および商品は，天秤の左側の皿（lincke Schale）にある。しかし，資本金（期間利益は除く）と債務は，天秤の右側の皿（rechte Schale）にある」（Gottlieb〔1546〕Bl. 15R.）が，例えば，純利益，したがって，期間利益が計算されるなら，右側の皿は左側の皿と比較して，「それだけ軽いので，さらに，右側の皿に加算する必要がある。左側の皿に傾いた金額が『（期間）利益』である。取引においては，計算および帳簿締切をして，両側に皿のある天秤を比較

しなければならない」(Gottlieb〔1546〕Bl. 15R.)と。

　そこで，金銭帳にも商品帳にも分類されない，新たな帳簿に加えて，企業の決算時(決算日または決算日の翌日)には，さらに新たな帳簿が開設される。この新たな帳簿(丁数11)の見開きの左側には，残高勘定の左側の面に振り替えられる「現金残高」，「債権残高」および「売残商品」である繰越商品が再び記録される。これに対して，残高勘定の右側の面に振り替えられる「資本金残高」および「債務残高」は，この新たな帳簿(丁数11)の見開きの右側の面に再び記録される。それだけではない。例えば，純利益，したがって，期間利益が計算されるなら，この新たな帳簿(丁数11)の見開きの右側の面には，現金＋債権＋商品＞資本金(期間利益を除く)＋債務，したがって，「実在の財産余剰」が計算される(Gottlieb〔1546〕Bl. 17R.)。純損失(lauter Verlust)，したがって，期間損失が計算されるなら，この新たな帳簿(丁数11)の見開きの左側の面には，現金＋債権＋商品＜資本金(期間損失を除く)＋債務，したがって，「実在の財産不足」が計算される。期間利益が計算される場合に，実在の財産余剰に一致することが確認されるか，期間損失が計算される場合には，実在の財産不足に一致することが確認されるかということである。確認されることによってこそ，簿記の検証は完了される(土方〔2001〕23頁以降)。

　したがって，実は「貸借対照表」(Bilanz)という表現は見出されないが，貸借対照表が仮設，検証されることによっては，まさに簿記の検証が完了される。仮設，検証されるというのは，元帳ではなく，あくまで計算書，これに振り替えられることも，これから振り替えられることもないからである。この貸借対照表に計算されるのは「実在の財産余剰」または「実在の財産不足」。損益勘定に計算される「期間利益」または「期間損失」に一致することが確認されるなら，簿記の検証は完了されるからである。したがって，新たに仮設，検証されるのは，まさに「残高検証表」としての貸借対照表であるにちがいない。

　事実，この貸借対照表の左側の面に再び記録される「現金残高」，「債権残高」および「売残商品」である繰越商品の合計は，右側の面に再び記録される「資本金残高」および「債務残高」の合計と比較して，例えば，「実在の財産余剰」が計算されると，この新たな帳簿(丁数11)の見開きの右側の面には，「この天

秤の左側の皿まで右側の皿を引上げて見出されるのは，余剰（so uberscheust）である。ここに計算されるのは，純利益」（Gottlieb〔1546〕Bl. 17R.）と記録して締め切られる。それだけではない。「純利益」，したがって，期間利益と記録するのに引き続いて，この新たな帳簿（丁数11）の見開きの右側の面の合計については，「すでに報告された『（期間）利益』と比較しての合計」（Gottlieb〔〔1546〕Bl. 17R.）と記録して，左側の面の合計とが均衡するばかりか，さらに，最後に付記しては，「このスムースな帳簿締切の検証をするためには，商品帳の末尾，丁数8の右側の面を捜しなさい。そうすることで，商品帳における売上商品から，そこに振り替られると同額の『（期間）利益』が見出されるなら，この帳簿締切は間違いがなく，見事に検証をされたわけである」（Gottlieb〔1546〕Bl. 17R.）と記録して，この貸借対照表は締め切られる。したがって，この貸借対照表に計算されるのは，損益勘定に計算される「期間利益」または「期間損失」に一致することが確認されるための，あくまで「実在の財産余剰」または「実在の財産不足」である（〔図表2-2〕を参照）。

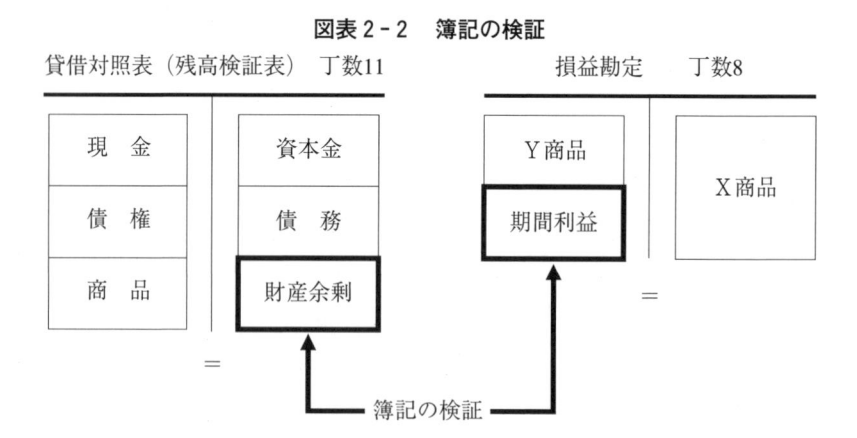

図表2-2　簿記の検証

貸借対照表（残高検証表）　丁数11		損益勘定　丁数8	
現　金	資本金	Y商品	X商品
債　権	債　務	期間利益	
商　品	財産余剰		

＝　　　　　　　　　　　＝

簿記の検証

そこで，簿記の検証が完了されると，最後に，損益勘定に計算される期間損益が振り替えられて，帳簿締切は完結する。しかし，ゴットリープ自身，どのように振り替えられるかについては，解説してはいない。したがって，想像するしかないが，振り替えられるのは，「帳簿締切とその検証をしたところで」の，

まさに「最後に」なるというのである。もちろん，損益勘定に計算される「期間利益」は，資本主が享受する権利，したがって，資本主に対しては，最終的に「債務の発生」，「期間損失」は，資本主が負担する義務，したがって，資本主に対しては，最終的に「債務の消滅」になるので，企業の決算時（決算日または決算日の翌日）には，資本主勘定に振り替えられるはずである。まさに「私に関係する項目に振替」と記録して締め切られるはずである。しかし，資本金残高は，すでに振り替えられている。資本主勘定は，すでに締め切られている。資本主勘定には振り替えて締め切られようもないのである。したがって，「私に関係する項目に振替」とは記録されるが，元帳の丁数，「元帳10」に振り替えられるしかない。まさに「最後に」振り替えられるしかないのである。例えば，純利益，したがって，期間利益が振り替えられるとしたら，残高勘定の右側の面に振り替えられて，損益勘定が締め切られるしかない。純損失，したがって，期間損失が振り替えられるとしたら，残高勘定の左側に面に振り替えられて，損益勘定が締め切られるしかない。さらに，残高勘定の左側の合計と右側の合計とが均衡することで，まさに締め切られることによっては，帳簿締切は完結する（〔図表2-3〕を参照）。

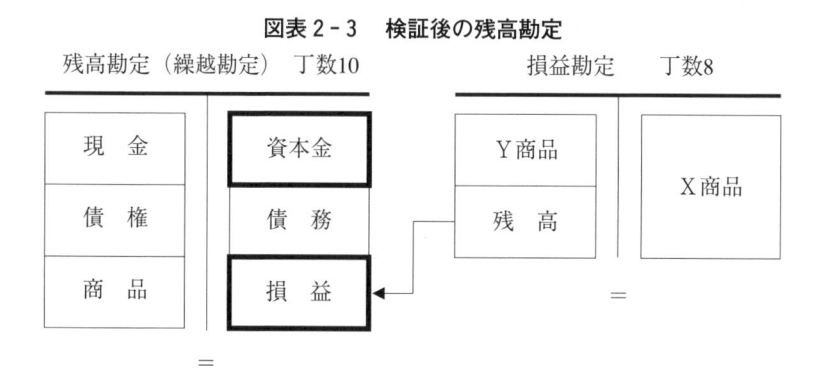

図表2-3　検証後の残高勘定

残高勘定（繰越勘定）　丁数10		損益勘定　丁数8	
現　金	資本金	Y商品	X商品
債　権	債　務	残　高	
商　品	損　益		
＝		＝	

そうであるとするなら，金銭帳でも商品帳でもない，新たな帳簿（丁数10）こそは，繰越勘定としての「残高勘定」，さらに新たな帳簿（丁数11）こそは，残高検証表としての「貸借対照表」であるにちがいない。したがって，「Gottlieb

の場合には，そこに決定される(期間)利益が『残高勘定』に連係して計算されるかぎりでは進歩する。ゴットリープは，この自己の『貸借対照表』に付記しては，『このスムースな帳簿締切の検証をするためには，……』とまで表現する」(Penndorf〔1913〕S. 123)と，ペンドルフが評価するにしても，残高勘定と貸借対照表を同視，混同することは，あえて批判しておかねばならない。

　もちろん，帳簿締切が完結するとしたら，翌期に繰り越されるはずである。しかし，ゴットリープ自身，どのように振り替えられるかについても，解説してはいない。そこで，想像するしかないが，「繰越勘定」としての残高勘定が開設，振り替えられるからには，企業の翌期の開始時(決算日の翌日)には，残高勘定から改めて振り替えられるはずである。金銭帳については，残高勘定の左側の面に振り替えられた「現金残高」は現金勘定，「債権残高」は債権勘定，左側の面に改めて振り替えられるはずである。さらに，残高勘定の右側の面に振り替えられた「資本金残高」は資本主勘定，「債務残高」は債務勘定，右側の面に改めて振り替えられるはずである。しかし，損益勘定に計算される「期間損益」は，資本主勘定に振り替えられてはいない。資本金残高は，それだけ減算または加算されてはいないのである。期間利益は，資本主が享受する権利，したがって，資本主に対しては，最終的に「債務の発生」，期間損失は，資本主が負担する義務，したがって，資本主に対しては，最終的に「債務の消滅」になるにもかかわらず，資本主勘定に振り替えられてはいない。例えば，純利益，したがって，期間利益が計算されるなら，資本主に対する「債務の発生」になるにもかかわらず，「帳簿締切とその検証をしたところで」の，まさに「最後に」振り替えられるので，資本主勘定にではなく，残高勘定の右側の面に振り替えられるのである。したがって，改めて振り替えられるとしたら，残高勘定の右側の面に振り替えられた「期間利益」は資本金残高と合算されて，資本主勘定の右側の面に改めて振り替えられるはずである。これに対して，商品帳については，残高勘定の左側の面に振り替えられた「売残商品」である繰越商品は，X商品，Y商品に区別する商品勘定の左側の面に改めて振り替えられるはずである。残高勘定から改めて振り替えられることによって，翌期に繰り越されるはずである。

第4節 おわりに

　このように，差し当たり，ゴットリープによって出版された『簿記，二様の精巧かつ明解な簿記』に解説される「帳簿締切」を解明して，若干の卑見を披瀝したところで，複式簿記の伝播ともなると，フッガー家の会計報告書はともかく，印刷本として複式簿記がドイツに移入される直前に，どこがドイツ固有の複式簿記であったかについても解明される。

　そこで，帳簿締切については，「簿記の検証」のために，残高検証表としての貸借対照表が仮設されることにある。暫定的な期間損益計算，したがって，暫定的な決算時でしかないにしても，企業の決算時。さらに，期間損益計算に移行するとなると，完全に企業の決算時。金銭帳について，現金勘定から「現金残高」，債権勘定から「債権残高」，債務と同様に記録される資本主勘定から「資本金残高」，債務勘定から「債務残高」が計算される。これに対して，商品帳については，帳簿棚卸ではあるが，「期末棚卸」が導入されるので，「売残商品」である繰越商品が追加・記録されることによっては，X商品，Y商品に区別する商品勘定から「期間の口別損益」が計算される。さらに，「損益勘定」が開設されることによっては，X商品，Y商品に区別する商品勘定に計算される期間の口別損益が振り替えられて，「期間損益」が計算される。それだけではない。さらに，「貸借対照表」が仮設されることによっては，期間利益は，現金＋債権＋商品＞資本金（期間利益を除く）＋債務，したがって，「実在の財産余剰」に，期間損失は，現金＋債権＋商品＜資本金（期間損失を除く）＋債務，したがって，「実在の財産不足」に一致することが確認される。したがって，元帳に組み込まれる「損益勘定」が損益計算機能を果たすのに対して，元帳に組み込まれずに，ただ仮設される計算書，「貸借対照表」こそは，まさに検証機能を果たすにちがいない。

　それでは，貸借対照表が仮設されて，期間損益が実在の財産余剰または実在の財産不足に一致することが確認されないとしたら，どうであろうか。もちろ

ん，実在の財産余剰または実在の財産不足が重視されるので（泉谷〔1997〕145, 156頁），損益勘定に計算される期間損益がこれに一致するように修正されねばならないかもしれない。しかし，期末棚卸は導入されるが，実地棚卸ではない。貸借対照表が仮設されるのは，あくまで帳簿棚卸でしかない。したがって，実在の財産余剰または実在の財産不足に一致することが確認されないとしたら，記録自体の過誤，締切自体の過誤に起因するはずである。したがって，帳簿記録の過誤，帳簿締切の過誤が探索され，訂正されねばならない。

　さらに，「残高勘定」が開設されることによっては，「現金残高」，「債権残高」，「資本金残高」，「債務残高」，「売残商品」としての繰越商品が振り替えられて，翌期に繰り越されるはずである。現金勘定，債権勘定，債務と同様に記録される資本主勘定，債務勘定，X商品，Y商品に区別する商品勘定から残高勘定に振り替えて締め切られる。しかし，資本主勘定から残高勘定に振り替えられるのは，元入資本の資本金残高，追加資本または資本引出があるなら，元入資本に加算または減算されての資本金残高でしかない。「帳簿の検証」が完了されないかぎりでは，期間損益が振り替えられるはずはないからである。

　もちろん，損益勘定に計算される「期間利益」は，資本主が享受する権利，したがって，資本主に対しては，最終的に「債務の発生」，「期間損失」は，資本主が負担する義務，したがって，資本主に対しては，最終的に「債務の消滅」になるので，損益勘定から資本主勘定に振り替えて締め切られるはずである。したがって，企業の決算時には，期間損益は資本金残高と合算されて，資本主勘定から残高勘定に振り替えられて，翌期に繰り越されるはずではある。

　しかし，残高勘定が開設されてから，貸借対照表が仮設される。したがって，資本金残高は，すでに振り替えられている。資本主勘定は，すでに締め切られている。資本主勘定には振り替えて締め切られようもないのである。したがって，期間損益が振り替えられるとしたら，「帳簿締切とその検証をしたところで」の，まさに「最後に」，損益勘定から残高勘定に振り替えて締め切られるしかない。さらに，残高勘定の左側の合計と右側の合計とが均衡することで，まさに締め切られることによっては，帳簿締切は完結する。

　したがって，改めて振り替えられるとしたら，期間損益は資本金残高と合算

されて，残高勘定から資本主勘定に振り替えられて，翌期に繰り越されるはずである。現金残高，債権残高，債務残高，売残商品としての繰越商品についても同様。改めて振り替えられるとしたら，残高勘定から現金勘定，債権勘定，債務勘定，X商品，Y商品に区別する商品勘定に振り替えられて，翌期に繰り越されるはずである。したがって，元帳に組み込まれる「残高勘定」は繰越機能を果たすにちがいない。

しかし，残高勘定が開設されてから，貸借対照表が仮設されるのではなく，簿記の検証が完了されて，したがって，貸借対照表が仮設されてから，残高勘定が開設されるのも可能ではなかろうか。可能であるとしたら，損益勘定から資本主勘定に振り替えて締め切られるはずである。したがって，期間損益は資本金残高と合算されて，資本主勘定から残高勘定に振り替えられて，翌期に繰り越されるはずである。改めて振り替えられるとしたら，期間損益は資本金残高と合算されることもない。資本金残高として，残高勘定から資本主勘定に振り替えられて，翌期に繰り越されるはずである。したがって，これでも，元帳に組み込まれる「残高勘定」は繰越機能を果たすにちがいない。

ところで，企業の解散時には，「資本主勘定」が検証機能を果たすことを想起してもらいたい（土方〔2000〕8頁）。しかし，簿記の検証は「全体損益」についてではない。「投下資本±全体損益」についてである。全体利益が計算される場合に，回収資本＞投下資本，したがって，資本主勘定に計算されるのは，回収資本（現金残高）＝投下資本＋全体利益（資本余剰），全体損失が計算される場合には，投下資本＜投下資本，したがって，資本主勘定に計算されるのは，回収資本（現金残高）＋全体損失（資本不足）＝投下資本，極端には，全体損失（資本不足）＝投下資本（債務弁済を含む）であることを想起してもらいたい（土方〔2002〕50頁以降）。

もちろん，企業の決算時には，現金残高だけしかないにしても，資本主勘定に振り替えられるはずはない。利益配当，資本引出を除いては，これが資本主に払い戻されるはずもないからである。債権，債務が完済されないとしたら，商品も完売されないとしたら，なおさらである。現金残高，債権残高，債務残高，売残商品としての繰越商品は，資本主勘定には振り替えられるはずはない。

したがって，資本主勘定の，まさに擬制勘定として，残高勘定が開設されるとしたら，現金勘定，債権勘定，債務勘定，X商品，Y商品に区別する商品勘定が振り替えられて，残高勘定には，現金＋債権＋商品－債務，したがって，「実在の正味財産」が計算される。企業の決算時の「回収資本」を意味する。これに対して，資本主勘定に計算されるのは，投下資本±期間損益，したがって，「期末資本」である。これもまた，企業の決算時の「回収資本」を意味する。しかし，実在の正味財産が計算されるのに併行して，期末資本，資本金残高が計算されるにしても，これでは，「残高勘定」と「資本主勘定」は開放されたままで，締め切られることはない。

そこで，資本主勘定が締め切られるために，期末資本，資本金残高は残高勘定に振り替えられねばならない。さらに，「残高勘定」が締め切られることによって，帳簿締切は完結するはずである。期間利益が計算される場合に，回収資本＞投下資本，したがって，回収資本(実在の正味財産)＝投下資本＋期間利

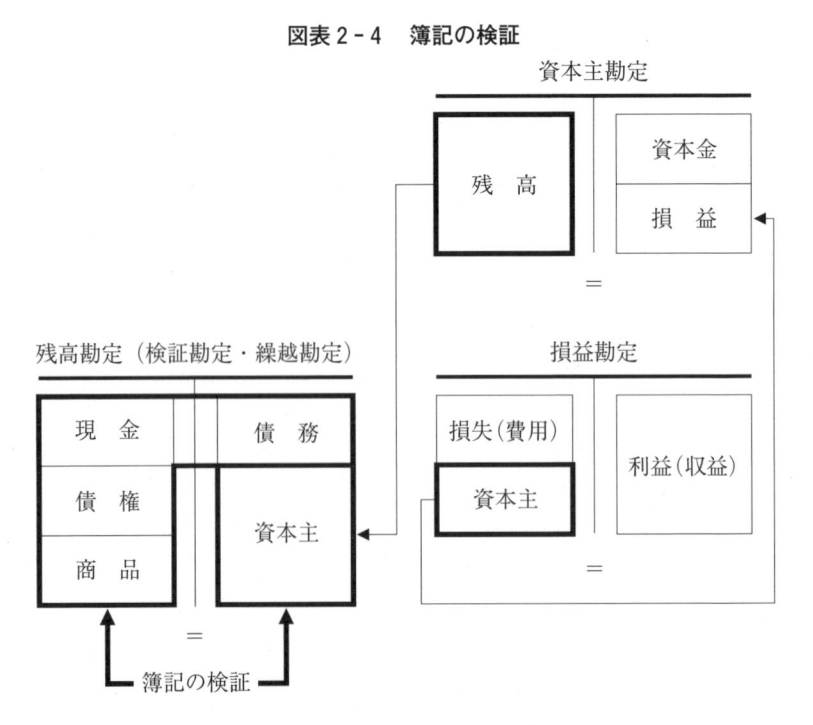

図表2-4　簿記の検証

50　第Ⅰ部　複式簿記の誕生とその漸次的普及(13世紀〜19世紀)

益(資本余剰),期間損失が計算される場合には,回収資本＜投下資本,したがって,残高勘定に計算されるのは,回収資本(実在の正味財産)＝投下資本－期間損失(資本不足)(債務超過を含む),極端には,期間損失(資本不足)－投下資本＝回収資本(実在のマイナス正味財産)(完全に債務超過)である。したがって,実在の財産余剰または実在の財産不足に一致することが確認されるのではない。資本余剰または資本不足に一致することが確認されるのでもない。「実在の正味財産」に一致することが確認されるのである。もちろん,簿記の検証は「期間損益」についてではない。「投下資本±期間損益」についてである。したがって,資本主勘定の,まさに擬制勘定として,元帳に組み込まれる「残高勘定」こそは繰越機能を果たすばかりか,検証機能も果たすにちがいない(土方[2000]12, 14頁)([図表2－4]を参照)。

　そうであるとするなら,「貸借対照表」は,検証勘定としての「残高勘定」に,その地位を譲るのではなかろうか。期末棚卸が導入されるにしても,実地棚卸ではない。貸借対照表が仮設されるのは,あくまで帳簿棚卸でしかない。したがって,実在の財産余剰または実在の財産不足が重視されて,損益勘定に計算される期間損益がこれに一致するように修正されねばならないのではない。帳簿記録の過誤,帳簿締切の過誤が探索され,訂正されねばならないのである。したがって,元帳に組み込まれる残高勘定に,実在の正味財産が計算されて,期末資本,資本金残高がこれに一致することさえ確認されるなら,「簿記の検証」も完了されるのでは,と愚考する。

借方と貸方

　「借方」を左側に記録して,「貸方」を右側に記録するのはなぜか。この問題の解答に窮するのは筆者だけではあるまい。ゴットリープによると,債務者（借主）は債権者（貸主）に右手で宣誓して借入れるから,帳簿の見開きの右側に債権者（貸主）の名前,したがって,「債務」を記録すると解説される。帳簿の見開きの左側に債務者（借主）の名前,したがって,「債権」を記録するのは,これとは対蹠的になるからと解説されるのである。しかし,納得いきそうであるが,あまりにもできすぎた根拠ではある。

これに対して，16世紀末にニュルンベルグで製作された木版画に組み込まれる韻文によると，「心臓」が人体の左側にあるように，帳簿の見開きの左側に債務者（借主）の名前，したがって，「債権」を記録すると解説される。あえて憶測するに，どちらかといえば，「債権」が「債務」よりも重視されるから，そのように記録するのに対して，部分返済，相互貸借，貸借振替をスムースにするために，これとは対照的に，帳簿の見開きの右側に債権者（貸主）の名前，したがって，「債務」を記録するのではと想像される。何となく納得いきそうな根拠ではある。いずれにしても，16世紀に複式簿記に取り組んだドイツの学者が，すでに，この問題の解答に苦悩して解説しようとしたことは間違いなさそうである。複式簿記に取り組む今日の学者としては，この問題の解答に，はたして，どのように対応して解説したものやら……。

（土方　　久）

第3章

商人国家の台頭とステフィン

－ネーデルラント簿記史－

本章のねらい
1. 17世紀に世界経済の中心地となったネーデルラント。その社会経済的背景と簿記書の関係を明らかにする。
2. ステフィンやファン・フューゼルの評価を再考する。
3. 史上初の株式会社とされる連合東インド会社（オランダ東インド会社）の会計システムを明らかにする。

第1節　ネーデルラントの簿記書および実務の重要性

　これまでの会計史研究では，複式簿記発生史に関して14～15世紀のイタリア，産業革命と会計学の生成に関して18～19世紀のイギリス，そして，簿記から近代会計学への展開に関して20世紀初頭のアメリカが主な研究領域とされてきた。
　つまり，16～17世紀を対象とした研究が欠落しており，ここを埋めるのがネーデルラントの会計史（簿記史）であったが，最近の研究ではこれを補うように次頁の〔図表3-1〕のようなシェーマが示されるようになってきている。
　この図表からもネーデルラントの簿記書が，会計史上の時代と地域をつなぐ大きな「連結環」の役割を果たしていたことが理解できる。また同時に，その

図表3-1　簿記・会計の発展

時　代	14～15世紀	16～17世紀	18～19世紀
地　域	イタリア	ネーデルラント	イギリス
エポック	複式簿記	期間損益計算	固定資産会計
論　者	Pacioli	Ympyn Stevin	Malcolm Cronhelm

出所：友岡〔1996〕第1章をもとに論者他を加筆・修正して作成。

役割が期間損益計算の確立にあったと指摘されていることに注意せねばならない。

次節以降では，まず当時のネーデルラントの社会経済的背景（および政治的背景）を理解し，その上で主要な簿記書の内容について，期間損益計算の確立者とされるステフィン（Stevin, S.）を中心に見ていくこととしよう。

第2節　ネーデルラントの黄金時代：商人国家の台頭

1．世界経済の中心地化

ネーデルラント（Nederlanden：Netherlands）とは今日のオランダとベルギー北部を指す地域であり，本来「低い土地」という意味である。

この地域が注目を集めるようになったきっかけは，喜望峰周りの新航路の発見であった。これ以降世界経済の中心は，それまでの地中海のイタリアから北海に面したこの地域に移動することとなった。いわゆる商業革命が現出したのである（浅田〔1984〕第1章）。

16世紀から17世紀にかけてスペインからの独立戦争を抱えながら，ブルッヘ（ブルージュ），アントウェルペン（アントワープ）そしてアムステルダムへとめまぐるしく経済繁栄の中心が移動していくこととなる（〔図表3-2〕を参照）。

図表3-2　ネーデルラントにおける繁栄の中心の移動

2．アントウェルペン：常設的取引所の開設

　ブルッヘの繁栄は極めて短く，15世紀末にはすでに衰退が決定的となり，16世紀に入るとアントウェルペンが世界経済の中心地となっていった。

　アントウェルペンの繁栄の原因としては，①イギリス毛織物のヨーロッパ大陸への輸出の窓口となったこと，②ポルトガルがここを香辛料の販売基地として選んだこと，そして，③中部・南ドイツの銀，銅，麻織物のスペイン，ポルトガルへの輸出基地となったことなどが指摘されている（石坂他編〔1980〕78頁）。

　また1531年には，中世以来の大市（Messe）に代わるものとして，継続的かつ常設的な取引の場としての取引所（beurs）が設立され，アントウェルペンの商業活動はさらに隆盛することとなった（石坂他編〔1980〕132-134頁；今井〔1950〕69-70頁；高橋編訳〔2000〕87-88頁）。

　しかし，16世紀の世界経済をリードしつづけたアントウェルペンの繁栄も長くは続かなかった。スペインからの独立戦争に巻き込まれ，特に，1585年アントウェルペンが陥落してスペイン軍が掠奪をほしいままにしたことは，一挙に，多数の資本家群を北ネーデルラントのホラント，ゼーラント地方，特にアムス

テルダム，ミッテルブルフ，ライデンなどの諸都市へ押し出したのであり，この結果アムステルダムに繁栄がもたらされたのである（大塚〔1969〕65頁）。

3．アムステルダム：連合東インド会社（オランダ東インド会社）の設立

世界最初の株式会社といわれる連合東インド会社（De Verenigde Nederlandse Oost-Indische Compagnie：VOC）(1602〜1798)が，1602年アムステルダムに創立された。

株式会社の形式的特質とされる，①「全社員の有限責任制」の確立，②会社機関の存在，さらに，③譲渡自由な等額株式制や，④確定資本金制と永続性（継続性）がいちおう具備するに至ったという点でこの連合東インド会社が株式会社制度の起源とされるのである（大塚〔1969〕142頁）。

同社は，1602年3月20日に「連邦議会」（Staten-Generaal）から21年を期限として賦与された「特許状」（Octrooi）に基づき設立されたが，この勅許は期限ごとに更新され，それまでの一航海ごとに企業を設立・解散する当座性企業とは異なった継続企業の成立を見ることができる。

その一方で，連合東インド会社は商人国家ともいうべきこの国の大商業資本家門閥による専制的支配体制が共和国成立の当初からその崩壊に至るまでほぼ不変であり，「社員総会」を欠いた「専制型（ないし『ネーデルラント型』）」株式会社としての特質を保持していたのである。

また，「連合」という名が示すように，同社はネーデルラント各地に番居した先駆諸会社（フォール・コンパニーエン：vóórcompagnieën）が設立母胎になっていた。すなわち，アムステルダム，ゼーラント（ミッデルブルフ），ロッテルダム，デルフト，ホールン，エンクハイゼンの各先駆会社が，6つの「カーメル（kamers）」に再編成され，それらの連合体として成立したのである（大塚〔1969〕374-375頁；Bruijin *et al.*〔1987〕p.7；科野〔1988〕27頁）。

このような特徴をもった連合東インド会社は，17世紀において世界経済の牽引車となっていくのである。

第3節　ネーデルラントの簿記書

1．期間損益計算思考と売残商品勘定：イムピン〔1543〕

　ネーデルラントの言葉，すなわちオランダ語でかかれた最初の簿記書が，イムピン（Ympyn, J.）の *Nieuwe Instructie*…(1543)である。

　イムピンの簿記書にはそれまでの簿記書にはなかったいくつかの特徴が見られるが，なかでも特に注目すべきものとして売残商品勘定の説明があげられる（〔図表3-3〕を参照）。

　売残商品についてイムピンは，同じく原著の第24章において各商品売残高が各特定商品勘定の貸方と売残商品勘定の借方に記入され，この各特定商品の貸借差引残高が，商品販売損益を表わし，その一方で，売残商品勘定は残高勘定へ振替えて締め切られるとする（Ympyn〔1543〕ch. 24, fol. 19）。

図表3-3　イムピンの売残商品勘定

売残商品勘定

宝　石	4.13. 4	残　高	349. 1. 8
英国のオスタード織	17. 0. 0		
あや織	3. 6. 0		
フランドルのラシャ	70.17. 0		
灰色のフレーズ	6. 9. 7		
タフタ織	15. 3. 0		
ホラントのリネン	231.12.10		

出所：岸〔1975〕42頁，一部修正。

　このようなイムピンの売残商品の認識は，さきの彼に先行するイタリアのパチョーリ（Pacioli, L.）やマンツォーニ（Manzoni, D.）の「簿記論」にはみられず，当時のアントウェルペン市場における実務の反映であり，期間損益計算の芽生えを示すものと見ることもできるが（小島〔1987〕117-119頁），ここでは何よりも「売残商品」の認識と，それに対する原価評価が教示されていたことが注目さ

れる(Geijsbeek〔1914〕p. 113)。

2．状態表と状態証明表の出現：ステフィン〔1607〕

17世紀のアムステルダムに現われネーデルラントを代表する簿記書が，ステフィンの *Vorstelicke bouckhouding op de Italiaensch wyse* (1607)である。彼はブルッヘで生まれ，アントウェルペンで官吏として働き，ライデンで教育を受け，アムステルダムで活躍した小数点の発見で有名な数学者であった。

同書ではとくに4部構成なかで最初の部分にあたる「商人簿記(coopmans bouckhouding)」が，期間損益計算の確立を示す内容であるとして注目されてきたのである。

そこでまずステフィンの帳簿締切について見る。彼は次のように述べている。「仕訳帳と元帳が一杯になり，われわれが，新しい帳簿を開始するようなとき，帳簿の締切が必要になる。それは，元帳のすべての勘定を締切，新しい勘定へ残額を転記し，古い帳簿を破棄することである。また，商人が営業活動をやめたり，死んだりというように，彼が活動をやめたときにも，帳簿の締切りが通常必要である」(Stevin〔1607〕coopmans bouckhouding, ch. 10, p. 36)。

つまりステフィンにおいては，帳簿の締切は不規則なものであり，イタリア式貸借簿記の伝統を継承しているのである。言い換えれば，損益計算と帳簿の締切が結びついていないのであり，そのため，決算を補うものとして，次頁の〔図表3-4〕と〔図表3-5〕のような状態表，および，状態証明表の作成を主張している。

ステフィンはここで，貸借の差額として1600年末の資本を(L3140.9.1)と計算する。また，期首にも同じような計算が行なわれ，資本の額は(L2153.7.8)となり，それゆえ次の式のようにその差額(L987.5.5)が当期の利益になるとするのである(Stevin〔1607〕coopmans bouckhouding, ch. 9, p. 35)。

$$3140.9.1(期末資本) - 2153.3.8(期首資本) = 987.5.5(当期純利益)$$

このような計算が，正しいかどうかを確かめるためにステフィンは，状態証明表が必要だとして以下のように示す。

図表3-4 ステフィンの状態表

1600年12月末に作成された私，Dierick Rooseの状態表

状態表，或いは，資本の借方		状態表，或いは，資本の貸方	
Aernout Iocobs 元丁14	51. 8.0	堅果 元丁7 173ポンド5オンス	
		（1ポンドあたり7スタイフェル）	60.13.2
		胡椒 元丁7 120ポンド	
		1ポンドあたり40ペニング	20. 0.0
		Omaer de Swarte 元丁9	513.12.0
		Adriaen de Winter 元丁11	150. 6.0
		Pieter de Witte 元丁11	448. 0.0
		Iacques de Sommer 元丁13	54.18.6
差引貸方残高	3140. 9.1	現　金　元丁19	1944. 7.5
合　　計	3191.17.1	合　　計	3191.17.1

出所：Stevin〔1607〕coopmans bouckhouding, ch. 9, p. 35.
＊Stevinは，1フルデン＝20スタイフェル，1スタイフェル＝12ペニングとしている。

図表3-5 ステフィンの状態証明表

損益，借方		損益，貸方	
商品経費 元丁16	57. 7.0	丁香の利益 元丁5	75. 4.7
家計費 元丁16	107.10.0	堅果の利益 元丁7	109. 7.2
	164.17.0	胡椒の利益 元丁7	18.19.0
合　　計		生姜の利益 元丁9	41. 8.4
ここで，計算によって導き		損益勘定にある期中の取引	
出される利益としての貸方	987. 5.5	の差引残高	907. 3.4
残高	1152. 2.5	合　　計	1152. 2.5

出所：Stevin〔1607〕coopmans bouckhouding, ch. 9, p. 35.

そして，損益法的な計算を状態証明表で以下のように行なうのである。

1152.2.5（収益）－164.17.0.（費用）＝987.5.5（当期純利益）

なお，これら2つの表をいかに見るべきかについては議論が存在する。すなわち，これらをもって，一方では貸借対照表と損益計算書の生成と論じられる

第3章　商人国家の台頭とステフィン　　59

が,他方,比較的最近の文献では,これらを精算表の源流であるとする主張もなされている(渡邉[1993]46頁)。

ステフィンの損益計算方法をまとめると次のようになる。
① 商品売買取引は,口別商品勘定において総記法的に処理され,期末に損益勘定に集計される。
② 元帳は締め切らず,全体の損益は,期末に状態表を作成し,財産法的方法によって計算される。
③ 損益計算が,正しく行なわれている否かについては,状態証明表を作成しチェックする。
④ 補助的に実地棚卸が行なわれ,損益修正が行なわれることもある(例示なし。注記で実地棚卸の必要性に触れている)。

ここから明らかになるように,ステフィンは,定期的な帳簿の締切を伴なった今日的な意味での期間損益計算の確立者とはいいがたいのである。

確かに彼は仕訳帳の例示において1年間を1会計期間としている。しかし,それは同書の後半で詳述され,同時に主要な部分を構成する「領土簿記」に対してのものであって,継続企業の出現に対応していたものとはいえない(橋本[2000]104頁)。

3. 物的二勘定学説(資本主理論的簿記論)の嚆矢:ファン・フューゼル[1682]

ヤーメイ(Yamey, B. S.)が,会計史上においてパチョーリ(Pacioli, L.)やステフィンとともに重視しているのが,ファン・フューゼル(Gezel, W. van)の簿記書 *Kort begryp van 'tbeschhouwig Onderwijs in 'tkoopmans Boekhouden*, 1681, Amsterdam (『商人簿記の教育的指導に関する要論』)である(Yamey [1990] pp. 4-5〈片岡訳[1990]129-130頁〉)。

同書においてファン・フューゼルはまず,簿記とは,商人が,自身の財産状態について知るために,取引に関わる財の計算を維持するためのものであり,そこでは,「要約的」(volstrekte)および「個別的」(opzichtlijk)という2つの情報が提供されるとする(van Gezel [1681] p. 5)。

すなわち「要約的」な情報とは,「それによって商人に,その開始時において,彼の状態表がいかなる規模にあるか,そして,その時々において,いかにして,或いは,どれくらいそれ自体が増加減少したかを,理解させるための知識である」とされ,一方,「個別的」な情報とは,「それによって商人に,彼が所有している,人名勘定,財貨,及び,商品が,それぞれいかなる状態にあるかを理解させるための知識である」という(van Gezel〔1681〕p.15)。

そこで,両勘定の関係を示せば以下の〔図表3-6〕のようになる。

図表3-6　ファン・フューゼルの二勘定説

```
反対勘定系統(個別的情報)　＝　自己勘定系統(要約的情報)
資　産(－負　債)　＝　資　本(±損　益)

 ┌ 債　権(⇔債　務)         ┌ 資　本
 │ 商　品                    │
 └ 財　貨                    └ 利　益(⇔損　失)
```

出所:van Gezel〔1681〕pp. 14-16.

このような説明から,ファン・フューゼルこそが,シェアー(Schär, J. F.)によって20世紀に入り完成される物的二勘定学説(資本主理論)の嚆矢であると考えられ高く評価されているが,当時の大多数の簿記書とはかけ離れていたため,19世紀に至るまで広く受け入れられることはなかったという(Yamey〔1990〕p. 5〈片岡訳〔1990〕129-130頁〉;Bywater and Yamey〔1982〕pp.123-124;中野〔1992〕124-125頁,脚注(40))。

第4節　17世紀の実務:連合東インド会社の会計システム

1．ネーデルラント本国の会計システム

連合東インド会社における会計システムについては,その会計組織の展開は不十分であり,会社全体を包括する中心的簿記機構は存在せず,組織的簿記法

たる複式簿記も採用されていなかったといわれる（大塚〔1969〕372，385頁；茂木〔1979〕106頁；Bruijin *et al.*〔1987〕p. 9；科野〔1988〕44-49頁）。

また，「その会計資料は本国の本社関係についても，その基本的な部分が散逸してしまっており，ましてや，出先商館で作成され保存されていたものは，2世紀に亙る時代の変動の過程であらかた散逸・亡失してしまった」とされている（加藤〔1980〕371頁）。

しかし，アムステルダム・カーメルとゼーラント・カーメルのものがわずかに存在しており，そのなかには，当時の簿記システムを考える上で注目すべき点もいくつか存している。

例えば，アムステルダム・カーメルの収入支出に関する元帳には，1602年8月13日から1608年8月31日までの記録が，「最初期の10年間における現金の計算」と題して残されており，これは同時期のアムステルダム・カーメルの連合東インド会社への関与を明らかにしている資料である（de Korte〔1984〕p. 9）。

このなかで，状態表における資産の評価に関しては以下のような指示があったとされる。

① インドからの香辛料に関しては年度ごとに見積もられた価格で表示し，亜麻布などその他の商品は仕入値で評価しなければならない。
② あらゆる債務は，正規に記帳されねばならない。一方，不確実な債権は専用の帳簿でもって管理されねばならない。
③ 家屋などの建物，貯蔵庫，大工の作業場などは，見積もられた価額で示さねばならない。家具は含めない（de Korte〔1984〕p. 11；同〔2000〕p. 11）。

ここからは，資産評価についての保守性あるいは堅実性が見出せる一方で，主要取引品であった香辛料に対しては，見積もりによる評価を認めるなど，香辛料がいかに利潤を上げうる商品であったかがうかがえるのである。

また，次頁の〔図表3-7〕にみられるように，ネーデルラント本国における会計システムとその産物たる財務諸表は，複式簿記から誘導されたものではなく，また，出資者の持分を確定しその利潤の受け皿となるべき資本金勘定をも持たず，誠に貧弱なものであったことが理解できるのである。

図表3-7　連合東インド会社の「総合状態表」

連合東インド会社総合状態表　1683年5月15日　（単位：フルデン）

建　物	586,852	本社の負債	6,010,856
売残商品	13,206,023	各カーメルの負債	7,083,110
備　品	739,173	前受金	1,022,333
現金預金	704,964	借入金	115,325
売上債権	523,704	未払配当金	86,328
その他の債権	112,137	支払手形	33,754
		差引残高	1,521,147
	15,872,853		15,872,853

出所：Gaastra〔1989〕p. 92.

2．在外商館の会計システム

在外商館の例として，わが国最初の連合東インド会社商館である平戸商館の帳簿についてみてみよう（〔図表3-8〕を参照）。

図表3-8　連合東インド会社平戸商館の仕訳帳（1640）

（商品・備品・債権）

	［1］　　神に賛美あれ　1640年1月1日　於平戸商館
	［借方］下記諸口　［貸方］バタヴィア本店　f.1,703,792.12 この金額は，下記の商品・現金・未回収債権・その他細目の総額にして引き継がれた〔前年度〕　帳簿No. Kの締切りにおいて，当商館の期末残高として算出され，この新規帳簿No. Lの開始記入に際し，ここに再度記帳されるものなり。内訳は以下の如し，
1	借方　ペルペトアン［毛織物］……………………………………15反 f.450.－.－.
1	借方　家屋備品……………………………………………………105個 f.2,809.－.－
	（以下省略）

出所：平戸市史編さん委員会編〔1998〕p. 205.

ここから複式簿記システムが導入されていることが明らかである。期首において前期末から繰り越された債権や債務の他，商品・備品などの資産諸項目が記入されており，この開始仕訳の後，12月31日（1640年度期末）までに，丁数は都合168を数える詳細なものである。これらの特徴を行武〔1998〕に基づき示せば次頁のようになる（行武〔1998〕401-427頁）。

① 平戸の帳簿は，バタヴィアを本店とする支店帳簿として作成
② 仕訳帳と元帳の2帳簿制
③ 商品の損益は，総記法により処理
④ 集計勘定項目として，損益勘定と繰越勘定を設定
⑤ 1カ年を1会計期間とする原則が確立（1635年以降）
⑥ 決算手順
　a．平戸商館における輸入商品の損益を損益勘定で算出する。
　b．資産の期末残高を繰越勘定（Transport）に振り替える。
　c．上記の純損益と資産の期末残高を，負債の次期繰越高や営業諸経費とともに，それぞれバタヴィア本店勘定に振り替える（行武〔1998〕426頁）。

資産に関して繰越勘定を設けていることが注目され，この勘定をもとにして，商館長の事務引継ぎの際に使用された「資産引継ぎ目録」が作成されたといわれている（行武〔1998〕423頁）。

3．「1会社2システム」

このように，連合東インド会社の簿記システムは，本国と在外商館では以下の〔図表3-9〕が示すようにまったく異なる二重システムがとられていたのである。

図表3-9　連合東インド会社の会計システム

	会計システム	背　景
ネーデルラント本国	旧来型	・都市貴族的大商業資本家門閥による専制的支配 ・香辛料貿易による潤沢な利益の享受
在外商館	複式簿記	・損益状態の不良

この点についてハーストラは，「アジアにおける簿記はその状況に順応し，新しい形式に合わされたのであった。しかしながら，祖国のネーデルラントの簿記は，アジアの簿記とは対照的に何ら変化をみせなかったのである。各カー

メルでは，すべて先駆会社で用いられた記帳方法を守っていたのであった」と指摘している(Gaastra〔1989〕p. 92)。

すなわち，ネーデルラント本国では，バタヴィアなど，すでに17世紀後半において，海外の商館(支店)では当たり前になっていた複式簿記を中心とした新しいシステムが導入されずに，依然として先駆会社時代からの管理法を継続していたということである。

ではなぜこのようなことが起こったのか。その原因としては次のような点が指摘できる(中野・橋本〔2004〕231-233頁)。

① カーメルという形で旧体制主導の先駆会社を包含した同社においては，会計システムは，旧来のシステムが踏襲されたのである。
② 当時の香辛料貿易は利益率が非常に高く，複式簿記のような精緻なシステムでもって利益を把握する必要性がなかった。
③ 在外各商館の損益状態は，必ずしも良好であったとはいえず，複式簿記に対する必要性が存在した。

つまり，本国と在外商館では社会経済的背景および政治的背景が大きく異なっていたのである。それにより複式簿記に対する必要性もまた，大きな落差があったのである。

第5節　おわりに：ネーデルラント簿記書研究の課題

ネーデルラント簿記書が会計史上重要な「連結環」であることはすでに指摘した。この場合のネーデルラント簿記書の役割は，期間損益計算の確立であった。

しかしながら，ここまでの説明で明らかなように，ステフィンの簿記書は内容的に優れたものであったが，その執筆の本意は期間損益計算ではなかったのであり，「ステフィン⟷期間損益計算」というシェーマでもって「連結環」と見なすことはできない。

むしろ，ファン・フューゼルの簿記書で示された物的二勘定学説思考の方が，

後世に与える影響が大きく，ここでいう「連結環」の役割を果たしていたのではないかと考えられるのである。

また実務に目を転じた場合，連合東インド会社の会計システムは，本国と在外商館で大きく異なっていた。この原因は社会経済的背景および政治的背景の相違にもとめられよう。

しかしながら，いずれの点からもネーデルラント簿記書の会計史上の位置付けはいまだ確定しえないのであり，簿記書および実務のさらなる検討が必要とされているのである。

簿記と数学

簿記を初めて学ぶ大学生のなかには，「簿記は数学だから嫌いだ」という声がよくあがります。簿記は数学でしょうか？確かに数字を扱いますが，基本的には引算も無く，ましてや掛け算も割り算も無く，よくても算数程度です。

しかしながら，この学生の意見はある程度的を射ているのかもしれません。歴史をひも解いてみればわかるのですが，初めての簿記の印刷教本を書いたパチョーリは修道士であり，また数学者でもありました。

また，ネーデルラント（いまのオランダとベルギー北部）のステフィンは，なんと小数点を発見した大数学者で，そのためベルギーの数学会の雑誌名はいまも *Simon Stevin* なのです。ただし彼は数学だけの人ではなく，築城から港湾管理，さらには歌唱法についての本も書くなど万能の人だったようです。

注

(1) 例えば，Littleton〔1933〕p. 134〈片野訳〔1978〕212頁〉にも "Balance Sheet" という表現がある。

（橋本　武久）

第4章

ルイ14世商事王令とサヴァリー

－フランス簿記史－

本章のねらい

1. ヨーロッパ全体に複式簿記を普及させたインピン，代理人簿記を説いたメンハー，高度な簿記を説いたサヴォンヌについて学ぶ。
2. 商法の商業帳簿規定，破産法規定の整備，期間損益計算の台頭について理解を深める。
3. ルイ14世商事王令簿記・会計規定成立の経緯（帳簿規定，破産法規定の整備，期間損益計算の台頭の接点において，これが成立したこと）と，その意義を学ぶ。すなわち，近代会計のメルクマールである定期決算が法定され，会計に法的基盤が与えられたことの会計史上の意味について考える。サヴァリーの果たした役割を知る。
4. 王令会計規定の後世への影響を考える。すなわち，ナポレオン商法典を経由して，各国商法に採り入れられたことに想いを馳せる。

第1節　はじめに

　わが国商法は大陸法系のそれである。すなわちフランコ・ジャーマン系商法である。周知のように，1890（明治23）年わが国はフランス商法，ドイツ商法に学んで初めて商法を制定した。いわゆる旧商法の成立である。これはほとんど

行なわれなかった。ほどなく，ドイツ商法をもとにいわゆる新商法をもつに至った。1899(明治32)年のことである。これが幾多の改正，変遷を経て今日に至っている。とはいえ第2次世界大戦後アメリカ法の影響を大きく受けてきたことはいうまでもない。

　本章では，わが国制度会計の原点ともいうべき，1673年のルイ14世商事王令会計規定の成立，それによる会計の進展について学んでいきたい。

　本規定は商業資本主義黎明期のフランスの政治・経済・社会情勢を背景に，簿記の発展，期間損益計算の展開，商法商業帳簿規定・破産法規定整備の接点において成立したのである。簿記・会計は本規定によって法的基盤，制度的浮揚力を与えられ，発展の緒についた。反面，法的整備は簿記・会計の進展を促し，両者は相互に絡みあいつつ進化した。本章はその具体相を明らかにしようとするものである。

第2節　フランスにおける複式簿記の展開

1．フランスへの複式簿記の伝播

　複式簿記がフランスへ導入されたことを証するものとして，フランチェスコ・ダティーニ(Datini)商会のアヴィニョン支店でのその使用をあげることができる。すなわち14世紀末に複式簿記はダティーニ商会によって設立された各地支店で採用された。1386年以降，ピサとフィレンツェで，1393年以降，バルセロナで，1396年以降マジョルカのパルマとヴァレンシアで，また，1398年以降，プラートとアヴィニョンで等といった具合である。

　ともあれ，フランスにおいて複式簿記が本格的に普及し始めるのは16世紀中葉からである。イムピン(Ympyn, J.)，メンハー(Mennher, V.)，サヴォンヌ(Savonne, P.)，ド・ラ・ポルト(de la Porte, M.)等の簿記書の成立である(岸〔1975〕14-19頁)。

2. イムピン簿記論の成立

　パチョーリ(Pacioli, L.)によって初めて本格的に詳述された複式簿記論をヨーロッパ全体に普及させた第一人者として，イムピン(Ympyn, Iehan〔Jehan〕Cristophle〔Christophle〕〔フランドル語名〕，Ympyn〔Ympens〕，Jan Christoffels〔フランス語名〕：1485？～1540)をあげることができる。彼は諸外国，殊にポルトガル，スペイン，イタリアへたびたび旅をした。約12年間ヴェネツィアに住み，算術学校へ通い，複式簿記を学んだ。1519年，ネーデルラントに帰り，アントウェルペン(アントワープ)に居を定め，市民権を得，織物商を営んだ。当時，アントウェルペンは世界最大の市場として繁栄を極めていた。

　彼の簿記書『新教程』(*Nieuwe instructie, Nouvelle instruction*)は1543年，フランドル語(オランダ語)とフランス語でアントウェルペンにおいて未亡人アン・スウィンタース(Anne Swinters)の手によって公刊された。その後，47年に英訳版(*A notable and very excellente woorke*)が出た。訳者は不詳である。フランドル語版，フランス語版は説明部分と財産目録，仕訳帳，元帳から成っているが，英訳版は財産目録，仕訳帳，元帳を欠く。

　イムピン簿記論の第1の特質はマンツォーニ(Manzoni, D.)と並んで全般的な例示を通じて，複式簿記を極めて明瞭に，かつわかりやすく説いた点に求められる。第2の特質は残高勘定の成立である。ここに勘定体系における自己閉鎖性，完結性ひいては自己検証性が元帳内部において疑義の余地なく提示されたのである。なお繰越商品勘定たる売残商品勘定の成立も見逃せない。また覚書帳に各種実際貨幣で記帳し，仕訳帳にあってはこれらを統一的価値尺度たる計算貨幣に換算を行なうとした点も注目される。これはまさに仕訳帳のレゾンデートルだったわけである。その他，帳簿の証拠能力，法的立証能力，ひいては複式簿記の商人間の紛争解決に果たす役割を力説した点，期間損益計算に言及した点も看過しえないのである(岸〔1975〕第3章)。

3. メンハー代理人簿記論の成立

　メンハー(Mennher, V.)はバヴァリァ(バイエルン)のケンテンに生まれ，アントウェルペンに移り，そこで数学，簿記を講じ，1550年以降それらに関する書を公刊した。その著は1550年版，1563年版の2冊がドイツ語で書かれているほかは，すべて，すなわち，1550年版，1555年版，1556年版，1558年版，1565年版の5冊ともフランス語で書かれている。彼は1550年版で複式簿記のプロトタイプとみられる代理人簿記を説いたが，1563年以降，通常の複式簿記に進んだ。

　1550年版ではモデルを通じて，古代ローマの名残たる代理人簿記が説かれている。ここでは，仕訳帳，債権・債務帳(元帳をさす)，商品帳が用いられている。その特質は(1) ①現金，債権・債務と，②商品が分けて管理され，①の変動については仕訳がなされ，主人勘定の使用による複式記入が行なわれる。したがって，商品の仕入，売上は貸借複記入(現金仕入は〔借〕主人 a/c ××〔貸〕現金××，掛仕入は〔借〕主人 a/c ××〔貸〕人名 a/c ××，現金売上は〔借〕現金××〔貸〕主人 a/c ××，掛売は〔借〕人名 a/c ××〔貸〕主人 a/c ××)される。また，経費支払は(借)経費××(貸)現金または人名 a/c ×××と，一旦仕訳され，あとで経費 a/c 残高は主人 a/c 借方に振り替えられる。売上以外の収益も，現金 a/c，人名 a/c 借方，主人 a/c 貸方に記される。②のみの変動(主人からの商品の預かり等)は商品帳に単式記入されるにとどまる。(2) 代理人は主人に財政状態の報告を行なうというものである。主人はそれに基づいて，財産目録を作成し，財産法的損益計算を行なったと考えられる(岸〔1975〕第4章)。

　このような代理人簿記は当時もなお広く，特にドイツを中心に行なわれていた。フッガー(Fugger)商会のシュヴァルツ(Schwarz, M.)の簿記(1518年)は代理人簿記である。これは秩序的単式簿記として，簿記論者によって複式簿記と並んで，その後も永く語り継がれてきたのである。

　簿記をデータを入力するシステムと捉えることができる。システムはこの場合，複式記入である。データを①現金，債権，債務の変動をもたらす取引に限定したものが，代理人簿記であり，②財産，資本に変動をもたらすすべての取

引に拡大したものが複式簿記である。このように簿記を進化の視角から考えるとき，現在の複式簿記も進化の一段階にあるものと考えることができる。簿記は進化してきたし，今もなお進化しつつある。データの拡大，それはリース会計であり，先物会計であり，契約会計である。

4．サヴォンヌ簿記論の成立

　土着のフランス人として初めて複式簿記を説いたのはサヴォンヌである。彼はアヴィニョンに生まれ，リヨンに住んだ，高名な数学者である。パリで出たその著『算術』（$Arithmétique$, 1565）は高く評価され，1672年まで版を重ねた。また彼は測量にも長じており，その著を1583年にリヨンで上梓した。

　彼は1567年にアントウェルペンで『簿記の教示と手法』（$Instruction\ et\ manière\ de\ tenir\ liures$〈livres－岸注〉）を出した。これは1581年（2版，リヨン），1605年（ジュネーヴ），1614年と版を重ねた。

　1581年版では組合簿記がモデルを用いて説かれている。その論述は出資，現金仕入，掛仕入，現金売上，掛売上，特殊売買，組合売買，手形借入，手形貸付，定期市決済，保険など広範に及んでいる。出資については，現金，現物（商品）のほか，債権による出資が説かれている。この場合，出資の段階では，（借）債権××（貸）一時勘定××と仕訳され，債権の回収を待って，一時勘定貸方は組合員出資金勘定へ振り替えられた。

　仕入帳，売上帳が特殊仕訳帳として用いられ，それから元帳への転記が説かれている。その際，若干の総合転記思考がみられる。

　次に，人名勘定，個別の具体的物財勘定（例えば胡椒勘定）が支配的な当時にあって，一般商品勘定について彼が明らかにしたことにも関心がもたれる。さらに決算における実地棚卸による損益の算定を極めて明確に説いたことは特筆に値する。

　ついで驚くべきことは仕入割引，売上割引の処理である。ここでは未来の現金支出・収入額を，1プラス割引率で割り引いて，「現在価値」を求め，それを現金受払額としたことである。これは現在価値法，正味現価法につながる近

代的思考の産物といえよう。また，不良債権の切捨，収支の期間適合，資金管理(資金繰り，いうならばキャッシュ・フロー)指向，企業の安全性，支払能力，財務流動性が重視され，債権・債務の決済期別分類がなされているのである。決済は通常，定期市のあとで行なわれた。すなわち，公現祭(1月6日または，1月2日以降の最初の日曜日)，復活祭のあと，8月，万聖節(11月2日)のあとということである。業務執行役員賞与支払，残余財産の分配(資産，負債の出資者への出資比率による配分)も注目に値する。要するに16世紀簿記書としての水準をはるかに抜いていたといえよう(岸〔1975〕第5章)。

第3節　期間損益計算の成立

1．期間損益計算の胎動

中世のイタリア商人が定期的に実地棚卸を行ない，財産目録を作成し，自らの財政状態を把握し，財産法的損益計算を行なったことはよく知られている。フィレンツェのアルベルト・デル・ジゥディーチェ(Alberto del Giudice)商会では約2年ごとに財産目録の作成を行なっていた。同商会の帳簿は1304年に始まるものであった。さらにデル・ベーネ(Del Bene)商会の会計帳簿(1318年～1323年)による財産目録は特に注意して作成された。在庫商品，備品，動産はバルディ(Bardi)の大きな銀行業者によって任命された専門家によって評価された。商品の評価は取得原価ではなく時価によって行なわれた。備品と動産の評価に当たっては使用による減価が考慮された。ダティーニ商会は，14世紀後半から15世紀初めにかけて，期末に実地棚卸を行ない財産目録並びにそれに基づく貸借対照表(ビランチオ：bilancio)を作成し，いわゆる財産法的損益計算を行ない，純益の確定とその組合員への分配を行なった。同商会は原則として毎年財務諸表を作成していた。

このようなことは別にイタリアに限ったことではなかった。14世紀フランス

のボニ兄弟商会でも行なわれていた。またネーデルラントのギョーム・リュイエール(Guillaume Ruyelle)商会でも行なわれていたのである。その1370年5月24日付債権債務明細書は，正確なものであることが明らかになっている(岸〔1975〕101-103頁)。

2．期間損益計算の成立

ここで，簿記論者の所説をみよう。

1458年にその稿が成り，1573年に至って出版されたコトルリ(Cotrugli, B.)の書『商業と完全な商人』(Della mercatvra et del mercante perfetto)にあっては1年の終に仕訳帳と元帳を照合して残高試算表を作成すること，7年ごとに決算を行なうことが説かれている(岸〔1990〕148-150頁)。パチョーリは，帳簿を毎年締め切る習慣がある。また毎年度，締切を行なうのはよいことだとした(Pacioli〔1494〕carta 201 recto；岸〔1990〕48, 98頁)。さらにイムピンは毎年，2年，3年，4年に1度，または都合のよいときに損益を計算し，財産状況を把握すべきであるとし，また衣服，宝石，その他のすべての家具といった動産は購入，製作に応じて，毎年，旧財産目録から新財産目録へ引き継がれていくと述べた。以上みてきたように期間損益計算の胎動はすでに当時からあったといえよう。

しかし期間損益計算の確立ともいえる年度決算へ大きく一歩を踏み出したのはピエテルツ(Pieterz, C., ラテン名ペトリ：Petri, N.)である。彼は1583年に簿記書(『計算実務と簿記』〈Practique omte leeren rekenen cijpheren ende Boeckhouden〉)を出し，年度末に勘定を締切り，商品の実地棚卸，再評価を行ない，市場価格，買入価格，主観的価格のいずれかを付すべきだとした。彼はイムピンについて元帳における勘定締切に関して著しい改良を行ない，今日のような締切方法を完成させた。すなわち損益をすべて損益勘定に集め，その残高を資本勘定に振り替え，さらにその残を残高勘定に振り替えた。彼の例示は1月1日に始まり12月31日に終わっている。例示を通じて年度決算を教示したと考えられる。ピエテルツの考えはさらにメレマ(Mellema, E. E. L.)に引き継がれ，洗練されたものとなった。その簿記書は，1590年に出た(岸〔1975〕108-109頁)。

さて17世紀に入って，年度決算を説き，残高勘定を欠いたとはいえ，元帳の各勘定残高から貸借対照表（状態表〈staet；estat；epilogismvs〉），損益計算書（状態証明表〈staet proef；prevve d'estat；hvivsmodi epilogismi examen〉）を誘導して作成し，牽制関係にあることを明快に立証したのはステフィン（Stevin, S.）である。彼は複式簿記の構造を理論的に明らかにし，また元帳の記載を極めて簡素化し，すっきりしたものとしたのである（Stevin〔1608〕pp. 21-38；岸〔1975〕第7章）。

決算締切手続において，今日のごとく残高勘定への振替仕訳をもすべて仕訳帳を経由すべきことを説いたのは，カウテレールス（Coutereels, J.）である。彼はアントウェルペンに生まれ，1595年にミッデルブルフに赴き，1603年に極めて詳細な例示を含む簿記書を出し，1623年，これの仏訳本を出した。

第4節　商業帳簿規定，破産法規定の整備

1．中世法学者の所説

商法に関する体系書が初めて成ったのは，アドリア海の港湾都市アンコナの人ストラッカ（Straccha, B.）によってである。彼はローマ法学の諸先達，バルトルス（Bartolus：1313-1359），バルドス（Baldus：1327-1400），ド・メイノー（de Mayno, J.：1435-1519），アルキアティ（Alciati：1492-1550）の所説を敷衍し，商業に関する部分をまとめた『商業論』（*Tractatvs de Mercatvra*）としてヴェネツィアで上梓した。本書はその後ヴェネツィア，リヨン，ケルン，アムステルダムで幾多の版を重ねた。彼は『商業論』第2部第51節から第70節までの20節にわたって商業帳簿を論じ，簿記を商人の慣習，その職業に付随する義務であると論じた。すなわちすべての取引が備忘手段，記録によって発生に従って書き記されねばならぬとした。また，会計職能に関してはユスチニアヌスの学説類集のいうところを祖述した。

東ローマ皇帝ユスチニアヌス1世（483-565，在位527-565）は6世紀前半，空

前の膨大な法編纂事業を行なったがそれは帝の死後も続けられ市民法大全を形成した。その学説類集によれば，会計受託者が会計委託者のために会計を行なう，すなわち勘定を戻すとは，財布の中の残高を全体をひっくるめたものとして単に返すのではなく，勘定を熟読し，吟味し，照合し，そして計算してもらうべく，それを提示することであった(岸〔1975〕183-187頁)。

次に注目されるのは16世紀から18世紀の3世紀にわたって最大の権威を誇った『商事に関するジェノア最高法院判決集』(Decisiones Rotae Genuae de mercatura et pertinentibus ad eam)である。これは1581年にベロニ(Belloni, M. A.)によって編集，出版された。ここでは会計帳簿の詳細にとって少なからず重要な18の判決が取り扱われている(岸〔2002〕5-10頁)。

パリ慣習法は1511年に一旦編纂されたが，より広範な地域への更なる適用をめざしてその改正(1580年)が行なわれた。これに一役かったのはデュ・ムーラン(Du Moulin：1500-1566)である。また財産管理人の会計を扱ったスペインの法学者デスコバール(d'Escobar, M.)も逸することができない。彼はその著『財産管理人と種々の計算』を1603年に出したのである。

2．中世ヨーロッパ諸都市における商業帳簿規定

フィレンツェにおける1299年の両替商同業組合，1301年のカリマラ(ラシャ商)同業組合の規約に簿記が規定されている。

かの有名なジェノヴァ市政府財務官の帳簿について，次のことがきめられていた。すなわち，①1327年以降銀行方式で簿記をつけること，②削除，空白は禁止すること，③使用に先立ってすべて頁数を記し，帳簿の初めに記入法を明示すること，④誤記の抹消は不可，これに相当する額の修正記入によって正しい残高を算出すること，⑤帳簿は年々更新され，旧帳簿の残高は新帳簿へ繰越されること，といった事柄である(岸〔1975〕188-189頁)。

銀行方式で簿記をつけることとは，複式簿記によることを意味すると考えられる。1339年以前の帳簿は民衆蜂起で焼失した。1340年の帳簿が，世にいう現存する最古の複式簿記による帳簿である。ここには，1339年からの繰越がみら

れる。

　パチョーリは『簿記論』第7章で，ペルジア市では帳簿を商務官庁へ呈示すべく持参しなければならないと述べている(Pacioli〔1494〕carta 200 verso ; 岸〔1990〕49-51頁)。イムピンも同様のことを詳論している。

3．破産法の整備

　フランソワ1世は1536年に王令を発し，詐欺破産者は特別に訴追され，加辱刑等により罰せられるとした。以後，破産犯罪取締に関する幾多の王令が発せられることとなる。1560年のシャルル9世の王令。1579年のアンリ3世の王令と続く。そして1609年のアンリ4世の王令では遂に詐欺破産者は死刑に処せられるとされるに至った。1637年のパリ高等法院の加辱刑判決は有名である。

　さて，16世紀中葉以降，リヨンは国際的商業都市として繁栄を極めていた。そのリヨンで1667年，リヨン市手形交換所規則が定められた。これは21カ条より成り，手形交換所の開設，手形の引受，決済等について定めたものであるが，特に注目されるのは破産の否認とその例外を規定した第13条，単純破産者と詐欺破産者を区別し，いずれに対しても立入禁止を定めた第18条，商業帳簿の備え付けを命じ，これを備え付けない者は破産時に詐欺破産者とみなされ，相当の罰を受けるべく刑を言い渡されるとした第20条である。破産の否認とは破産者の財産譲渡，移転は少なくとも破産が公に認められる10日前までに行なわれない限り無効とするものであり，また債権債務帳がつけられ，それが適正，有効なものである限り，例外的にその決済は無効ではないとするものである。

　ともあれ，ここにおいて帳簿備え付けと破産が結びつけられ，交錯したのである。すなわち，ようやく発展，普及しきたった複式簿記と整備された破産法が接触し，その接点上にこの規定が成立したのである。この規定は，否認規定とともに，1673年ルイ14世商事王令に引き継がれたのである。換言すれば商事王令規定の原型となったのである(岸〔1975〕173-176, 193-194頁)。

第5節　ルイ14世商事王令の成立

1．1673年ルイ14世商事王令の制定

　1673年ルイ14世商事王令(Ordonnance du Commerce de Louis XIV)(フランス商事王令，サヴァリー法ともいわれる)の制定は，会計史上画期的な事件といえる。なぜなら，ここに初めて商業帳簿並びに財産目録に関する包括的規定が近代国家の法令中に置かれたからである。すなわち2年ごとの財産目録の作成が定められ，また破産時に帳簿を呈示しえない者は詐欺破産者とみなされ，死刑に処されうるとの規定が置かれたからである。

　当時フランスは世界経済をリードするイギリス，オランダにいかにして追いつくかに苦慮していた。太陽王ルイ14世王の治下，コルベール(Colbert, J. B.)は，いわゆる重商主義政策を推進し，もって局面の打開を図ろうとした。すなわちコルベールは，その一環として商工業の振興を図り，その保護育成に努めるとともに，他面，これに厳しい規制を加えたのであった。このような政策の実施手段の1つとして，本王令が制定されたのである。それは商工業実践における徹底的改革と基準化こそ必要不可欠との考えの所産であった。

　またそれは，コルベールティスムの具体的実践の現われである諸法令の整備(民事王令，商事王令，刑事王令，海事王令の制定等)のひとこまでもあった。ともあれ経済の衰退に伴なう企業の破産，さらには財産の隠匿，持ち出し，詐欺破産といった不正に対し，法律の干渉が決意され，もって，信用制度の回復，経済秩序の維持が図られたのである。したがってこの王令は，このような状況下にある企業に指針を与え，不正なかんずく詐欺破産を防止し，これを厳しく取り締まることによって企業をそれから守ることを目的とした。また，それは商事裁判制度を確立するものでもあった。

　国王の悪弊防止取締規則制定のための覚書提出についての命令に応えて，

1669年,商事裁判官,商人団体等は陳情を行なった。本王令はこれを契機にサヴァリー(Savary, J.)が提出した建白書を骨子とし,1673年3月23日,ルイ14世の署名により成立し,即日公布された。

2．王令の構成

この王令は,立法の趣旨を明らかにした前文と12章122条から成る。前文では,商業は国家の富裕と個人の財産の源泉であり,その繁栄が図られるべきこと,商人の間にある詐欺に対して善意の信頼が確保されるべきことが述べられている。

 第1章 卸商並びに小売を行なう徒弟,大商人,普通商人
 第2章 銀行業者および仲立人
 第3章 大商人,普通商人,銀行業者の帳簿および記録
 第4章 会社(合名会社,合資会社を指す。株式会社は,個別に国王が許可。〔筆者注〕)
 第5章 為替手形および為替証書並びにこれらの発行の約束
 第6章 手形,戻り手形の利息
 第7章 身体拘束
 第8章 財産の分離
 第9章 支払免除と支払猶予
 第10章 財産の譲渡
 第11章 破産および詐欺破産
 第12章 商事裁判権

3．商業帳簿規定,財産目録規定

第3章では10カ条にわたって商人,手形仲介業者,銀行業者の帳簿の備え付け,商事裁判官(商事裁判所所在地の場合),市長,助役(それ以外の場合)による

帳簿の認証，それへの略署，丁数記入，歴順記入，空白の禁止，王令公布後6カ月以内の作成，信書の保管が規定されている。さらに帳簿，財産目録の裁判所への呈示・提出は原則として相続，財産の共有，破産の場合に限るとされた。

さて財産目録(inventaire)の2年ごとの作成が定められたのは第8条である。

  第8条　すべての普通商人は，6カ月なる同期間内(王令公布後6カ月以内を指す〔筆者注〕)に一切の動産，不動産，債権，債務について自署したる財産目録を作成しなければならない。そして，これは2年ごとに照合され，再調製されなければならない。

棚卸に基づく財産目録とはいえ，その定期的作成が明定されたのである。サヴァリーによれば，これは実質的に財産目録による貸借対照表を含むものだったのである。そこでは財産法的損益計算が行なわれたのである。近代会計のメルクマールたる定期決算が法定され，ここに会計は法的基盤を得たのである。

第11章では，破産の開始，状況一覧表，商事裁判官書記局等への帳簿等の提出，詐欺破産の無効，詐欺破産者宣告，詐欺破産加担者の処罰，そして以下のことが，11カ条にわたって規定されている。すなわち，破産時に帳簿，記録を呈示しない商人，銀行業者は詐欺破産者とみなされ，特別訴訟手続によって訴追され，死刑に処せられるとされているのである(岸〔1975〕第12章)。

4．サヴァリーの王令簿記・会計規定解釈

(1) 『完全な商人』

若くして法律の素養をつみ，商人として成功したサヴァリーは1670年商法典編纂に参画し，自らの体験に基づいて本王令を起草した。サヴァリーは王令の解説かたがた極めて包括的，網羅的かつ体系的商業論『完全な商人』(Le parfait négociant：初版2部，67章構成)を著した。1675年のことである。本書はドイツ語，オランダ語，イタリア語，英語に訳され，また幾多の版を重ね長く広く読みつがれ，古典として尊ばれた。最終版は1777年に出たと考えられている。

(2) 商業帳簿規定解釈

商業帳簿に関しては「第33章　事業遂行において相当な取引をしている小売

商人が守るべき秩序と彼らの簿記手法について」および「第34章　普通の取引をしている商人の仕入日記帳，売上日記帳，理由帳(元帳を指す——筆者注)の様式」の2章をこれにあてている。

　彼は，(1)国民経済における法による秩序の維持と，(2)企業経営の2つの側面から，商業帳簿を論じている。前者にあっては，債権，債務関係の立証たる帳簿の証拠能力に，後者にあっては経営管理にこれを関わらせている。すなわち，あらかじめ認証(商事裁判官等の署名，略署，丁数記入)を受けた帳簿に記録することによって信憑性を高め，商人間の紛争防止，紛争発生時，破産時の解決に役立てようというわけである。また事業遂行のための秩序維持が図られねばならないとする。また簿記に関しては企業の形態，規模に即した方法が採られるべきだとする。彼の説くところを要約すれば次頁の〔図表4-1〕のようになる。これは明らかに代理人簿記の思考に通じるものである。そこでは現金，債権，債務の管理の徹底，そのための貸借複記入原則の貫徹が説かれている。例えば中規模の企業では単式簿記が行なわれるとはいえ，仕入帳では(借)商品，(貸)仕入先(買掛金)なる仕訳が行なわれ，借方は商品在高帳へ，貸方は仕入先元帳へ転記されるというわけである。また，帳簿規定を業種別という観点からみたものが，〔図表4-2〕である。サヴァリーは銀行業者は「公共の人格」をもつとし，その帳簿の悪用が特に防がれなければならないとする(Savary〔1675〕pp. 248-298；岸〔1975〕第14章)。

(3)　財産目録規定解釈

　財産目録については，サヴァリーは『完全な商人』「第38章　最近の王令に従って普通商人が財産目録を作成するために守らねばならぬ手順について」において，それを論じ，「第39章　金糸織，銀糸織，絹織の普通商人及びオーヌ尺で商品を売る他の商人に対し，モデルとして役立つ，2年ごとに王令に従って作成されるべき財産目録の様式」において，その例を与えている。彼は織物業者の場合を例として想定している。もちろん説くところはすべての業種に妥当するという。

　サヴァリーは財政状態，経営成績の把握の重要性を説き，財産目録を毎年作成すべきであるとする。また彼はいわゆる財産目録に続いてそれを要約した貸

図表 4-1 サヴァリー簿記論の概要

経営規模・態様	簿 記	帳　　簿	
		日記仕訳帳	元帳，またはこれに代わるもの
1．大規模，会社	複式簿記		
2．中規模	単式簿記	仕入帳(略署必要) 売掛帳(略署必要) 現金売上現金受取帳 現金支払帳	仕入先元帳 得意先元帳 現金帳 商品在高帳
3．小規模	単式簿記		
3−1		仕入帳(略署必要) 売掛帳(略署必要)	元帳(人名勘定，現金勘定) 商品在高帳
3−2		仕入帳(略署必要) 売掛帳(略署必要)	索引目録 索引目録 商品在高帳
4．零細規模	単式簿記		
4−1		仕入・借入帳(略署必要)……(索引目録) 売掛・貸付額(略署必要)……(索引目録) 　　　　　　　　　　商品在高帳	
4−2		仕入・借入，売掛・貸付帳 (前半・後半 の各々に略署必要) 　　　　　　　　　　商品在高帳	

図表 4-2 金融業の公共性

業　種	略　署
一　　般	初頁，終頁
金　融　業	各　　頁

借対照表(balance)を挙げ，これをも含んだものを財産目録とした。すなわち，彼にあっては財産目録はそれから作成された貸借対照表を含むのである。

　彼は棚卸資産評価における低価主義を説き，債権を良好な債権，疑わしい債権，不良債権に分類する。さらに未払給金，前払給金を計上することによって見越，繰延を行なっている。このようにして財産法的損益計算，担保力表示を説くのである。

サヴァリーの例示を原典(『完全な商人』第39章)に即してみてみよう(Savary〔1675〕pp. 319-330, 332-349；岸〔1975〕第15章)(〔図表4-3〕を参照)。

図表4-3　サヴァリーの財産目録の例示(織物販売業の場合)

「……」は岸が省略したことを示す。

錦織および，すべての種類の金糸織，銀糸織
番号
1. 錦織，金糸織，銀糸織　　19.10オーヌ ⎫ 35.¼
2. 同　　　　　　　　　　15.15オーヌ ⎭
　　　　　　　　　　　　　　　　　　単価30リーヴル　L 1,057.10
3. 同　銀糸織　　　　　　20オーヌ　　単価25リーヴル　L　500
4. 白銀糸織　　　　　　　15.10オーヌ ⎫ 28.⅙オーヌ
5. 同　銀糸と青糸　　　　12.13.4オーヌ ⎭
　　　　　　　　　　　　　　　　　　単価12リーヴル　L　338

　　　…………　　　　　　　　　…………

241. 狭幅同緑　　　　　　　10　　　⎫
242. 同　黄　　　　　　　　14.15　 ⎬ 42¾オーヌ
243. 同　白　　　　　　　　9.10　　│
244. 同　　　　　　　　　　8.10　　⎭
　　　　　　　　　　　　　　　　　　単価20スー　　　L　　42.15
　　　棚卸の額計　　　　　　　　　　　　　　　　　　L 25,586.18.7
　　　私の債権，良質債権，疑わしき債権，不良債権
　　　　良質債権
　　　ジャックに対し　　　　L　300　　⎫
　　　ピエールに対し　　　　L 4,240.15.4 │
　　　ギヨームに対し　　　　L　539.14.8 │
　　　フランソワに対し　　　L　640.13.6 ⎭　　L　5,721. 3.6
　　　　疑わしき債権
　　　ポールに対し　　　　　L　700　　⎫
　　　ドルラに対し　　　　　L　340　　⎬
　　　トロクに対し　　　　　L　237　　⎭　　L　1,275*
　　　　不良債権
　　　クリストフルに対し　　L　740　　⎫
　　　テュランに対し　　　　L　930.10　│
　　　トマスに対し　　　　　L　510　　⎬
　　　ニコラに対し　　　　　L　100　　│
　　　ジャンに対し　　　　　L　130　　⎭　　L　2,410.10

金庫内の現金
金庫内に見出された現金は，540リーヴル10スーにのぼる　　　L　　540.10　＊＊
商品，債権，金庫内現金　合計　　　　　　　　　　　　　　L 35,434. 2.1

　　負　　債
　　預　り　金
1672年3月2日の裁判所の判決に基づいて
ピエールより預った1,500リーヴル　　　　　　　　　　　　L　1,500
　　債務と予約
何日付債務によってフランソワに　　L 2,000 ）
何日付予約によってジャックに　　　　L 1,400 ｝
何日付予約によってポールに　　　　　L 1,200 ）　　　　　L　4,600
　　卸売商人，製造職人に対する買掛金
ギョームに　　　　　　　　　　　　　L　 940. 6
ニコラに　　　　　　　　　　　　　　L 1,230.10
フランソワに　　　　　　　　　　　　L 1,420. 5　　　　　L　3,591. 1
　　私の代理人，雇傭人，奉公人に対し
何日までの未払給金，トマスに対する　L　 200
　　同　私の従僕フレールに対する　　L　　60
　　同　私の女しもベトワネットに対する L　 72　　　　　L　　332
　　　　負債合計　　　　　　　　　　　　　　　　　　　L 10,023. 1

第4章　ルイ14世商事王令とサヴァリー　　83

現在の財産目録による貸借対照表

借方，現在の財産目録中に含まれる商品私にかかる（会社の場合は，わが社にかかる）債権，金庫内に見出された現金	L 35,434.2.1	貸方，現在の財産目録中に含まれる私の（わが社の）負債	L 10,023.1
		私の資本（または，何日付わが社の定款による資本金）	L 20,000
動　産			
1マルク当り28リーヴルの銀の食器		神の恩恵により私（または，わが社）が1672年9月1日より，本日1673年9月1日までに得た利益なる現在の財産目録の残高リーヴル	L 5,411.1.1
10マルク　　　L　280	} L 4,480		
私の家具見積額 L 4,200			L 35,434.2.1
不動産			
どこどこにある家屋一軒見積額	L 15,000		
私の全資産合計額	L 54,914.2.1		
現在の財産目録上の負債額控除	L 10,023.1		
私の純資産合計	L 44,891.1.1		

　私またはわれわれの略署のある全頁を含む財産目録より作成し，計算しました。パリにおいて。1673年9月1日，ピェール，会社の場合には，ジャック。
（＊700＋340＋237＝1277となり1,275とはならない。＊＊合計は35,534.2.1となる。原典の誤り。原典のままとする。〔筆者注〕）

　この貸借対照表は実は2枚の貸借対照表から成っている。1つは借方のL35,434.2.1と貸方全体で構成され，店（みせ）〔企業〕の1年間の利益が算出されている。いまひとつは借方全体で示されたいわば報告式貸借対照表で私用資産を含む個人の純資産が算出され担保力が示されている。貨幣単位は1リーヴル＝20スー，1スー＝12ドニエである。長さの単位（オーヌ）も同じく12進法，20進法である。

　　第1の貸借対照表：資産（商品，債権，現金）L35,434.2.1＝負債L10,023.1
　　　　＋資本L20,000＋利益L5,411.1.1

第 2 の貸借対照表：資産(商品，債権，現金) L35,434.2.1＋私用資産(動産 L9,480＋不動産15,000) － 負債 L10,023.1＝純資産 L44,891.1.1

(4) イルゾン，ド・ラ・ポルト，ブーシェの主張

　財務総監コルベールは複式簿記論者イルゾン(Irson, C.)に命じ，王令の簿記・会計規定の解説を行なわせた。これに対し，イルゾンは簿記書(1678年)を著し，複式簿記こそ規定に最もよく応えうるものだとした。また彼は時価評価，減価償却，年度決算を主張した。高名な簿記論者ド・ラ・ポルトもまた同じく，『商人の学と簿記』(1704)で王令規定の解説を行ない，イルゾンのいうところを敷衍した。その後継者ブーシェ(Boucher, P. B.)は1789年，不良債権の切捨を叫んだ(岸〔1975〕第16章・第17章)。

(5) プロシャ一般国法　ナポレオン商法による継承

　原始商法たる本王令簿記・会計規定は，1794年プロシャ一般国法，1807年フランス商法典(Code de Commerce：ナポレオン商法典)に引き継がれ，発展の一途を辿った。そこでは年次財産目録，資産評価規定がおかれた(岸〔1975〕第18章)。

第6節　おわりに

　年次財産目録，それに基づく貸借対照表作成規定は19世紀に入って，ヨーロッパ各国の商法で規定された。1861年ドイツ一般商法典の評価規定の解釈が，動態論台頭の導火線になったことは記憶に新しい。

(岸　悦三)

第5章

産業革命期における損益計算の展開

―イギリス簿記史―

本章のねらい

1. 複式簿記の生成期から産業革命期までの損益計算制度の進化過程を分析する。
2. 期間損益計算に影響を与える資産の評価基準の歴史的変遷過程を分析する。
3. キャッシュ・フロー計算書の原点である比較貸借対照表の出現過程を分析する。
4. 鉄道会社を中心にした減価償却会計の出現の歴史的背景を分析する。
5. 財務諸表によるディスクロージャーの要請と会社法の整備過程を分析する。

第1節　はじめに

　かのトインビー(Toynbee, A. J.)やマントゥ(Mantoux, P.)によって明確に規定されたイギリス産業革命は，18世紀後半から19世紀初頭にかけて，農業と結合した「古い工業体制」から「大規模な工業体制」に移行してゆく転換期，とりわけ1760年から1820年頃までの期間を指しているのは，周知の通りである。

　この産業革命は，世界市場におけるイギリスの覇権確立に伴なう商品の大規

模生産に対応して「1760年ころから新しい機械と技術が発明され，……生産技術と生産組織に大変革をもたらし，手工業から機械工業へ，マニュファクチャーから工場制度へ，小規模生産から大規模生産への進転が行われた。更に……従来の人力，動物力，水力に代って蒸気機関が発明され，動力機械の発達は，動力源としての石炭の利用を促し，また機械の発明とその応用は，鉱山業，製鉄業を発達させた。そして原料産地，工業地帯および市場の連絡のため，運河が開さくされ，鉄道，汽船などの交通機関が発明された。生産はすべて近代的資本制生産となり，従来の商業資本に代って産業資本が経済の覇権を握り，……ここに資本主義が確立された」(大野編〔1973〕197-198頁)。とりわけ，鉄鋼(主として銑鉄)の生産量は，鉄道や汽船の発明，ナポレオン戦争(1803～1815)，また後にはクリミア戦争(1853～1856)等によりその需要を激増させ，新しい燃料として石炭(コークス)の利用がそれに拍車をかけた。そのため，18世紀の後半から19世紀の半ばにかけ，中部イングランドのスタフォードシャー，ヨークシャー，シュロップシャー，あるいはウェールズ南部のグラモーガンシャーやモンマスシャーに大溶鉱炉が次々と建設され，詳細に見ていくと好不況が交錯した時代でもあったが，総体的にはイギリスの製鉄業を飛躍的に発達させ，ひいては蒸気機関車を生み出した時代であった(Langton and Morris〔1986〕p. 128〈米川・原訳〔1989〕127-131頁〉)。本章では，産業革命期のイギリスで損益計算思考がいかに進化していったかを分析することにする。

第2節　キャッシュ・フロー思考の出現

1．ストックからフローによる損益計算へ

　13世紀初頭の北イタリアで債権・債務の備忘録と発生した複式簿記は，実地棚卸を中心に求められた利益の正確さを証明する手段として，遅くとも14世紀の前半までには，完成した。すなわち，その発生当初から100年を超える間，

企業の総括的な損益を継続的な記録計算に基づく(集合)損益勘定によって行なうという会計実務は，まだ形成されていなかった。したがって，企業損益の算出は，実地棚卸に基づいて作成されたビランチオ(利益処分結合財産目録)によって行なわれた。当時のフィレンツェでは，第三者と組んで結成された期間組合が支配的であり，利益分配の必要性から，必ずしも一定期間ごとではなかったが，期間に区切って企業の総括損益を計算することが要求された。しかも，そこでの損益計算は，継続的な記録計算を前提にしないため，必然的に，財産計算すなわち正味財産の比較計算による損益計算に拠らざるをえなかった。主にストックに基づく先駆的損益計算形態といわれる損益計算システムである。

それに対して，同じイタリアにおいてもヴェネツィアの企業形態は，個人ないしはせいぜい血縁で結成される家族組合が中心であった。個人ないしは家族による企業形態のもとでは，所得税法が施行されるまでは，必ずしも，厳密な企業全体の総括的な損益を計算する現実的必要性はなかった。せいぜい，取扱商品ないしは航海ごとに，商品が売却済みになるか航海の終了時点で，損益計算を行なえばそれで事足りたわけである。いわゆる口別損益計算といわれる損益計算システムである。

これら両者の損益計算システムは，ほぼ時を同じくして，しかもヴェネツィアとフィレンツェという極めて近寄った地域において行なわれ，やがて16世紀の前半から17世紀にかけて，今日の1年ごとに企業全体の統括損益を計算する期間損益計算システムへと統合されていくことになる。

ストック重視の損益計算思考は，18世紀後半まで継承されることになる。それまでは，ビランチオ重視の考え方が一般的であり，費用・収益の対応による原因の側面からの抽象的な損益計算は，まだ市民権を得ていなかった。結果の側面からの具体的な損益計算のほうが信頼に足るとされたのであろう。

ストック中心の損益計算思考に大きな転換を突きつけたのは，次の2つの要因であった。すなわち，1つは，18世紀の後半から19世紀にかけてのアメリカ貿易の拡大による，委託販売・受託販売あるいは代理商取引の拡大である(渡邉〔1993〕111-129頁)。代理商のもとでの利益発生の中心は，手数料収入であり，正味財産の比較による財産法的損益計算は，あまり意味を持たなくなるからで

ある。

　今ひとつの要因は，運河会社や鉄道会社あるいは製鉄会社や石炭会社等の巨大企業の出現による巨額の資本調達の必要性である。多くの株主たちからどれだけ多くの投資を引き出せるかが極めて重要になる。投資家たちが投資決定の判断材料としたのは，企業がストックとしての財産をどれだけ所有しているかよりもむしろ，1年間でどれだけの利益をあげることができるか，すなわちフローの側面からの判断がより重要な投資誘因になった。この将来株主の企業収益力に対する関心が，従来のストック中心の損益計算思考をフロー中心の損益計算思考に転換させた重要な要因になった。これは同時に，後述の財務諸表の作成によるディスクロージャーの重要性を経営者に認識させることになる。

2．キャッシュ・フロー計算書の原初形態

　製鉄・石炭会社や鉄道会社を中心とした巨大企業では，設備投資のために莫大な資本が要求された。当時のイギリスにおける巨大企業では，企業の拡大戦略のための設備投資を実現していく過程で，1つの極めて興味深い会計上の試みがなされ，この所産が今日の資金計算書に繋がっていく。

　1759年9月19日に8人の仲間とともに，南ウェールズのグラモーガンシャーの地において，総額4,000ポンドの出資額でトーマス・ルイスによって組合として設立されたダウリィス製鉄会社(Dowlais Iron Company)は，18世紀後半から始まる産業革命期の生産力増大の最大の牽引となる鉄鋼の生産を担い，19世紀前半には，中部イングランド地方を抜き，世界最大の製鉄会社に成長した(Jones〔1987〕pp. 41-42)。しかし，1847年から1850年代には長期にわたるストライキや設備投資の負担等により業績不振に陥り，その原因を追究するために以下で述べる比較貸借対照表が作成された(Jones〔1987〕pp. 264-267)。

　そのような状況下の1863年7月18日付の手紙において，われわれは，興味深い事実を見出すことができる。すなわち，1860年3月に30,882ポンドにものぼっていた利益は，1861年に8,832ポンド，翌62年にはわずか3,059ポンドにまで急速に落ち込んだ。しかし，その翌年の1863年には，利益が36,572ポンドにま

で回復し，その翌年から，業績は再び順調に伸び，かつ好転している。この手紙は，その時代に，工場の責任者から経営者に送付されたものである。そこでは，1862年と1863年の資産と負債を比較して1年間の期間利益を算出し，比較貸借対照表を作成することにより，「利益がどこに行ったのか」を追跡しようとしているのがわかる（〔図表5-1〕を参照）。

19世紀に入り急速に拡大していったダウラィス製鉄会社は，一方では，増資によって新たな設備投資資金を獲得すると同時に，他方では，利益を増大させその余剰資金でそれをまかなおうとした。しかし，現実には，かなりの額の利益が獲得されたにもかかわらず，実際に投資を行なおうとした時，その資金不足に気がついた。そして「いったい利益とは何であるのか，利益はどこに消えてしまったのか」という素朴な疑問が生じた。その結果，利益の中身，すなわち利益の質を知ろうとして作成されたのが比較貸借対照表である。

この比較貸借対照表は，1897年にグリーン（Gneene, T. L.）の著書で提示されたグレート・イースタン鉄道の2年間の貸借対照表の増減を比較し，その変動状態を要約した一覧表（Greene〔1897〕p. 110），あるいは1908年のコール（Cole, W. M.）の財政状態変動表やUSスティール社（United States Steel Corporation）の1903年の年次報告書へと展開し（Cole〔1908〕p. 101），やがて今日のキャッシュ・フロー計算書へとその姿を変えていく。

第3節　時価評価の出現

1．棚卸資産の時価評価の出現

資産評価をどのように行なうかは，企業の総括的な期間損益の計算に極めて大きな影響を与える。棚卸資産は，原則，短期間に回転するため，時価による評価替えの問題は，それほど重視されることはなく，18世紀の前半までの簿記書の中では，ほとんど論ぜられることはなかった。それに対して，固定資産に

図表 5-1　ダウィリス本社の G. T. クラークに宛てた手紙

> ダウィリス製鉄工場
> 1863年7月18日
>
> 拝啓
> 　私は，ここに1863年3月31日末における貸借対照表をお送りします。ここ7年間のダウィリスの製鉄の原価は，年々徐々に減じ，1863年も再び減少してきています。（中略）
> 　〔その結果〕あなたは，1863年の石炭と製鉄に関する事業で，……30,000ポンドを支払った後，総額36,572ポンド9シリング3ペンスの利益を得ることができるでしょう。（中略）
> 　帳簿が本年度のこの好結果を示していますので，その利益がどこにあるのか，現金の残額がどこにあるのか，あるいはそれがどのようにして生じたのかということが当然のことながらたずねられることでしょう。このことは，次のように説明されます。
>
> | 1862年（£78,519.19.6，カーディフ・ヤード）と比較した1863年の諸資産の増加 | | |
> |---|---|---|
> | | | £81,814. 6. 1 |
> | 資産の減少分の控除 | 38,354. 4.7 | |
> | 　（£27,542.7.10，工場在庫の減少） | | |
> | 負債の増加分の控除 | 6,887.12.3 | 45,241.16.10 |
> | 1863年の利益 | | £36,572. 9. 3 |
>
> 　資産の増加の大部分は，カーディフ・ヤードでの製鉄の多くの在庫の増加が原因です。（中略）
> 　私は，上記の結果をW. レイト氏に報告すると同時に，彼が深刻な減少に対して〔何らの対策の〕必要性を感じていないということを申しそえておきます。この利益の問題に関して，私はどの合計額が利益と呼ばれるかを決めることが必要と話したかも知れません。そして，その額は，1863年と1864年の間の所得税の還付のために課税査定者に返還されるに違いありません。
> 　先述のことは，過年度における工場の取引の大部分の様子としてとられることでしょう。

注：1ロング・トン＝2,240ポンド＝1,016.05kg
出所：Glamorgan Record Office, D/DG, E3(ii), pp. 1-7.

関しては，すでに16世紀において取り上げられている。しかし，減価償却が登場する19世紀までは，固定資産の評価は，原則として，費用配分法としてではなく評価減の問題として処理されていたに過ぎない。

　売残商品を認識し，売上収益に売上原価を対応させて期間損益を算出する方法を明確に説いたのは，16世紀半ばのイムピン（Ympyn, J.）の『新しい手引き』

が最初である。そこでは，取得原価に基づいて1年間の総括的な期間損益が算出された(2)。概して，この取得原価による評価方法は，18世紀まで継承される。

18世紀のイギリスを代表するメイヤー(Mair, J.)は，『組織的簿記』(1736)において，決算に当たり，取扱商品の各荷口別に設けられたいわゆる口別商品勘定を締め切るに際し，「売残商品の残高を［商品］勘定の貸方に取得原価(プライムコスト)で記帳しなければならない。そして，欄内の［数量］を等しくさせる。この後で，売上げによって生じた利益ないしは損失を［当該商品勘定の］借方または貸方［の摘要欄］に，損益と［書いて］記帳する」(Mair〔1736〕pp. 76-77)と述べている。

売残商品の評価基準に取得原価ではなく時価を基準にした評価方法を提唱した数少ない簿記書として，1731年にロンドンで出版されたヘイズ(Hayes, R.)の『現代簿記』および同書の増補版といえる『ジェントルマンの完全な簿記係』(1741)を挙げることができる。

ヘイズは，元帳諸勘定の締切に関して，その第8章「元帳を閉じることなく勘定を締切る方法」において，商品の全部ないしは一部が売れ残ったとき，「その売れ残った全ての商品に対し，勘定上の借方残高は，現在の市場価格(プレゼントマーケットプライス)あるいは取得原価(the Price they cost you)で評価する。……注. 商人たちは，通常，彼らの帳簿を締切るに際し，手持ち商品をその時点で売却可能な市場価格で評価するのが一般的である。しかし，幾人かの商人は，そのようにしていない」(3)と述べている。この説明による限り，当時の商人たちは，一般に売残商品を時価で評価していたのが分かる。彼は，売却時価による評価に関して，取得原価と売却時価との差額の本質を評価益ではなく，「期待利益」ないしは「利益の先取り」として捉えていたのではないかと推測される(4)。

メイヤーの簿記書と並び18世紀のイギリスを代表する簿記書を著したハミルトン(Hamilton, R.)は，『商業入門』(初版(1777)，第2版(1788))において，「出来るだけ速やかに商品の正確な手持ち有高を出し，その時点の時価(カレントプライス)，すなわちその所有主が現在購入したいと思っている価格(ヴァリュー)にしたがって各商品に適正な価格を付けるのが好ましい」(Hamilton〔1788〕p. 285)と述べている。本文中の説明では，再調達原価で評価しているのである。同じ時価で評価するとして

も，売却時価と再調達原価では，それが意味するところに大きな違いがある。ハミルトンのいう再調達原価による評価は，いわば翌期における仕入損益を当期の決算時点で早期に認識することを意味し，売却時価の意味する期待利益ないしは利益の先取りとは，大きく異なるところである。いわば，費用の先取りともいえる処理法である。いずれにせよ，期末棚卸商品の時価評価に関する会計処理法は，18世紀の前半から後半にかけて登場してくる。

2．初期における固定資産の評価

固定資産の評価に関する論述は，イギリスの簿記書では，16世紀の後半のメリス（Mellis, J.）の『勘定記帳の簡単な教示と方法』[5]や17世紀後半のモンテージ（Monteage, S.）の『やさしい借方と貸方』[6]においてすでに見出せる[7]。

例えば，本文中での明確な説明は見られないが，メリスの建物勘定の例示においては，期首に財産目録にあったロンドンの住居280ポンドが帳簿締切時点に取得原価の280ポンドでそのまま決算残高勘定に振り替えられている。期末棚卸商品の評価に際しても，例えば，フランス産赤ワイン勘定では，売残商品の払出計算は，先入先出法に基づいて取得原価で評価されている（Mellis〔1588〕The Leager A, fol. 10）。

メリスが取得原価で評価しているのに対し，ほぼ1世紀後のモンテージの簿記書では，時価による評価を説いている。モンテージの借地権付き農地勘定の例示では，1675年4月1日の期首の財産目録に300ポンドで開始記帳され，期末には，その時点における現在価格（プレゼントバリュー）の280ポンドで決算残高勘定に振り替えられている。モンテージは，注書きで，「このリースは，資本金勘定において300ポンドで評価されていたが，1年経過した現在では，［取得原価から］評価を減じた方が適切である」（Monteage〔1675〕'Here followeth the Balance of the whole Leidger', L2.）と述べ，そこで生じた評価減を集合損益勘定に振り替えている（渡邉〔2004〕57-58頁）。

3．18世紀における固定資産の評価方法

　先に述べたように，18世紀の簿記書でも，固定資産(フィックスドアセッツ)という用語そのものは，まだ用いられていないが(Mepham〔1988〕p. 216)，船舶や建物に対する期末評価に関する説明は，多くの簿記書においてすでに見出せる。

　マルコム(Malcolm, A.)は，固定資産としての建物勘定を当時一般に行なわれていたように混合勘定として処理し(Malcolm〔1731〕fol. 14)，「それらを取得原価(ファーストコスト)で評価しなさい。その額が貸方に記帳されると，修繕費等と受取家賃や受取運送料の差額から生じる貸借差額が損益になる。……あるいはまた，〔その〕時々のもう1つの価値で評価する〔方法を〕選択してもかまわない。あなた方は，それらを本当の価値と思っているように」(Malcolm〔1731〕p. 90)と述べ，決算時点での資産の評価にあたっては，原則として取得原価で行ない，時価での評価もまた選択肢の1つに入れている。

　メイヤーの『組織的簿記』の第1取引例示における船勘定では，借方に取得原価，修繕費等船の維持にかかったすべての費用が記入され，貸方に売却や交換した時の価額，輸送や賃貸に伴なうすべての収益が記帳されている。すなわち，固定資産勘定が混合勘定として用いられ，決算残高勘定への期末の振替は，取得原価で行なわれている(Mair〔1736〕pp. 126-127)(〔図表5-2〕を参照)。しかし，次期へ繰り越す資産の評価額を取得原価で行なうという説明は，見られない。

図表5-2　スループ船　ユニティー号

1793			*l.*	*s.*	*d.*	1793			*l.*	*s.*	*d.*
1. 1	資本金，バージニアへの輸送，私の持分2分の1	1 2	470 10	— 12	—	4. 5	現金,輸送代,2分の1	2	110	—	—
						7	諸口，4分の1売却	—	260	—	—
4.17	現金，修繕費損益，利益	36	124	7	6 6		残高，原始価格4分の1	35	235	—	—
			605	—	—				605	—	—

出所：Mair〔1773〕pp.180-181

18世紀のイギリスを代表するもう1人の著者ハミルトンの『商業入門』では，その第1取引例示で，エディンバラのローンマーケット通りにある建物と船ハザード号の4分の1の持分の2つ固定資産が説明されている（Hamilton〔1788〕pp. 284）。

　ハミルトンは，締切に当たり「もし商品(グッズ)や他の資産(プロパティー)が全て［期末に］手元に残れば，残高表(バランスシート)の借方に時価(プレゼントバリュー)で記帳する。そして，もしこの時価が取得原価(イムコスト)と異なるときは，その差額は，損益勘定の適当な側に記帳される」(Hamilton〔1788〕p. 285）と述べている。棚卸商品か固定資産かを問わず，資産に関しては，時価で評価するよう説明している（渡邉〔2004〕116-119頁）（〔図表5-3〕を参照）。メイヤーとは異なるところである。

図表5-3　船 ハザード号の持分

1774 3.25	ウィリアム・エインズリー，4分の1の持分	7	*l.* 150	*s* —	*d* —	1774 4.25	現金，ロッテルダムへの航海での利益の取分	1	*l.* 33	*s.* —	*d.* —
4.30	損益	1	23	—	—	30	残高勘定	7	140	—	—
			173	—	—				173	—	—

出所：Hamilton〔1788〕pp. 314-315.

第4節　減価償却の生成

1．評価減から減価償却へ

　企業損益の計算に大きな影響を与える資産の時価評価は，すでに17世紀後半から論ぜられてきた。しかし，その先駆的な形態はすでに18世紀末の簿記書において見出せるが，先験的費用配分法としての減価償却が中心的に論ぜられるのは，1820年代以降の鉄道会社においてである。13世紀初めに発生し遅くとも

14世紀の前半までには完成した複式簿記は，損益計算システムや具体的な勘定科目などで異なるところは見られるが，今日の複式簿記の処理法とほとんど相違はない。中世ないしは近世初頭の簿記法と現代簿記との大きな相違は，損益計算システムの相違の他に，前者には，財務諸表が未だ作成されていなかったことと，減価償却という先験的な費用配分法が行なわれていなかったことの2つである。

　一口に資産評価といっても，短期間に販売に供される棚卸資産の場合は，長期間にわたって保有する固定資産と異なり，一般的には，その評価の問題が損益計算に大きな影響を及ぼすことは少ない。したがって，固定資産の占める割合が相対的に大きくなってきたときに，単にその資産の評価替えの問題にとどまらず，費用配分計算としての減価償却が会計問題として大きくクローズアップされるに至った。時代的には，19世紀前半になってからのことと理解して大きな問題はない。すなわち，減価償却の出現に関して，「今世紀に至る前までは，評価に関する問題が無かったわけではないが，ほとんど目だつほどのことは無かった……。〔なぜなら〕20世紀に入る前までは，固定資産〔に関して〕は一般に少なくとも……使用財産の評価ならびに勘定記入は，棚卸資産としてとり扱うのが普通であった」(Littleton〔1933〕p. 151〈片野訳〔1978〕239-241頁〉)からであるというリトルトンの指摘を待つまでもなく，減価償却による会計手続きが一般的になるまでの固定資産の評価は，通常，取得原価で行なわれ，一部においては，その価値の減少分を期末に時価評価する会計手続きの説明が散見される。しかも，18世紀までの家畜や備品あるいは建物，船といった資産勘定は，商品と同様，混合勘定として取り扱われるのが一般的であった(〔図表5-2〕を参照)。

　イギリスにおいて固定資産の重要性が認識され，その先験的費用配分法として減価償却による会計処理法が具体的に勘定科目の中に登場してくるのは，産業革命以降，すなわち18世紀の後半とりわけ19世紀前半の運河，鉄道，製鉄，石炭等各企業が膨大な固定資産を必要とし，それに対する巨額の投資資金が要求されるに至ってからのことである。「18世紀〔まで〕の〔簿記書の〕著者たちは，『固定資産』という用語を用いていなかった」(Mepham〔1988〕p. 216)

というのが今日までの一般的な解釈である。

高寺貞男によってすでに紹介されているポラード(Pollard, S.)の分析によれば，当時の高い利潤率と相対的低固定資産構成比率の結果，産業革命期においてもその初期では，たとえ大企業においても，減価償却は，必ずしも一般的な方法ではなかった。しかし，すでに18世紀末におけるボールトン・ワット(Boulton and Watt)商会の帳簿では，取得原価に対して年5％の定率による減価償却が行なわれていたといわれている(高寺〔1981〕401頁；Yamey〔1962〕p. 34)。18世紀においては，減価償却が一般的に行なわれる事例は，まだ稀であった。本格的な減価償却の会計処理法を見出すのは，19世紀の鉄道会社においてである。

2．鉄道会社における減価償却

固定資産の価値が相対的に安価であった時は，減価償却といった高度な費用配分法によらなくても，購入時にその全額を一括して費用処理するか，あるいは現実に固定資産の価値の減少が認識された時点で，その減価分を計上すればそれで十分であった。先験的費用配分法としての減価償却が必要とされるのは，当然のことながら，固定資産の占める割合が大きくなり，かつ競争の激化によりコスト意識が重視されるに至ってからのことである。

減価償却の生成を論ずるとき，われわれは，まず鉄道会社の会計処理を検討しなければならない。蒸気機関車は，1804年すでにトレヴィシック(Trevithick, R.)によって発明されていたが，実際に営業用として運転されたのは，1814年にスティーヴンソン親子(Stephenson, G. and Stephenson, R.)の手によるロコモーション号が最初である。その後，世界最初の鉄道会社ストックトン・ダーリントン鉄道(当初約27マイル)が1825年9月に開業し，世界最初の旅客輸送のリバプール・マンチェスター鉄道(約33マイル)も，運河会社との軋轢を超えて議会の承認(1826年4月)を得て一部開通したのは，承認後4年を経た1830年9月のことである。まさしく，鉄道狂(レイルウエイ・マニア)時代の幕開けである。

鉄道会社における減価償却は，運賃決定の必要性から始まったが，それと同

時に，資本の蓄積が不十分で南海泡沫事件の後遺症による株式会社の市民権の確保が未成熟の段階では，経営者たちは，いかにして資本を確保するかに腐心した。その結果，「初期における鉄道事業の会計課題は，主として車輌の維持・更新という財務政策に関心が注がれ……減価償却がその政策実現の方便として企業家の意識に反映したのである。すなわち減価償却は産業資本確立期(イギリスでは1920年代，アメリカでは1930年代といわれる)においては，資本集中の財務政策として登場」(中村〔1960〕24頁)したといわれている。

リバプール・マンチェスター鉄道の技師ウォーカーは，機関車や車輌の作業実態を検討して，減価償却の必要を認めた報告書を作成した。ウォーカーが1829年に取締役会に提出した見積原価計算によれば，蒸気機関車の平均耐用期間は20年とされ，その取得原価から残存価値を現在価値で割り引き，運賃の構成要素として均等配分している。そこでの償却比率は，先に説明した18世紀末におけるボールトン・ワット商会の場合，年間，取得原価の5％であったのに対して，機関車は15％，車輌は7.5％，平均して12.5％で減価償却が行なわれた。つまり8年間で更新されたことになる(中村〔1991〕162-163頁)。

この減価償却の必要性は十分に認識されていたが，その取扱は，取締役会の判断に任されていたため，償却不足が深刻な問題になった。また，償却のための準備基金が設備投資資本のわずか0.4％にしか過ぎない状況が生じた。その結果，大株主から取締役たちに対して非難が集中し(中村〔1991〕165頁)，これらの要求が企業の財政状態や経営成績のディスクロージャーを加速させる要因になったのである。

第5節　おわりに——ディスクロージャーへの動き

産業革命期に相次いで設立された運河，鉄道，製鉄，石炭等の業種に代表される巨大企業にとっては，多額の資本を調達することが極めて重要な課題であった。そのため，各企業は，自社への投資を誘導させるための様々な工夫をすると同時に，経営状態がいかに優良でありかつ安全であるかを具体的な数値に

よって広く公表する必要に迫られた。

とりわけ、1820年代から始まった鉄道会社では巨額の資本を必要とし、しかも設立から開業までに長期を要した。ストックトン・ダーリントン鉄道の場合は、その建設に4年半近くもかかってようやく開通し、リバプール・マンチェスター鉄道も開通までに4年の歳月を有している。ストックトン・ダーリントン鉄道は、4年間にわたる長期間配当を受け取ることができない投資家を勧誘するために建設利息を支払う方策を採用し、その他にも1829年から1850年の間には、100件を超える鉄道優先株を議会の承認のもとで発行している(Evans〔1936〕pp. 74-75；高寺〔1981〕410頁)。各企業は、資金調達のため当該企業への投資がいかに有利でかつ安全であるかを広く広報する必要に迫られた。19世紀の最初の4半世紀頃から鉄道会社を中心に財務諸表をディスクローズする動きが生じてくるのである。

このディスクロージャーへの動きは、早くは、16世紀後半のイギリス東インド会社の帳簿閲覧権の容認やイングランド銀行の下院提出のための貸借対照表の作成によって知られているところであり、製鉄会社を中心に18世紀末から貸借対照表の前身である残高帳(毎年度末の決算残高勘定だけを集めた帳簿)を作成して財務内容を公表する実務が定着してきた(渡邊〔1993〕78-83頁)。今日のように、資金調達の目的で企業の財務内容や経営状態を計算書類によって一般の株主に開示するために作成されたのは、主として19世紀に入ってからのことである。とりわけ、製鉄会社や鉄道会社を中心に形成されてくる。実務上では、損益計算書は、その作成が貸借対照表にわずかに先行したが、法制史上では、逆に貸借対照表に関する規程が損益計算書のそれに先行したのである。

1844年に登記法としてスタートしたイギリスの会社法に関する規程は、その後幾たびも改正が加えられ、1926年のグリーン委員会の勧告を受けて1928年に改正法が制定され、翌1929年に会社総括法として統合されるに至った。イギリス最初の会社法といわれる1844年の登記法で、貸借対照表の作成が規定され、その雛型が1856年法で例示されたのは広く知られたところであるが、損益計算書の作成が義務づけられるのは、その後85年も経過した1929年法に至ってからのことである。

1929年の会社法では，貸借対照表だけではなく，第123条において，いかなる会社の取締役も，遅くとも会社設立後18カ月以内に，そしてその後毎年1回，定時株主総会の前に損益勘定表(Profit and Loss Account)すなわち損益計算書，あるいは営利活動を行なっていない企業の場合には，収支計算書(Income and Expenditure Account)を作成し，最初の計算書の場合は会社設立後，他の場合は株主総会後9カ月以内に，あるいは現在営業中または海外に利害を有する企業においては，12カ月以内に作成しなければならないと規定している(Edwards (ed.)〔1981〕p.50)。ここに，貸借対照表と損益計算書によるディスクロージャー制度が完備されたことになる。

　貸借対照表の規程が損益計算書のそれに先行したのは，1つには，損益計算書は，損益勘定によって代行できたが，貸借対照表は，決算残高勘定が〔借方：諸口，貸方：諸口〕と表示されることもあった実務のもとでは，必ずしも残高勘定で貸借対照表における財政状態の一覧機能を代行することができなかったためと思われる。今ひとつは，損益計算書には，取引先や利益率等の営業上の内部情報が貸借対照表よりもより多く含まれていたため，それらの情報をすべてディスクローズすることに躊躇したためとも推測できる。

　19世紀初めの鉄道会社の場合は，鉄道法の規程により様々な拘束を伴ない，経営者は，絶えず企業利益に関心を払い，時には益出し，時には利益の圧縮ないしは平準化をはかる必要にせまられた。その上で，安定した料金収入を得るためには，必然的に，ストックの側面からの利益計算よりも，フローの側面からの損益計算が重視されたものと思われる。すなわち，企業における損益計算のウェイトが，貸借対照表から損益計算書に漸次移行していったとみなすことができよう。さらに，損益勘定上で表示された利益の中身を知るためにキャッシュ・フロー計算書が作成される。

　産業革命を期に，多くの巨大な株式会社が登場し，資金調達のために様々な創意と工夫が考案される。財務諸表のディスクローズ，減価償却という新しい費用配分法の考案，優先株式の発行，キャッシュ・フロー計算書の作成等多くの考え方が会計実務を転換させていった時代である。18世紀後半から19世紀に前半にかけてのイギリスは，まさしく会計進化の過程で大きなエポックになっ

た時代である。

> **英米式決算法が英米で考案されていたという常識のうそ**
>
> 　私たちは，簿記を最初に学ぶとき，決算，すなわち帳簿を締め切り企業の期間損益を確定する基本的な手続きを学びます。そのとき，帳簿の締切には，大陸式決算法と英米式決算法の2つの方法があると教わりました。前者は，複式簿記の発生当初(13, 14世紀頃)からイタリアで一般的に行なわれた決算法で，その後ドイツ，オランダ，フランス等大陸諸国に伝播していき，後者は，大陸式を少しでも簡略化させるために考え出され，18, 19世紀に入ってイギリスやアメリカを中心に考案された決算法であると。
>
> 　しかし，事実は，そうではありません。英米式決算法は，世界最初の簿記書であるパチョーリの『スムマ』(1494)ですでに簡便法として説明されています。大陸式決算法の説明とほぼ時を同じくして登場していました。ではなぜ，このような誤った説明が堂々となされてきたのでしょうか。それは，わが国だけの特殊な現象です。明治の30年代(19世紀末から20世紀初め)に，わが国の簿記学者がイギリス人やアメリカ人の手による簿記・会計に関する多くの書物を翻訳し，紹介しました。その過程で，本来，帳簿組織の相違として説明されていたコンティネンタル・システムとイングリッシュ・システムが決算締切法の相違と誤って説明されてしまい，その誤りが何の疑問も抱かれることなく今日まで継承されたことが原因です。
>
> 　それもなぜか，イングリッシュ・システムがイギリス式ではなく英米式となってしまいました。当時の日本人にとっては，同じ英語を話す異国人は，イギリス人もアメリカ人もきっと一緒に見えたのかも知れません。英米式決算法は，決してイギリスやアメリカで考案された決算締切法ではないのです。

注

(1) Glamorgan Record Office, D/DG, E3(ii), pp. 1-7；渡邉〔1996〕149頁を参照。拙稿では，Dowlais を「ダウリス」としたが，以後は「ダウィリス」と表示する。なお，これについては，渡辺大介教授によってすでに紹介されている（渡辺(大)〔1984〕237, 270-274頁）。

(2) Ympyn〔1543〕grant liure, fol. 21. 本書はまず1543年にオランダ語版(*Nieuwe Instructie*)として出版され，同年ただちにフランス語版(*Nouuelle Instruction*)が，全体の5分の4を超える記帳例示が省略された英語版(*A notable and very excellente woorke*)は，1547年にロンドンで出版された。

(3) Hayes〔1731〕pp. 78-79. なお，この点については，Yamey, Edey and Thomson〔1963〕p. 116を参照。

(4) 高寺は，これを「みなし売却」とみなしている（高寺〔1999〕95-97頁）。

(5) Mellis〔1588〕(メリスの簿記書には通しページが付されていないため,説明されている章のタイトルを示した)。

(6) Monteage〔1675〕'Here followeth the Balance of the whole Leidger', L2. (モンティージの簿記書には通しページが付されていないため,各項目ごとのタイトルと分類記号を記した)。

(7) Littleton〔1933〕pp. 223-224〈片野訳〔1978〕327-329頁〉。なお,リトルトンは,「初期の減価償却論を研究してみると,問題の見方に2通りあったことを知る。1つは,減価償却資産をあたかも個人営業における売残り商品のごとくに考察するものであり,他は,減価償却を株式会社の長期資産の維持に関連せしめて考察するものである。後者の見解は,19世紀における鉄道問題に関する研究および当時の多数の鉄道会社の報告書類中にはっきりとれをみることができる。前者の減価償却観は,かなり永い年代を通観して,ごく少数の簿記書に散見される」と述べている(Littleton〔1933〕p. 223〈片野訳〔1978〕327頁〉)。

(8) Hamilton〔1788〕p. 284. ハミルトンは,元帳の締切に先立ち,決算を正確に行ない利益の概算を算出するため,すべての勘定の一覧表,すなわち残高表と損益表を作成している。この2つの計算表は,様式は異なるが,今日の精算表の役割を果たしていた(渡邉〔1993〕第3章を参照)。

（渡邉　　泉）

第6章

パートナーシップの簿記と
巨大株式会社企業の会計

－企業形態の変遷にみるアメリカ会計史－

本章のねらい

　植民地時代から20世紀初頭に至るアメリカ合衆国（United States of America；以下，合衆国と略す）の会計の歴史を概観する。ただし，紙幅の制約から通史的記述は困難であるので，合衆国の経済史と経営史の流れをふまえながら，(1)植民地時代に作成されたプレンティス商会の貸借対照表（1733）と，(2)19世紀末から20世紀初頭にかけての合併運動（merger movement）の時期に作成されたUSスティール社の貸借対照表（1902）とを対比させる形で，その展開の歴史を点描する。

第1節　北アメリカ植民地の形成と独立革命

　1492年8月3日，コロンブス（Columbus, C.）は，スペイン（カスティーリア）のイサベラ女王（Isabel Ⅰ）の支援のもと，インディアス（インド）に向かう西回り航路の探検を企図して，スペイン南部のパロス港を出航した。彼の船隊は，同年10月12日，現在のバハマ諸島の一小島に到達した。これこそが，ヨーロッパ人によるアメリカ大陸「発見」の第一歩となるものであった。

　ヨーロッパ人による植民活動は，すでに上記のコロンブスの第1次航海に際

して試みられたが，先住民を犠牲にした形での本格的な活動は，スペインやポルトガルに始まり，オランダやフランス，そして，イギリスなどへと広がっていった。このうち，イギリス領とされた西インド諸島や北アメリカの植民地は，18世紀後半からイギリスで自生的に展開された「工業化」(Industrialization)を機軸とする大きな経済的・社会的変革運動の波，いわゆる「産業革命」(Industrial Revolution)を主導した綿工業が，その原料である綿花の供給の多くを，初期には西インド諸島での奴隷制砂糖生産を補完する形での生産に，後に北アメリカ低南部の「綿作地帯」(cotton belt)での同様な奴隷制生産に負っていたこと，また，製品としての綿布も，イギリスとアフリカ，アメリカを結ぶルート，つまり，奴隷と砂糖，タバコを媒介とする三角貿易を中心に販売されていたことからも明らかなように，イギリス本国の重商主義的海外貿易のネットワークの中に深く組み込まれていった(村岡・川北編著〔1986〕58-59頁)。

したがって，植民地の内部，特に本章で考察対象とする「アメリカ合衆国」形成の基盤となる北アメリカ植民地に焦点を定めるならば，当該植民地に対するイギリス本国の経済政策の基調は，植民地の経済活動を本国の産業資本の利益のために統制しようとするもの，つまり，北アメリカ植民地を本国のための特産品や原料の供給地にすると同時に，本国の産業資本の製品の販売市場として独占的に確保することにあった。

そのため，本国政府は，例えば，植民地における貨幣・金融制度の整備について厳しい規制を加えた。すなわち，植民地時代のアメリカにおいてはイギリス本国のスターリング・ポンド制がそのまま採用されたが，そこで使用された貨幣(鋳貨)は，本国の貨幣と，海外貿易により獲得されたスペイン，ポルトガル，フランスなどの貨幣であった。しかしながら，これらの貨幣は，北アメリカ植民地の貿易構造が本国に対して慢性的に入超であったため，絶えず本国に吸収され，北アメリカ植民地は恒常的に正貨不足に悩まされていた(鈴木編著〔1972〕90頁；浅羽〔1991〕8-9頁)。

それゆえに，植民地時代の初期には，直接的な物々交換(barter)によって余剰生産物が商品化されたり，あるいは，南部ではタバコや米，ニューイングランドではトウモロコシや牛，家禽，毛皮が商品貨幣(commodity money)として用

いられたりした。ときには，貝殻（ウォンパム）が商品の流通を媒介する場合さえみられた（鈴木編著〔1972〕90-91頁；浅羽〔1991〕第4章～第6章）。

　もっとも，このような貨幣・金融制度への規制は，イギリス本国の産業資本と競合する植民地工業への規制を含むその他の規制策と同様に，必ずしも本国の意図通りの成果をあげることはできず，むしろ植民地側の反発と結束を呼び起こす結果となった。1775年4月19日，ボストン郊外レキシントンでイギリス軍と植民地側民兵との間に公然とした武力衝突が生じ，独立戦争の幕が切って落とされた。1776年7月4日には，大陸会議で「独立宣言」(Declaration of Independence)が採択され，そして，1783年9月3日のパリ条約により北アメリカ植民地は正式に本国からの政治的独立を勝ち取るのである。

　では，植民地時代から合衆国建国直後にかけての北アメリカの商業とこれにかかわる会計は，どのような特徴をもつものであったのであろうか。

　植民地時代から合衆国初期においては，経済活動が大西洋岸の13州に限られていたこと，また，それが基本的には対イギリスを中心とした海外貿易に依存していたことに規定されて，合衆国内の商業は，内陸農民の余剰生産物が河川や沿岸航路等によって輸出拠点である海港都市(seaport cities)に集中され，逆に，同じ経路によって輸入商品が内陸地方に流入していくというのが主要な内容であった（鈴木編著〔1972〕269-270頁）。

　ニューヨークや，ボストン，フィラデルフィア，ボルティモア，チャールストンといった海港都市が，このような輸出・輸入に依存する商品流通の結節点となっていたのであり，これらの都市に本拠を置く海外貿易商人が，イギリス人が北アメリカに初めて植民してからの最初の2世紀間，ヨーロッパの外延部に位置するこの地の商業を支配していた(Porter and Livesay〔1971〕p.5〈山中他訳〔1983〕5頁〉；鈴木編著〔1972〕270頁；豊原〔1976〕61頁）。

　このように，海港都市の大商人は，海外貿易や国内商業のみならず，海運業や保険業・銀行金融業などの業務を，機能未分化のままで同時並進的に営んだ非専門的商人(non-specialized merchant)であったがゆえに，彼らは，一般に，総合商人(general merchant)と呼ばれている。

　上記の海港都市の大商人に従属しながら，末端の商品流通を担ったのがジェ

ネラル・ストアキーパー(general storekeeper)などの小商人であった。ジェネラル・ストアキーパーとは，特に内陸地域や中西部における比較的人口の稠密な農村地域の典型的な小売店舗であったよろず屋的ジェネラル・ストア(general-store)の店主であり，19世紀初頭のアメリカ国内の代表的小売業者層であった。彼らの営業は，農村地域への輸入商品や工業製品の供給をするとともに，逆に，農村から余剰生産物を吸収・集荷するという機能も果たしていた(豊原〔1971〕157, 180-181, 197-198頁；鈴木編著〔1972〕270頁)。

　ここで注意すべきは，彼らの取引の決済方法であり，具体的には，ジェネラル・ストアの商品と，農家の自家生産物との交換，いわゆる物々交換が行なわれていたということである。もちろん貨幣による商品売買が行なわれていた事実もあるが，植民地経済の発展に比して，貨幣・金融制度は既述のように本国政府の規制策もあって極めて悪く，一般的傾向として物々交換が採用され，不安定な貨幣による取引は敬遠されることが多かった(豊原〔1971〕181, 198頁)。

　もっとも，ここで物々交換といっても，それは，単純な財と財との直接的かつ即時的な交換(truck)ではなく，信用取引の一形態としての物々交換(credit barter)であった。すなわち，貨幣を取引の表示手段としてのみ用い，決済については，引き渡した財と同一の貨幣価値を有する別の財を一定のタイム・ラグを隔てた将来時点で受け取るという意味での物々交換であった。かかるタイム・ラグを伴なう物々交換を将来時点で円滑に行なうためには，取引の備忘と証明のための会計記録が必須のものとなり，それゆえに，このような信用取引の一形態としての物々交換は，その特徴のゆえに「ブックキーピング・バーター」(bookkeeping barter)と呼ばれている(Baxter〔1956〕pp. 272-278)。

　このように，植民地時代から合衆国初期においては，金融・貨幣制度の整備の遅れのゆえに，海港都市の大商人から農村の商店主に至るまで，やむをえずその商取引の多くを，物々交換，特に簿記を媒介とした物々交換に依存することになり，その限りにおいて，記帳技術としての簿記の知識は，それが組織的なもの(＝複式簿記)であるか否かは別として，当時の北アメリカの商人にとって不可欠のものとなっていた(Baxter〔1956〕p. 278；Kreiser〔1976〕p. 77)。

第2節　プレンティス商会：植民地時代のパートナーシップの財務報告

　次頁の〔図表6-1〕に示すのは，イギリス領北アメリカのヴァージニア植民地のウィリアムズバーグにあったプレンティス商会(William Prentice and Company)の貸借対照表である。

　プレンティス商会は，ウィリアムズバーグが建設された直後の1701(または1702)年にこの町の名望家であったブレア(Blair, A.)らにより小売業(retail store or general merchandise store)を目的とするパートナーシップ(組合企業：partnership)が設立されたことに端を発している。そして，この貸借対照表が作成された1733年は，それまで経営に携わっていたブレアが死去し，彼の主席事務員(principal clerk)を務めていたプレンティス(Prentis, W.)が同商会の持分の5/6を取得し，所有者(＝資本主)兼経営者(owner-manager)として経営の中枢を担うことになった年であり，これ以降，同商会は，プレンティスの積極的な経営方針のもとで，植民地産商品のみならず，イギリス本国や西インド諸島から輸入した商品の販売，さらに，輸出業務へとその取引の範囲を拡大している。[3]

　当該貸借対照表は，プレンティスが経営に積極的に関わるようになった最初の年にあたる1733年8月31日に作成されたものである。その主要な特徴を記せば次のようになる。①貸借対照表が異なった貨幣表示による2本立ての形態で作成されていること。つまり，ヴァージニア植民地の通貨による貸借対照表(図表の左側)と，イギリス本国の通貨による貸借対照表(図表の右側)とが作成され，それぞれの貸借対照表において「残高」(＝資本：Ballance)が計算され，その後に報告書の末尾において，まず本国通貨表示の貸借対照表上の「残高」(Ballance in Sterling：£2,660.16.2)についてヴァージニア通貨への換算(具体的には20％のプレミアム〈£532.3.2¾〉の加算)が行なわれ，次に，かかる換算調整後の金額に，ヴァージニア通貨表示の貸借対照表上の「残高」(Ballance in Current Money：£3,807.0.7¼)が合算されて，全体としての会社資本(£7,000)が

図表6-1　プレンティス商会の貸借対照表（1733月8年31日）

Stock in current money			Stock in sterling		
1733　Dr.			1733　Dr.		
Aug. 31			Aug. 31		
To Sundry Creditors as Per List	£	541..19..5¾	To Commission Allowed Dr. Blair's Est. & William Prentis on £1,624..8..7	£	81..4..5
To Commission Allowed Dr. Blair's Est. & William Prentis on £1,284..17..1¾		64..4..10¼	Due to Ballance		2,660..16..2
To the Dividend Agreed to be Made at the Settlement		413..11..4½		£	2,742......7
Due to Ballance		3,807......7¼	Cr.		
	£	4,826..16..3¾	By Bills of Exchange in Hand	£	70......
			By Protested Bills in Hand		378..4..4
Cr.			By Goods Imported without Shipping Charges		848..5..6½
By the Storehouses & Lotts	£	150........※	By Sundry Debts as Per List		1,445..10..8½
By Goods Bought in the Country		587..12..7※		£	2,742......7
By Houses & Lotts of Levingston		200........※			
By Cash in Hand		607..8....※	Ballance in Sterling	£	2,660..16..2
By Sundry Debts as Per List		3,210..4....	20% on Ditto		532..3..2¾
By 2 h.hds. Tobacco Which Cost		15..6..10¾	Ballance in Current Money		3,807......7¼
By Pork & Corn Sent to Jamaica Which Cost		56..4....		£	7,000......
	£	4,826..16..3¾	(Signed)		
			James Blair		
			Wilson Cary		
			For Mrs. Ann Whiting		
			John Blair		
			William Prentis		

注：なお，※を付した4つの資産項目の数値は，原資料が破損して不明のため，Coleman らにより補充されたものである。

出所：Coleman *et al.*〔1974〕p. 35.

確定されている。②「イギリス式貸借対照表」の様式が採られていること。つまり，通常の貸借対照表とは逆に，借方側(Dr.)に負債と資本，貸方側(Cr.)に資産が掲記されるという様式が採られている。③複式簿記に依拠するか否かは別にして，少なくとも債権や債務を記録するための組織的な簿記機構の存在がうかがえること。例えば，債権については，種々な債権(Sundry Debts)が，ヴァージニア通貨表示と本国通貨表示のいずれの貸借対照表においても，"By Sundry Debts as Per List" として一括掲記されており，このことは，かかる金額がいずれも別に設けられた「明細簿」(List)から取られたものであることを示唆している等である(中野他〔1993〕52-55頁)。

さらなるプレンティス商会の会計報告書の特徴として，貸借対照表の部分以外に，監査報告を記述した部分が含まれることがあげられる。ただし，同商会における監査は，企業内部での資本主による資本主に対する監査，つまり，パートナーシップを構成する組合構成員(partner)の間での機能分化に伴ない，専門的経営者としての機能を附託された組合構成員(acting partner)の業務執行を，経営に直接的に携わっていない他の組合構成員(silent partner)が監査するというものであった。すなわち，経営に携わっている組合構成員から提出された報告書(Accounts)を，経営に携わっていない他の組合構成員が検査し監査(examine and audit)するものであり，その結果，監査を担当した組合構成員が，もし報告書が正しく表示され，かつ，会社の資本(Stock)が適切かつ誠実に管理されていたと判断するのであれば，業務執行担当の組合構成員の責任が解除(acquit and discharge)されるという性格のものであった。したがって，会計報告書それ自体の役割も，外部報告ではなく，あくまでもパートナーシップ内部における資本主(組合構成員)間の受託責任の解除にかかわる内部目的のためのものであった(中野他〔1993〕58頁)。

第3節　工業化の進展と国内市場の成立

南北戦争(Civil War, 1861〜1865)に至るアンティ・ベラム期(antebellum period)

と呼ばれる時期，特にその最後の20年間は，合衆国ではそれまでの「農業共和国」(Agricultural Republic)に対する工業の挑戦が開始された時期であった(Bruchey〔1975〕Chap. 2〈石井・米田訳〔1980〕第2章〉)。植民地時代，特にニューイングランドでは，自営農民による自給的小農経営を母胎として，次第に局地的ないし地域的市場向けの商業的農業が発展する中で，毛織物工業や鉄加工業といった各種の工業が展開され，本国を必要としない自立的な経済構造をもつ定住型植民地が建設されていた。産業資本が発芽・成長し，合衆国における「産業革命」の揺籃の地となったのが，まさにこのニューイングランドであり，かかる急速な「工業化」の過程を初期に主導したのが，イギリスの場合と同様に，綿工業であった(鈴木編著〔1972〕228頁；石坂他〔1985〕216頁)。

　イギリスからの独立直後から，紡績機械の導入による綿工場設立の試みがニューイングランド各地で行なわれ，綿工場は1810年代には同地域に根をおろしていた。そして，1807年の出港禁止法(Embargo Act)と，第2の独立戦争ともいわれる第2次米英戦争(1812～1814)の時期に，アメリカの綿工業は急速な発展を遂げる。そして，綿工業を機軸に開始されたアメリカの「産業革命」は，綿工業に代表される消費財生産部門のみならず，鉄工業や機械工業(繊維機械・蒸気機関など)といった生産財生産部門にも波及し，1840年代～1850年代のわずか20年間に極めて多面的な展開をみせて，19世紀中葉には主要なアメリカ工業において工場制度が確立され，合衆国は，その当時「世界の工場」と呼ばれていたイギリスに迫る世界第2の産業資本主義国へと成長していった(鈴木編著〔1972〕236頁；清水(博)編著〔1986〕138-139頁)。

　合衆国の「産業革命」にみられる最大の特徴は，イギリスの場合と対照的に，海外市場に依存することなくほぼ全面的に国内市場に依拠して展開されたという点にある(清水(博)編著〔1986〕139頁)。かつての海外貿易の優位は崩れ去り，植民地時代からアメリカ経済の中枢に位置した総合商人は次第に歴史の舞台から退場する。そして，彼らが機能未分化のままで同時並進的に営んでいた海外貿易・国内商業・金融保険業・海運業などの多様な業務はそれぞれ独立・分化して，専門機能を担う新しい類型の専門的商人(specialized merchant)により遂行されるようになった(豊原〔1976〕64頁)。

かかる新しい商人層の中心になったのが，問屋商人(commission merchant, factor)に代表される独立の中間商人(middleman)であった。問屋商人は，国内市場における商品配給者として，当初はジェネラル・ストアキーパーを通じ，物々交換によって集荷され，後には北西部の諸都市に成立・発展した卸売市場を経由して集荷されてくる農産物の卸売業務や，国内工業製品の内陸地方への卸売業務，あるいは，南部プランターの綿花の輸出業務等に携わるなど，合衆国内の商品流通の基本的部分を構成し，少なくとも南北戦争期に至るまで主要な経済的統合者としての役割を果たしたのである(豊原〔1971〕155-156, 164, 195-196頁；同〔1976〕67-73頁；Porter and Livesay〔1971〕p. 8〈山中他訳〔1983〕8頁〉)。

　このような商人が営んだ企業の標準的形態は，通常は家族的つながりに基づく2～3名の親密な仲間により形成された小規模なパートナーシップであり，この種の企業形態が，地方の商店主から海港都市の大商人に至るまでのあらゆる形態の事業に利用されていた。当時の企業の小規模性は，通信施設と金融機関が未発達であった商業社会における少数の信用できる個人への依存という，当時の商人の基本的信条の反映であり，かかる信条を放棄することへの抵抗が，経済情勢の変化に対する選択を制限したのである。すなわち，彼らは，取引量が増大する中で，従来の多面的な事業活動を維持するために企業規模を拡大しようとはしなかったがゆえに，事業の範囲を縮小する以外に選択の余地はなく，その結果が先に述べた専門化であった。それゆえに，アンティ・ベラム期の商業資本主義のもとでは，企業の小規模性のゆえに，企業と所有者(＝資本主)との関係は極めて密接であり，端的にいえば，所有者が企業を経営し，経営者が彼らの企業を所有していた。したがって，かかる企業形態における会計の役割も，これに先行する時期と大きく異なるところがなかったのである(Porter and Livesay〔1971〕p. 21〈山中他訳〔1983〕26-27頁〉)[4]。

第4節　資本主義の確立と独占への移行

　南北戦争は，植民地時代から持ち越されてきた南部と北部との社会的・経済

的発展構造の相違に基づく利害の対立であり,その爆発ないし総決算であった(鈴木編著〔1972〕373-376頁；石坂他〔1985〕220頁)。この戦争が,経済力に優越した北部側の勝利に終わった結果,植民地時代から南部経済の基底を構成していたプランテーション奴隷制(plantation slavery)は解体を余儀なくされた。そして,南部は,拡大してゆく西部とともに,北部産業資本の利害によって再編成され,それに従属させられる部分と化した。すなわち,南北戦争前夜にあって,北部・西部・南部という三大地域,特に北部と西部という二大地域間の社会的・地域的分業により成立しつつあった統一的国内市場は,1869年に最初の大陸横断鉄道が完成されたのを初めとして,1880年代にかけて全国各地で建設された鉄道網とともに,全国的規模に拡大され,文字通りの統一的国内市場の成立に基づく自立的国民経済が確立されることになった(鈴木編著〔1972〕391-392頁；石坂他〔1985〕221頁)。

　南北戦争期から世紀転換期にかけての合衆国の経済,特に工業の発展は目を見張るものがあった。西漸運動(westward movement)の展開と農業生産の発展を基礎としつつ,工業部門では,南北戦争前の工業発展を主導した綿工業に代わる鉄鋼業の急速な成長がみられた。そして,かかる鉄鋼業に代表される生産財生産部門の確立によって,19世紀後半以降の合衆国経済の発展の基礎がすえられた。1890年には工業生産額が農業生産額を凌駕し,南北戦争前の農村的アメリカは都市的・工業的アメリカに大きく変貌するとともに,この時点で,合衆国はイギリスを追い越して世界第1位の工業生産国になっていた(鈴木編著〔1972〕407-414頁；同〔1988〕2,52-56,219頁；石坂他〔1985〕222-224頁)。

　南北戦争以前の合衆国における企業形態は,既述のように,個人企業ないし限定された個人の結合によるパートナーシップが基本であった。19世紀後半に至っても,個人企業ないしパートナーシップは広汎に存在した。しかし,運河会社や鉄道会社など,その設立・運営の当初から巨額の資本を必要とする企業の場合には,すでに建国当時から特許主義による株式会社形態が採用されていた。そして,このような特許会社の特権性に対する批判・反対運動の中から,準則主義による株式会社制度が次第に認められるようになり,南北戦争後,特に1875年までに,ほとんどの州で特許主義株式会社制度は過去のものとみなさ

れるほどに準則主義株式会社制度が一般化するに至った。そして，1870年代から1880年代を通じて，合衆国の製造業企業の法的企業形態は準則主義株式会社を基本とするようになっていた(鈴木編著〔1988〕47-51頁)。

19世紀後半，合衆国の産業資本主義は，拡大していく国内市場を中心に，生産と資本の集積・集中，企業形態の株式会社化によって極めて急速に発展した。その過程は激烈な競争を通じてであり，合衆国においては，産業資本の発達と自由競争の展開が，逆にその対立物としての独占へと転化する過程が典型的に示されることになる。すなわち，生産と資本の集積・集中により企業が巨大化するにつれ，諸種の形式による企業結合組織が形成されたのである(鈴木編著〔1972〕438-439頁；同〔1988〕56-57頁；清水(博)編著〔1986〕200頁)。

例えば，1873年の恐慌とそれ以後の不況に対応して，「プール」(pool)と呼ばれる，企業間のゆるやかな価格協定カルテルによる企業結合組織が現れる。しかし，プール協定では企業結合の強固な継続性を維持することが困難であったため，より強力かつより持続的な企業結合の形式が求められた。それが，1880年代に登場した「トラスト」(trust)である。トラストとは，参加企業がその株式を受託者団に預託し，単一の会社として生産・販売を統制し，独占価格を実現するという企業結合(＝支配集中)の形式であった。その最初のものが，ロックフェラー(Rockefeller, J. D.)により，1882年に成立したスタンダード・オイル・トラスト(Standard Oil Trust)であり，その後，主として消費財生産部門において次々とトラストが形成されていった(鈴木編著〔1972〕438頁；同〔1988〕56-58頁；石坂他〔1985〕224頁；清水(博)編著〔1986〕200-201頁)。

しかしながら，かかる独占的企業結合組織は，形成過程における独立業者へのさまざまな圧力と強制，結果としての独占的価格の設定と維持による市場支配等に対する社会各層からの批判と反撃を招いた。このような動きの中から，私的独占による自由競争の制限はコモン・ローにおける衡平原則(Equity)に反するがゆえに違法であるという考え方を基礎として独占禁止諸法が制定された。まず1887年に，グレンジャー運動(granger movement)に代表される農民層の不満を背景に西部諸州において既に州法として立法化されていた鉄道独占規制政策を連邦規模に拡大する形で州際通商法(Interstate Commerce Act)が制定さ

れ，鉄道業における州際通商での差別運賃や運賃プール，リベートなどが禁止された。また，1890年には合衆国の独占禁止政策の骨格となるシャーマン反トラスト法(Sherman Antitrust Act)が制定され，この法律の適用により先のスタンダード石油トラストは1892年に解体されたのである(鈴木編著〔1988〕58-59頁；清水(博)編著〔1986〕210-211頁；中村〔1991〕235-244頁)。

　独占禁止諸法や判決によるトラスト解体という事態に直面して，独占的大企業は新たな手段を講じる。株式保有による支配集中を行う「持株会社制度」(holding company system)である。先に解体されたスタンダード石油は1899年に持株会社として再組織され，また，1901年4月1日には，当時の基幹産業であった鉄鋼業において，ウォール街の金融資本家モルガン(Morgan, J. P.)の主導のもとにユナイテッド・ステイツ・スティール社(United States Steel Corporation：以下，USスティール社と略す)が純粋持株会社として成立する。アメリカ産業資本発展の集大成的企業であるカーネギー・スティール社(Carnegie Steel Company)を金融集団が買収し，これを中核として結成された巨大株式会社企業(ビッグ・ビジネス)の出現は，合衆国における金融資本主義体制の確立を象徴するものであった(鈴木編著〔1972〕438-439頁；同〔1988〕59頁；石坂他〔1985〕224頁；清水(博)編著〔1986〕201-202頁)。

第5節　USスティール社：巨大株式会社企業の財務報告

　19世紀末から20世紀初頭にかけての合衆国においては，それが「合併運動」(第1次合併運動)と称されるほどに，USスティール社の設立を含めて多数の企業合併が進行した。この過程で出現するビッグ・ビジネスは，一般に「トラスト問題」として総括される著しい社会的・経済的影響を引き起こしたのであるが，それは，会計の側面でも，記帳技術を扱う簿記では解決できない様々な問題を生起させた。例えば，個人企業やパートナーシップのそれと異なり複雑な構成を持つようになった巨大株式会社企業の資本，とりわけ企業結合に伴う過大資本化(overcapitalization)と資産の水増し(特に無形資産である暖簾

(goodwill)や特許権・商標権等の計上)の問題や，財務内容の公開，特に巨大持株会社とその傘下にある子会社(subsidiary companies)を含めた連結財務諸表の作成・公表の問題などである(本書の第8章や第9章を参照)。

次ページの〔図表6-2〕に掲げる US スティール社の1902年12月31日に終了した第1事業年度の株主向け公表財務諸表に含まれる貸借対照表(Condenced General Balance Sheet)は，上記の問題を典型的に表しているものといえる。

この貸借対照表に関わらしめながら US スティール社の財務報告の主要な特徴を記せば次のようになる。①貸借対照表を含めた同社の報告書は，詳細な補足的報告書に加えて，傘下の事業子会社の工場・鉱山等の写真を含めた，きわめて大部なものであること。②貸借対照表のみならず，損益計算書も含めて，純粋持株会社である US スティール社本体の個別財務諸表でなく，子会社を含めた連結財務諸表の体裁を採っていること。③資本金(Capital Stock)が普通株と優先株とに区分されて各々ほぼ同額の$5億超，計$10億を超える極めて巨額の金額で計上されていること。ただし，④資産の側に当時問題となっていた「暖簾」その他の無形資産の計上がみられないこと。さらに，⑤法定監査(強制監査)導入前にもかかわらず，プライス・ウォーターハウス会計事務所(Price, Waterhouse & Company)による外部監査の報告書が添付されていることなどである(United States Steel Corporation〔1903〕p. 25他)。

U. S. スティール社の設立をもたらした合併運動の渦中にあっては，企業結合を推進するために特殊な企業財務の方法が採られた。すなわち，被合併会社の株主に対して現物出資額に見合う優先株が発行されるとともに，合併の結果としての超過利益獲得への期待を資本化したものとして優先株とほぼ同額の普通株が発行される。そして，資本(貸方)の側における普通株相当部分に対応する資産(借方)の側については，①これに見合った額の「暖簾」等の無形資産を計上するか，②現物出資された有形固定資産を過大評価(＝水増し)するか，いずれかの方法で処理されたのである(Hatfield〔1909〕pp. 110, 168-169〈松尾訳〔1971〕106, 163-164頁〉; Stockwell〔1912〕p. 143)。

先の US スティール社の貸借対照表(資本金の内訳)はまさにこのような合併運動期の合衆国の巨大株式会社企業の会計実務を反映したものであり，同時に，

図表 6-2　US スティール社の

CONDENCED GENERAL BALANCE
ASSETS.

PROPERTY ACCOUNT :
 Properties owened and operated by the several companies ············ $1,453,635,551.37
 Less, Surplus of Subsidiary Companies at date of
  acquierment of their Stocks by U. S.
   Steel Corporation, April 1, 1901 ············ $116,356,111.41
 Charged off to Depreciation and Extinguishment
   Funds ·· 12,011,856.53　　128,367,967.94　$1,325,267,583.43

DEFERRED CHARGES TO OPERATIONS :
 Expenditures for Improvements, Explorations, Stripping and Development
 at Mines, and for Advanced Mining Royalties, chargeable to future
 operations of the properties ···　3,178,759.67

TRUSTEES OF SINKING FUNDS :
 Cash held by Trustees on account of Bond Sinking Funds······························　459,246.14
 ($4,022,000 par value of Redeemed bonds held by Trustees not treated as an asset.)

INVESTMENTS :
 Outside Real Estate and Other Property·························· $1,874,872.39
 Insurance Fund Assets···　　929,615.84　　　2,804,488.23

CURRENT ASSETS :
 Inventories ·· $104,390,844.74
 Accounts Receivable ··　48,944,189.68
 Bills Receivable ··　　4,153,291.13
 Agent's Balance ···　　1,091,318.99
 Sundry Marketable Stocks and Bonds·····························　　6,091,340.16
 Cash ··　 50,163,172.48　 214,834,157.18

Audited and found correct.　　　　　　　　　　　　　　　　　　　　　　　$1,546,544,234.65
 PRICE, WATERHOUSE & CO.,
    Auditors.

出所： United States Steel Corporation〔1903〕p. 25.

貸借対照表（1902年12月31日）

SHEET, December 31, 1902

LIABILITIES.

CAPITAL STOCK OF U. S. STEEL CORPORATION：		
Common	$508,302,500.00	
Preferred	510,281,100.00	$1,018,583,600.00
CAPITAL STOCKS OF SUBSIDIARY COMPANIES NOT HELD BY U. S. STEELCORPORATION (Par Value)		
Common Stocks	$44,400.00	
Preferred Stocks	72,800.00	
Lake Superior Consolidated Iron Mines, Subsidiary Companies	98,714.38	215,914.38
BONDED AND DEBENTURE DEBT：		
United States Steel Corporation Bonds	$303,757,000.00	
Less, Redeemed and held by Trustee of Sinking Fund	2,698,000.00	
Balance held by the Public	$301,059,000.00	
Subsidiary Companies Bonds $60,978,900.75		
Less, Redeemed and held by Trustees of Sinking Funds 1,324,000.00		
Balance held by the Public	59,654,900.75	
Debenture Scrip, Illinois Steel Company	40,426.02	360,754,326.77
MORTGAGES AND PURCHASE MONEY OBLIGATIONS OF SUBSIDIARY COMPANIES：		
Mortgages	$2,901,132.07	
Purchase Money Obligations	6,689,418.53	9,590,550.60
CURRENT LIABILITIES：		
Current Accounts and Payable and Pay Rolls	$18,675,080.13	
Bills and Loans Payable	6,202,502.44	
Special Deposits due Employes and others	4,485,546.58	
Accrued Taxes not yet due	1,051,605.42	
Accrued Interest and Unpresented Coupons	5,398,572.96	
Preferred Stock Dividend No. 7, payable February 16, 1903	8,929,919.25	
Common Stock Dividend No. 7, payable March 30, 1903	5,083,025.00	49,826,251.78
Total Capital and Current Liabilities		$1,438,970,643.53
SINKING AND RESERVE FUNDS：		
Sinking Fund on U. S. Steel Corporatin Bonds	$1,773,333.33	
Sinking Funds on Bonds of Subsidiary Companies	217,344.36	
Depreciation and Extinguishment Funds	1,707,610.59	
Improvement and Replacement Funds	16,566,190.90	
Contingent and Miscellaneous Operating Funds	3,413,783.50	
Insurance Fund	1,539,485.25	25,217,747.93
BOND SINKING FUNDS WITH ACCRETIONS：		4,481,246.14
Represented by Cash, and by redeeemed bonds not treated as assets (see contra).		
UNDIVIDED SURPLUS OF U. S. STEEL CORPORATION AND SUBSIDIARY COMPANIES		
Capital Surplus provided in organization of U. S. Steel Corporation	$25,000,000.00	
Surplus accumulated by all companies since organization of U. S. Steel Corporation	52,874,594.05	77,874,597.05
		$1,546,544,234.65

資本の側に優先株と普通株の「二倍化現象」が認められるにもかかわらず，資産の側に無形資産の計上が表面上みられないのは，それが有形固定資産の過大評価により処理されたことを物語っている(清水(泰)〔2003〕200頁)。

なお，同社が，強制開示が制度化される以前の段階において，外部監査人による監査報告書を添付した形での詳細な財務内容の公開に踏み切った背景には，財務報告が，従前のようなパートナーシップにおける組合構成員(＝資本主)の間での機能分化に伴なう業務執行担当組合構成員の受託責任の解除をその目的とする内部的役割から，株主(＝資本主)のみならず，広く一般大衆ないし社会を視野に入れた外部報告の段階へと展開しつつあることを反映している。特にU. S. スティール社の場合には，合併運動を経て誕生したビッグ・ビジネスに対する社会的不信ないし反感に対してパブリシティ(publicity)をもって対応ないし宥和しようとする同社経営陣，特に「大衆が会社を所有し，会社のために働いているので，大衆はその業務に関して十分な情報を得る権利がある」(Hession et al.〔1956〕p. 201)という認識をもった近代的経営者ゲーリー(Gary, E. H.)の主導があったものと考えられる(山地〔1994〕174-184頁)。

合衆国における「会計学」(＝近代会計学)の誕生は，上述のような19世紀から20世紀への転換期に生じた合併運動とビッグ・ビジネスの形成という特殊なアメリカ的な要因と不可分のものである。合衆国で最初に「会計学」の正教授となった人物として著名なハットフィールド(Hatfield, H. R.)は，その著書『近代会計学』(*Modern Accounting*, 1909)において，当時の「アメリカの株式会社の会計は疑わしい実務で満ちており，時として原理的に不完全で，その結果を誤らせるものであった」(Hatfield〔1909〕p.vii〈松尾訳〔1971〕xi頁〉)という認識を示し，株式会社会計にかかわる諸原理を提示しようとしている。そして，同書の内容に関して，彼が「討議された問題のほとんどは株式会社の貸借対照表と株式資本金に関連する問題と関連を有している」(Hatfield〔1909〕p. 356〈松尾訳〔1971〕333頁〉)と記していることからも明らかなように，当時の合衆国にあっては，記帳技術を対象とする「簿記」(bookkeeping)から今日的な意味での「会計」(accounting)への大きな展開と，これに関する知識体系としての「会計学」の

誕生をみる。その意味で、「会計学」(＝アメリカ会計学)はまさに当時の合衆国の社会経済的環境の申し子といえるであろう。[9]

注

(1) 例えば、コネティカットでジェネラル・ストアを営んでいたスタントン(Stanton, A.)の会計記録(1796～1801)によれば、現金販売が30％未満、即時的な物々交換によるものが10％超、そして、残りの60％超が信用販売であった。しかも、信用販売のうち、現金で決済されたのは1/3のみで、残る2/3はブックキーピング・バーターのような間接的な形態で決済されていたと推測されている(Baxter [1956] p. 274；cf. 同[2004] p. 133)。
　なお、プレヴィッツ＝メリノ(Previts, J. G. and Merino, B. D.)は、植民地時代から合衆国初期にかけての時代を、上記のような当時の会計の特徴を捉えて、「バーター会計」の時代(a period of "barter accounting")と呼んでいる(Previts and Merino [1998] p. 26)。

(2) 簿記、特に複式簿記の知識を合衆国に伝播させる主要な媒体の1つであった簿記解説書は、経済的・文化的絆のゆえに、18世紀当時のイギリス本国における代表的簿記書であったメイヤー(Mair, J.)の *Book-keeping Methodiz'd* (1736)やその改訂版にあたる *Book-keeping Moderniz'd* (1773)などが北アメリカ植民地に移入されている。また、独立革命後は、サージャント(Sarjeant, T.)の *Introduction to the Counting House* (1789)やミッチェル(Mitchell, W.)の *New and Complete System of Book-keeping* (1796)などを先駆けとして合衆国内でも複式簿記の解説書が出版されるようになる(Previts and Merino [1998] p. 45；Sheldahl [1985] pp. 8-17)。

(3) プレンティス商会の沿革や会計事情の詳細については、Coleman *et al.* [1974]を参照されたい(See also Riley [1968]；久野(光) [1985]第4章；中野他[1993]第3章Ⅱ)。

(4) 1820年に出版されたベネット(Bennett, J.)の *American System of Practical Book-keeping* は、アメリカ人により著された簿記書の中で最初に広汎な評判と売上を獲得したといわれる。また、この当時の簿記・会計教育を担っていた商業専門学校(commercial college)や実業専門学校(business college)での使用を目的とした教科書として、例えば、フォスター(Foster, B. F.)の *Concise Treatise on Commercial Book-keeping* (1836)やジョーンズ(Jones, T.)の *Principles and Practice of Book-keeping* (1841)なども出版され、当初はイギリスの影響を受けながらも、徐々に簿記の教示面において合衆国独自の工夫・改良が展開されるようになる(McMickle and Jensen (eds.) [1988] p. 225；中野[1992]第6章；see also 久野(光) [1985]第7章)。

(5) 南北戦争後から19世紀末までは、従前と同様に専門学校が簿記・会計の教育の場となっており、そこでの利用を目的とした解説書が出版されている。ブライアント＝ストラットン＝パッカード(Bryant, H. B, Stratton, H. D. and Packard, S. S.)によるグレード別3部作や、フォルサム(Folsom, E. G.)の *Logic of Accounts* (1873)はその代表例にあたる。特にスプレイグ(Sprague, C. E.)の *Philosophy of Accounts* (1908)は、20世紀初頭までに合衆国に現れた簿記教科書の集大成的存在として位置づけられる。しかしながら、当時の簿記解説書の中で株式会社会計にかかわる問題が論じられることはほとんどなかった(中野[1992]第7・8章；see also 久野(光) [1985]第8～11章)。

(6) ただし、「トラスト問題」というときの「トラスト」とは、前節で言及した狭義の意

味での「トラスト」ではなく，広義，つまり，独占的価格を行使する能力をもつ産業上の独占を意味する(Jones〔1921〕pp. 1-2 ; see 清水(泰)〔2003〕第2章)。

(7) U.S. スティール社自身による資産評価額が＄14.57億であるのに対して，1902年時点での有形資産価値は＄6.82億，あるいは，子会社の諸証券の市場価格に基づく有形・無形資産価値は＄7.93億であり，いずれの数値を採ってもその差額が水増しということになる。そして，かかる過大資本化部分の水抜きは1910年まで引き継がれることになったといわれる(黒川〔1993〕pp. 21-22)。

(8) 「パブリシティ」という考え方は，当時の合衆国にあって，ビッグ・ビジネスの登場に伴なう「トラスト問題」(広義)を矯正する唯一の手段とみなされていた。かかる「トラスト問題」をめぐって1899年にシカゴで開催された「シカゴ・トラスト会議」(Chicago Conference on Trusts)に出席したハットフィールドも，株式の水割りや失業・搾取・腐敗といったトラストの弊害を矯正する手段として，もっとも一般的で，直接的な反対にあわなかった唯一の提案こそが，「会計情報のより多くの公開」(greater publicity of public accounts)であることを指摘している。しかも，かかる「パブリシティ」の主張は，上記の会議に参加していた他の学界人，例えば，経済学者のクラーク(Clark, J. B.)の論稿にも共通して見出される(Hatfield〔1899〕pp. 8, 11 ; see also Clark〔1900〕)。

(9) ハットフィールドの *Modern Accounting* の内容の詳細については，中野〔1992〕第9章を参照されたい(See also 山地〔1994〕第6章Ⅳ)。

　また，複式簿記の伝播から近代会計学の誕生に至る合衆国における会計史の概要については，例えば，中野〔2003〕を参照されたい(See also 中野〔1992〕第6〜9章；中野他〔1993〕第1〜3章)。

(中野　常男)

第7章

日本の伝統簿記と洋式簿記の導入

－日本簿記史－

本章のねらい
1．日本の伝統簿記とはどういうものであるのか。
2．明治時代の初めに発刊された洋式簿記書はなにがあったのか。
3．洋式簿記はどのように導入されたのか。

第1節　わが国の伝統簿記

　周知のように現在使われている簿記は，明治時代に西洋からわが国に導入されたものである。わが国にも「帳合」と呼ばれる独自の簿記が存在した(現在では帳合法，和式簿記，我国固有の簿記法等いろいろな名称で呼ばれているが，本稿では伝統簿記と称す)。その代表的な帳簿が大福帳であるが，あまりいいイメージはない。大福帳的というと，ごちゃ混ぜというようなマイナスの意味合いで使われることが多い。しかしながら1600年代の前半に20年間わが国に在留した長崎出島のオランダ商館長カロン(Caron, F.)は，日本人は「伊太利流の簿記法を知らないが，勘定は正確で，売買を記帳し，一切が整然として明白である」と述べている(幸田訳〔1967〕188頁)。
　わが国の商人はいったいいつ頃から商業帳簿を付けていたのであろうか。わが国の伝統簿記について研究者が発表した論文で最も早いものは，大森研造が

1921(大正10)年に発表した「我国在来の商業帳簿」であると思われる。その中で大森は,「我国在来の帳簿が支那より伝来せしものなることは疑ひなかるべく,……吾人の考証せし所によれば集古文書に見えたる永正17年(1520年引用者)の土倉帳(トクラ)を以て史籍に表はれたる我国最古の商業帳簿なりとす」(大森〔1921〕120-121頁)と,記録上で最古の商業帳簿は「土倉帳」であると述べている。土倉とは質屋のことであり,したがって「土倉帳」とは質屋の台帳である。つまり貸付金とか売掛金といった債権簿のことである。おそらく商業帳簿の起源は備忘記録として始まり,債務は相手方が必ず記録するので,商業帳簿はもっぱら債権のみを記したのではないかと思われる(宮本〔1957〕87-88頁)。

　それではわが国で現存する最古の商業帳簿は何であろうか。それは伊勢富山家の1615(元和元)年から1640(寛永17)年までの正味身代(純財産)の増減を,25年間に渡って記録した「足利帳」である。その記録の形式は,前年の正味身代(自己資本)に「利足」(純利益)を「引合」(加算)して,当年の正味身代を算出し,欠損の年は「ふ足」(純損失)を,前年の正味身代から「引合去」(減算)している。したがってこの階段では財産計算のみが記載されていて,損益計算の記録は未だなされていない(河原〔1990〕8-10頁)。

　このようにわが国においてもかなり早くから商業帳簿が付けられていたのであるが,江戸時代,わが国の商人たちはいったいどのような帳簿を付けていたのであろうか。それを知る重要な文献として,明治時代初期に,太政官(政府)が商法典を編纂するための準備として,全国の商慣習を調査させ,編集した商法編纂局編『商事慣例類集』というものがある。それを見ると東京,横浜,京都,大阪,兵庫などでは,だいたい7種類から9種類くらいの似通った帳簿が使われていたことが分かる。例えば大阪の場合,大福帳,買帳,売帳,注文帳,金銀出入帳,金銀受取帳,荷物渡帳の7つを商業上欠くべからざる帳簿として挙げ,商業の繁閑により便宜上その1種類を2,3種類に分けたりすると書かれている。そして「畢竟(ひっきょう)売買の両帳及び金銀出入帳の三種を以って,緊急とし,これを大福帳に於いて総括するものにして,他の帳簿は取扱いの一部分を記するに外ならざるなり」としている(瀧本〔1930〕33-52頁)。なお,ここでいうところの「大福帳」とは一種の美称であり,売掛金元帳のことである。

西川孝治郎は，このようなわが国の伝統簿記について，次のような特徴が見られると述べている（西川（孝）〔1974〕12頁）。
① 帳簿は和紙を二つ折りにし長綴裁切にしたものと，用紙を四つ折りにし20枚ばかりを一綴にし，これを多数積み重ねて綴り合わしたものとがある。
② 用紙は無罫で，出入を記入する如き場合には出または入の字を書いて区別する。
③ 数字は日本数字で五百六十七円等の如く在来の記数法による。
④ 無論筆墨による縦書きである。
⑤ 多数の帳簿に分かれ総勘定元帳に当たるものはない。

　ここで注意しなければならないことは，伝統の簿記法が「そろばん」を前提にしているということである。なぜなら漢数字では，筆算ができない。その上勘定形式ではないので，帳簿の途中で足したり引いたりしなければならない。さらに江戸時代には金貨（両・分・朱），銀貨（匁・分・里），銅貨又は銭（貫・文）の3種と藩によっては藩札（紙幣）が流通しているので，それがそのまま記帳され，換算という問題も起こってくる。したがって，とても「そろばん」抜きでは記帳できない。先に述べたカロンも「彼らの計算は細い棒の上に円い小玉を刺した板の上で行われる（支那人の使用するものと同様であるが，それより大きい）。加減乗除比例まで整数分数とも出来，そうして和蘭におけるよりも，また速算家でない尋常の和蘭人が計算するよりも，一層迅速正確である」と述べている（幸田訳〔1967〕188頁）。

　ただし5番目の点に関しては，第2節で述べるように中井家の「大福帳」など総勘定元帳の働きをする帳簿も見受けられるので一概には言えない。これについては後述する。

第2節　複式決算簿記

　昭和の時代に入ると新しい史料（古文書）が続々と発見され，それらが研究されることによって様相は一変する。

まず，その先駆けとなったものが平井泰太郎と山下勝治により調査研究された出雲帳合である。事の発端は1936(昭和11)年5月30日附けの大阪毎日新聞に「其の勘定方法は，複式簿記と等しくする両面勘定に依る」という記事が掲載されたことにある。出雲帳合とは，島根県飯石郡吉田村に600年以上続いた旧家，田部家の帳合のことであり，その特長である「両面勘定」というのは，「出目金座」という損益計算の結果と，「惣差引座」という財産計算の結果が一致する決算構造になっているということである。この事実が，わが国にも西洋式の複式簿記に匹敵する簿記法が存在したのではないか，という気運が芽生えさせたのではないかと思われる。

　その後多くの研究がなされ，発表された。その中で昭和30年代半ばに発表された小倉榮一郎の近江商人，中井家の帳合法に関する研究は画期的なものであったと思われる。なぜなら帳簿組織を含めた詳細な分析も行なわれているからである。次頁の〔図表7-1〕のように中井家では，「大福帳」が総勘定元帳の働きをし，その各口座の金額は順序を正しながら精算表にあたると考えられる「店卸下書」という長帳に集められる。この長帳の前半では財産計算が行なわれ，後半では損益計算が行なわれる。また，商品棚卸や費用の期間修正もこの表の上でなされる。そしてこの「店卸下書」に基づいて「店卸目録」と呼ばれる決算報告書が毎年作成され，全国にある支店から日野の本家へ送られていた。小倉は，このような帳合法を「多帳簿制複式決算簿記」と名づけている。

　また同じく昭和30年代には，伊勢商人，長谷川家を詳細に研究した北島正元編著『江戸商業と伊勢店』が発刊されている。その中で松本四郎は，長谷川家江戸店の貸借対照表にあたるものが「店算用目録帳」であり，損益計算書にあたるものが「大黒」であるということ，ならびに多額の貸倒引当金や海損引当金が設定されていることを明らかにしている(松本〔1963〕174-177, 189, 386, 425頁)。

　このほかにも数多くの研究がなされている。ただしその多くは算用帳(決算報告書)の分析を主とするものである。それは算用帳の類は残っているが，それを作成するための日常の帳簿類はほとんど残っていないからである。残っていても年度がばらばらで，帳簿組織の分析には使いにくかったりする。これは

図表 7-1　中井家の帳簿組織

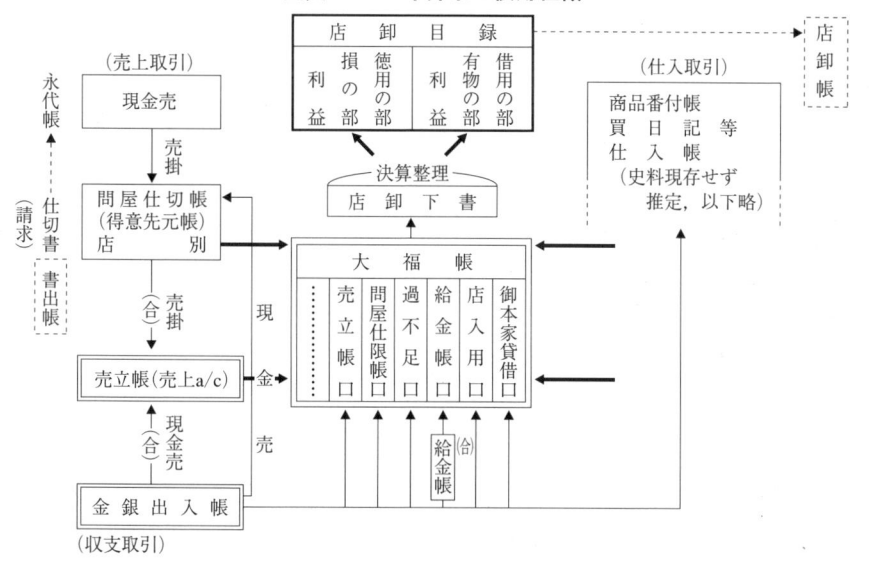

（図表省略）

□ … 原始記入簿　□ … 会計計算簿　□ … 決算簿　□ … 補助的覚書類（本図解では省略した）
→　日常記帳　毎日記帳することを意味し，取引ごとの個別記帳はそのままの線で示し，会計転記をする場合は（合）の記号を添える。
➡　決算記帳　決算のために行なう記帳関係。
--→　その他　簿記記入でない記帳。
◀-▶　突合関係，帳合わせで突合わせをする関係を示す線である。この図解では記入事項を示していないので，この表示は省略される。
出所：小倉〔1980〕100頁。

1度使われた帳簿が，解体後裏返しにされて再生帳簿として利用され，さらに反古紙が襖の下貼りや紙縒りの材料などに用いられたためである（西川（登）〔2004a〕3頁）。もちろん天災や災害，それに第2次大戦の空襲によって消失したものも多いのではないかと考えられる。

　また，これらの研究は経済史，経営史などの研究者によるものが多い。なぜなら原始資料（古文書）を整理し，解読するという作業は歴史の専門家でないと至難の技だからである。会計の研究者によるものが[2]，先に述べた小倉の研究のほかに，河原一夫の『江戸時代の帳合法』と西川登の『三井家勘定管見』が大作である。河原の著作は伊勢商人富山家の研究を主とし，そのほか多くの商家の帳合法についての研究が行われている。さらに付録で，井原西鶴と江戸時

代の商業帳簿や,忠臣蔵の大石内蔵助の金銀請払帳,それに新撰組の近藤勇の金銀出入帳について興味深い言及が行われている。また西川は三井家の帳合法について,初期のものから完成期のものまで詳細な研究を行っている。さらに近年,西川による『三井家勘定管見[資料編]』の出版は,三井家の家政と事業の統括機関であった「大元方(おおもとかた)」と「大坂両替店」の主要簿(仕訳帳と総勘定元帳)から決算書に至る流れを,活字により確認できることを初めて可能にしたものである。

さて,このような一連の研究から第1節で挙げた特徴のほかに,次のようなことが明らかになってきた。

第1番目に多くの豪商が,財産計算と損益計算の両方を行なう複式決算構造の決算書を作成していることである。その中で最古のものは,鴻池家の1670(寛文10)年の「算用帳」である。そこでは,①期末資産合計-期末負債合計=期末正味身代(有銀)と,②期首正味身代+当期収益-当期費用=期末正味身代(有銀)という期末正味身代(期末資本)の二重計算がなされている。

第2番目に帳簿の名称や形式が家によってまちまちであり,複式決算の方法も違うということである。例えば第1節でも述べたように「大福帳」とは一般的には売掛金元帳のことであるが,中井家や三井家(おそらく鴻池家もそうであると思われる)の「大福帳」は総勘定元帳の働きをしていた。けだし,それはわが国最古の商業帳簿が,土倉帳という債権簿であり,江戸時代の会計帳簿も「大福帳」(売掛金元帳)中心に組み立てられていた。その大福帳には各債務者の口座が設けられていたわけであるから,それに決算書を作成するのに必要な口座を加えていった結果,総勘定元帳のようになっていったのではなかろうか。

他方,総勘定元帳のはたらきをする大福帳を持たない帳簿組織も見受けられる。この場合は,各帳簿を集めて決算書を作成するしかないわけである。例えば伊勢商人の川喜田家の決算書である『店算用之帳』には,所々に「……帳より」という貼紙が張ってあり,この決算書が貼紙に書かれている帳簿の金額を寄せ集めて書き上げられたことが分かる。したがって複式決算を行なっている商家でも,総勘定元帳を持つものと持たないもの,2種類の帳簿組織が存在したと考えられる(田中〔2002〕101頁)。

また決算書の形式にしても，長谷川家の「店算用目録帳」と「大黒」のように貸借対照表と損益計算書が別々になっている家もあるし，鴻池家の「算用帳」や三井家ように分かれていない家もある。また分かれていない場合でも，鴻池家のように期末正味身代（期末資本）を二重計算している家もあるし，中井家の「店卸目録」のように当期純利益を二重計算する家もある。ではなぜこのようなことが起こるのだろうか。それは伝統簿記が各商家の門外不出の秘宝であり，丁稚制度の中でOJTという方法を採って伝達されていったからではないかと考えられる。したがってもちろん教科書のようなものもないし，学校で教えられるということもなかった。このことは記帳が符牒(3)，つまり一種の暗号によってなされていたということによっても裏づけることができる。

　以上，伝統簿記の特徴について述べてきたわけであるが，最後にもう1つ考える点がある。それではなぜ，このような優れた帳簿組織ができたのであろうか。もしかしたら洋式簿記の影響があったのではないかということである。江戸時代，長崎出島のオランダ商館では現在の簿記の教科書に出てくるものと，ほとんど遜色のない簿記法が行なわれていた（行武〔1992〕59-97頁）。また，輸入された書物の中からオランダ簿記書も見つかっている。しかしこれらはいずれも，伝統簿記に影響を与えなかったと見たほうが良いように思われる(4)。なぜなら貨幣経済が確立し，商業が発達してくると，どうしても資本と利益を分ける必要が生じ，そのために独自の簿記法が生じてきたのではないかと考えられるからである。しかしながら岩辺晃三は，16世紀後半にイタリア式簿記法が日本に伝播したという説を唱え，日本会計研究学会や紙面上を舞台として，西川（登）との間で論争が繰り広げられた(5)。事の真偽はともかくとして，会計史を考える上で一つの問題提議ではないかと思われる。

　いずれにしてもわが国の伝統簿記は，全国の中小商家における平凡簡素な帳簿形態と，少数・異例の巨商・豪商における多数帳簿による機能的構成により高度の会計目的を達成する精巧な帳簿形態から成っていたと考えられる。西川（孝）は，これを「和式帳合の二重構造」と名づけた（西川（孝）〔1971〕105頁）。

第 3 節　洋式簿記の導入と簿記書

　明治時代になると，政府は西洋諸国に一刻も早く追いつくために科学技術や経済制度を導入しようとした。洋式簿記もそれらに伴って入ってきた。横須賀製鉄所，造幣寮，富岡製糸所などでは洋式簿記が用いられた。しかしながらこれらの洋式簿記は，全国には広まってはいかなかった。それらは導入された場所だけで用いられただけであった。それよりもわが国の洋式簿記の導入に影響を与えたのは，次に掲げるような簿記書の発刊であると考えられる。

　まず福澤諭吉の『帳合之法』は，アメリカのブライアント・ストラットン・スクール (Bryant and Stratton School) の初級教科書 (*Bryant and Stratton's*) *Common School Book-keeping*, New York (1871) を翻訳したものである。初編 2 冊 (略式つまり単式) は1873(明治 6)年 6 月に， 2 編 2 冊 (本式つまり複式) は翌1874(明治 7)年 6 月の発刊であり，わが国で初めての洋式の簿記書である。内容的には日記帳から清書帳(仕訳帳)に記入しそれを大帳(総勘定元帳)に転記するという単一仕訳帳方式で，いわゆるイタリア式簿記と呼ばれるものである(原書には特殊仕訳帳の部分もあるが，福澤は翻訳していない)。福澤は『帳合之法』を著すにあたって当時の社会状況を鑑み，縦書きにし，数字は漢数字に〇を加えた位取り記数法を用いた。以後明治初期に著された簿記書は，ほとんどこの体裁を採ることとなった。

　ところで，この『帳合之法』の意義はその啓蒙性にある。巻之一の序文にあたる「凡例」では，西洋実学の尊重や，洋式簿記の必要性，さらには平民が学問(実学)することの重要性，などが書かれている。黒澤清は，『帳合之法』は「単に西洋式簿記法の技術を教えるために書かれたものではなくて，近代資本主義の精神を鼓舞するために書かれたものである」と述べておられる(黒澤〔1994〕 4 頁)。また『帳合之法』は，福沢の代表作『学問のすゝめ』との関連で見ることができる。福沢は『学問のすゝめ』の中で「されば今かゝる実なき学問は先ず次にし，専ら勤むべきは人間普通日用に近き学問なり。譬えば，……帳合の

仕方……」(初編)と実学の奨めと，その実学の1つに「帳合の仕方」を挙げている。また「故に世帯も学問なり，帳合も学問なり，……何ぞ必ずしも和漢洋の書を読むのみをもって学問と言う理あらんや」(2編)と，おそらくわが国で初めて簿記を学問と認めている。福澤は『学問のすゝめ』で人間の平等性と共に，学問の平等性を説いた。そしてその学問は，机上の空論ではなく実学でなければならない。その実学の代表として『帳合之法』を著したのではないのだろうか(黒澤〔1986〕13, 164-167頁)。『帳合之法』は主として学校教育の教科書として大いに利用され，影響を与えた。

　一方，大蔵省も1872(明治5)年8月「国立銀行条例」を制定し，近代的銀行業務の基礎固めに乗り出しており，そのためにイギリスの銀行の横浜支店に勤めるスコットランド出身のシャンド(Shand, A. A.)を招聘した。そのシャンドが口述したと伝えられる『銀行簿記精法』(5巻)が発刊されたのは，1873(明治6)年12月であった。第1冊の最初の頁には，編纂に関わった人の名前が書かれている。それによると，紙幣頭芳川顕正が督纂，シャンドが述，海老原済，梅原精一の二人が翻訳し，小林雄七郎，宇佐川秀次郎，丹吉人の三名が削補校正となっている。この内，小林，宇佐川，丹の3名は慶応義塾の出身である。「天下ノ事会計ヨリ重キハナシ……」という紙幣頭芳川顕正の有名な序文で始まるこの『銀行簿記精法』は，「日記帳」と「日締帳」を仕訳帳とする複合仕訳帳制を採る複式簿記であったので，わが国で最初の複式簿記書ということになる。久野秀男は，「大蔵省当局者は，この『精法』を，この年明治六年に創設された国立銀行の記帳のマニュアルとする目的で刊行した……後に153行の多数にのぼった国立銀行の手引書となった」(久野(秀)〔1992〕170頁)と述べている。シャンドの教えをうけた第一国立銀行の行員は，『銀行簿記精法』に説かれている方法を実地に適用して，日々の営業取引を会計帳簿に記録し，第1回の決算を行ない，半期決算報告書を作成し公表した。これがシャンド・システムによって作成された日本最初の決算報告書となった(近代会計制度百周年記念事業委員会〔1978〕(1)頁)。他の国立銀行も，第一国立銀行から簿記を学んでいった(西川(登)〔2004b〕40頁)。さらに『銀行簿記精法』は後述するように，大蔵省の銀行学伝習所などで民間会社の社員にも教育され広まっていったので，実務に大

きな影響を与えたと考えられる。

　また文部省刊の『馬耳蘇氏記簿法』(6)も多くの人に読まれた点では，前二者に劣らず洋式簿記を知らしめるのに役立ったといえる。文部省は近代学校制度の構築を目指して，1872(明治5)年に「学制」を発布した。その中の上等小学と中学の教科目として記簿法を置いている。そのため文部省も自前の教科書を編纂する必要に迫られ，発刊されたのが『馬耳蘇氏記簿法』(上・下)である。その第1冊が1875(明治8)年3月に，第2冊が同年10月に刊行されている。さらに翌1876(明治9)年9月には『馬耳蘇氏複式記簿法』(上・中・下)も刊行されている。これはアメリカのマルシュ(Marsh, C. C.)の *A Course of Practice in Single-entry Book-keeping,* New York (1871)と *The Science of Double-entry Book-keeping,* New York (1871)の翻訳である。翻訳者は慶応義塾出身の小林儀秀である。小中学校の教科書として最初のうちは，『帳合之法』が圧倒的に多かったと思われるが，徐々に『馬耳蘇氏記簿法』と『馬耳蘇氏複式記簿法』にその座を奪われることとなった。小学校と初等中学校では単式が，高等中学校では複式が用いられたようである。四方一瀰は，明治15〜16年頃，全国の府県が中学校教則大綱に基づいて，どういう教科書を採択し認可を受けたかという調査を行った。それによると教科書が判明した府県30の内，23の府県が『馬耳蘇氏記簿法』または『馬耳蘇氏複式記簿法』を加えた両者を採択している。2番目は『帳合之法』の4県であった(四方〔2004〕379-380頁)。

　以上のほかにも明治初期には多くの簿記書が発刊されたが，すべては紹介できないので特徴的なものを挙げておく。まず1873(明治6)年10月発刊の加藤斌『商家必要』はわが国第2の洋式簿記書である。イギリス人イングリス(Inglis, W.)の簿記書を翻訳したものである。この書の序文には，幕末に活躍した福井藩主松平春嶽が自筆で書いたものが掲載されている。愛知師範学校の教師であった栗原立一は，わが国で初めての翻訳書でない簿記書，『記簿法独学』(1876(明治9)年8月刊)を著している。三菱商業学校の教科書として書かれた森下岩楠・森島修太郎合著『簿記学階梯』(上・下)(1878(明治11)年10月3日刊)は重版が続き，多くの学校の教科書として用いられたと思われる。またフォルソム(Folsom, E. G.)の *Logic of Accounts,* New York (1873)の翻訳である図師民嘉『簿

記法原理』(1878年(明治14)年)も同じように多くの人に読まれたと思われる。さらにこれらに加えて海野力太郎の著した『簿記学起原考』(1886(明治19)年9月)はわが国で初めての簿記史に関する本である。西川(孝)は，当時簿記の歴史は西洋諸国においても数学史や商業史の1部として取り扱われていたから，単行本の簿記史としてはフォスター(Foster, B. F.)の簿記書(1852年)に次いで，世界中で最も早いものの1つであると評価している(西川(孝)〔1974〕326頁)。

しかしながら，これらの簿記書は教育機関と結びついて初めて意味を成すものであるので，次節においてはその教育機関について述べることとする。

第4節　洋式簿記の導入と教育機関

我国の洋式簿記の導入に影響力のあった教育機関として，まず大蔵省が1874(明治7)年4月に，銀行業に必要な人材の養成と，関係文献の翻訳を主要任務として紙幣寮の中に設立した銀行学局が挙げられる。これはシャンドの薦めによるものであった。もちろんシャンドも講師として教壇に立ち，『銀行簿記精法』も教科書として用いられた。学課目は簿記の他，経済学大意(洋書使用)，銀行条例(訳書使用)，銀行簿記精法記入，算術，銀行書，翻訳，簿記法，算術(すべて洋書使用)，銀行史，銀行条例，商法学(洋書使用)であった(西川(孝)〔1974〕194-195頁)。この銀行学局は，1876(明治9)年7月に廃止されるが，その後も銀行学伝習所，簿記学伝習所，銀行事務講習所と名称を変えながら，1886(明治19)年3月まで開設され，合計961名の受講者を数えた。これらの受講者は官・民多方面にわたっており，同局は洋式複式簿記の全国的な浸透に大きく関与したと考えられる(北井〔1999〕159頁)。

商法講習所(一橋大学の前身)は，1875(明治8)年9月，森有礼(後の文部大臣)が資材を投じて東京に建設したものである。ここで商法とは商売のやり方というような意味である。講習所設立のため森は富田鉄之助(後の日銀総裁)とともに福澤に要請し「商学校ヲ建ルノ主意」を書いてもらっている。アメリカのブライアント・ストラットン・スクールの1つであるニューアーク商業学校の校

長であったホイットニー(Whitney, W. C.)が招かれ，簿記，商業算術，商業文，経済大意などすべての授業が英語で行なわれた。簿記の教科書としては『帳合之法』の原書のほか，同じブライアント・ストラットン・スクールの上級教科書(*Bryant and Staratton's*) *Counting House Book-Keeping*, New York (1863)や，先に紹介したフォルソムの *Logic of Accounts*，さらに『帳合之法』も用いられた。[7]またパッカード(Packard, S. S.)の著書 *Manual of Theoretical Training in the Science of Accounts*, New York (1868)をリプリントした『商用簿記法初歩』は，わずか47ページの簡易教科書ではあるにもかかわらず，『簿記学階梯』に大いに影響を与えたし，また中に書かれている格言は『簿記法原理』や『簿記学起源考』の扉頁に引用されるなど，啓蒙的な意味でも大いに影響を与えたと考えられる。

その後商法講習所は，東京高等商業学校，東京商科大学へと発展し，わが国への洋式簿記法の導入，さらには会計学の導入に大いに貢献することとなった。

わが国で2番目の商業学校である神戸商業講習所は，1878(明治11)年1月，兵庫県令，森岡正純と福沢諭吉の協力により設立された。東京の商法講習所が外国人の教師で，洋書を教科書にしたのに対し，神戸では日本人の教師で，日本語の教科書が用いられた。創立当時の教則には「本式略式帳合法」という科目が見られ，その1項には，「我旧法神戸ノ書風ヲ模スノ書体ヲ以テ我旧習ノ記帳ヲ然而シテ其勘定ノ解得セシム」とある。2項以下では『帳合之法』や『銀行簿記精法』が用いられていることが分かる。1878(明治11)年11月には教師藤井清も『略式帳合之法附録』と『和欧帳面くらべ』の2冊の簿記書を著している。前者は福澤の『帳合之法』に範をとった単式簿記書であるが，決算書である「総勘定表」は，総勘定元帳から作成されるのではなく，色々な帳簿の数字を持ってきていることから考えて，和洋折衷の簿記書ではないかと考えられる。また後者は『銀行簿記精法』を真似ているが，同じ取引を和式と洋式で記帳していき，両者の違いを理解させるために書かれたものであると思われる。

この神戸の簿記教育の特色は，1886(明治19)年6月の学科課程表(この時点では文部省の管轄になっており「県立神戸商業学校」と称している)を見ると一層鮮明となる。「簿記」は第1年では「和式帳合法」「単式簿記法」「複式簿記法」を第2年では「複式簿記法」「銀行簿記法」を，第3年では「銀行簿記法」「簿

記学原理」という形で教えられている。つまり生徒の理解度を勘案して，初めは和式から入り，次に洋式の単式，そして複式に至るという教育課程を取っている。この簿記の教授法はわが国独自のものであり，以後，各地に設立されるほとんどの商業学校に影響を与え，導入されていった。

　また先に見たように，文部省は「学制」を発布し，全国の小学校や中学校で，簿記を教育することとした。その学校の教師を教育するのが師範学校であり，その師範学校の中で最も古く，中心になっていくのが東京師範学校である。東京師範学校の1873（明治6）年6月の選定学科を見ると初級2級に「記簿法　ペーソン単記」とあり，上等1級にも「記簿法　複記」とあり，早くも記簿法が教えられていたことが分かる。ここで「ペーソン単記」とは，*Book-Keeping by Single Entry: For Common Schools: Adapted to Payson, Dunton & Scribner's combined system penmanship*, by L. B. Hanaford, A. M., and J. W. Payson, 1871ではないかと思われる。しかしながら実際には『帳合之法』や『馬耳蘇氏記簿法』が使われていたと思われる。なぜなら全国の小中学校において教科書にされたのがこの2書であったからである。いずれにしても師範学校→小中学校での簿記教育という図式で，洋式簿記の普及の一助になったことは確かである。[8]

第5節　伝統簿記と洋式簿記

　以上，わが国の伝統簿記と，洋式簿記がわが国に導入されてきた経緯について考察してきた。そしてわが国の伝統簿記の中には，洋式簿記に勝るとも劣らない帳簿組織を持ったものもあったということは明らかとなった。

　それではなぜ，そのような伝統簿記が明治時代に入ってきた洋式簿記に取って代わられていったのか。それは先にも述べたように各商家の帳合が，門外不出の秘法であり徒弟制度の中で教育され，学校でも教えられなかったし，テキストのようなものもなかったからである。つまり汎用性がなかったからである。これに対して洋式簿記は『スムマ』(1494)の発刊以来，簿記書もたくさん出版されていたし，学校でも教えられていた。その上当時のグローバル・スタンダー

ドであったからである。また、さらにそれに拍車をかけるものとして、『帳合之法』の発刊が追い討ちをかける結果となったのではなかろうか。すなわち『帳合之法』の序文には、「諸方大家ノ帳合ヲ見聞スルニ何レモ皆混雑多ク、一商家ノ棚卸ニハ店中惣掛リニテ二箇月ヲ費シ尚不分明ナルモノ多シ。帳合ノ宜シカラザル証拠ナレドモ、今日ニ至ルマデコレヲ改正シタル者アルヲ聞カズ。一家ノ不便利ノミナラズ天下一般ノ不便利ト云フ可シ」と書かれているからである。このことは『帳合之法』が、黒澤をもって「あたかもイタリアのルネッサンスの時代に、世界最初のパチョーリの簿記論が、世に現れたのとほぼ同じ意義を明治初頭の時代に示したものといっても過言ではないと考えられる」(黒澤〔1967〕62頁)と言わしめたほどの影響力が大きかった分だけ、わが国の伝統簿記に対する評価を下げる結果となってしまったのではないのだろうか。

　洋式簿記は、『帳合之法』や『銀行簿記精法』それに『馬耳蘇氏記簿法』などの書物を通して、また銀行学局や商法講習所などの教育機関を通して、わが国に導入されていった。しかしながら注意しなければならないことは、それが一朝一夕に達成されたのではないことである。そこには先人の苦労があったということである。当時の人々にしてみれば、文字を左から横に書くという経験はなかっただろうし、アラビア数字も外国語と同じである。だから『帳合之法』も縦書きにしなければならなかったし、『銀行簿記精法』でさえ漢数字を横書きにしなければならなかったわけである。また商業学校の教育でも、神戸商業講習所で始まった「和式帳合法」から入っていく教育法が、全国各地の商業学校に広がっていったのも必然的ではなかったかと思われる。

　実際問題、洋式簿記は、大企業や銀行など伝統簿記が存在しなかった新興の企業から順次導入されていった。が、全国の中小商店では、伝統簿記がすぐに駆逐されていったわけではなく、相当長い間命脈を保った。昭和初期に発刊された『明治大正大阪市史』でも「商業帳簿の状況は尚明治・大正期には統一するに至らず、一方には不完全なる旧式記帳法根強く行はれ、他方には新式複式簿記法が漸次一般化し、或は並び行はれ、或は折衷混用せられ、帳簿の様式亦一定せざる有様である」(大阪市役所編〔1980〕329頁)と書かれている。小倉は「もし、戦後に、青色申告制度が実施されなかったら、この固有帳合法が再び復活

したかも知れないのである」と述べている(11)(小倉〔1980〕100頁)。

　この理由は，1つにはさきほどから述べているような日本の文化的要因と，もう1つは，西川(登)が述べているように，伝統簿記の技法が一般に思われているよりも高い水準にあった(西川(登)〔2004b〕42頁)ので，それで十分事足りていたからではなかろうかと思われる。

注

(1)　平井と山下による出雲帳合の研究については，平井〔1936〕と山下〔1936〕を参照のこと。

(2)　また会計の研究者以外で著書になったものとして，三和銀行員の竹内一男が伝統簿記に関するまとまった研究をし，多くの著作を出版している(竹内〔1972〕；同〔1973〕；同〔1986〕；同〔1998〕を参照)。

(3)　「これは，店の営業内容を外部の者にやすく知られないことを目的にしたものと思われるが，店によって，あるいは業種によって数字を文字や記号におきかえたものである。三井の『イ(1)セ(2)マ(3)ツ(4)サ(5)カ(6)エ(7)チ(8)ウ(9)シ(10)』(伊勢松阪越氏)，白木屋の『エヒスタイコタテム』(恵比寿大黒天)，大丸屋の『トウシユコハクケイツ』(司馬遷が史記の貨殖伝に記した，徳をもって巨富を築いたといわれる陶の朱公と周の白圭)，……など，店ごとに符牒が違い，鍵になる文句が不明の場合，読み取ることに苦労することがある」(林〔1969〕)。

(4)　西川(孝)によれば，静岡県の中央図書館葵文庫，九州の大名であった鍋島家，慶応義塾図書館に江戸時代に輸入された蘭文簿記書が残されているが，それらはわが国の社会には何の影響も与えなかった，述べている(西川(孝)〔1974〕4-7頁)。

(5)　この点について岩辺は日本会計研究学会の第47回と第50回大会で報告し，西川(登)との間で論争が行われている。岩辺の説は，岩辺〔1993〕と同〔1994〕にまとめられている。また，西川(登)も岩辺の説に対して疑問を発し反論を加えている(西川(登)〔1993〕序章)。

(6)　明治初期には，簿記のことを現在使われている「簿記」という名称の他に「帳合法」「記簿」の3つが用いられた。「簿記」は『銀行簿記精法』を見ても分かるように大蔵省訳，「帳合法」は福沢・慶応義塾訳，「記簿」は文部省訳といえる。文部省は「学制」を作成するに当たってフランスの学制を大いに参考にしている。それで西川(孝)は「記簿」はフランス語の tenue des Livres の訳語であると述べている(西川(孝)〔1974〕251頁)。簿記書のタイトルだけでなく教育機関の科目名もこの3つが使われた。例えば慶応義塾系列の学校のカリキュラム表を見ると「帳合法」が，小中学校では「記簿」が科目名としても用いられた。それが明治15～16年ごろから徐々に「簿記」に統一されていった。

(7)　1881(明治14)年5月の教則の中では，「簿記法　縦横共」という科目が設置されている(一橋大学学園史編集委員会編〔1983〕63-68頁。「縦」とは縦書きの簿記書，つまり『帳合之法』が教科書として使用されていたことが裏づけられる。なぜなら原書で使われていたものと同じ訳書を使うであろうからである。また商法講習所の夜間部においても『帳合之法』が使用されてことが伺われる。詳しいことは分からないが，現在慶応義塾大学に所蔵されている「商法講習所　夜学略則」には「福沢氏訳書　ブライアント氏　ストラトン氏　帳合法　略本式　共」とあるのがそれである(慶応義塾編〔1958〕)。

第7章　日本の伝統簿記と洋式簿記の導入　　135

(8)　ただし特に小学校では「記簿」が算術や作文の時間に教えられた所があった。それはアラビア数字自体が当時の人々にとっては外国語であるからであり，師範学校(イコール文部省)は洋算教育のために「記簿」を利用したと考えられるふしがある。数学者の武田楠雄は，明治維新期に洋算か和算かの岐路に立った時，簿記が洋算の一決定要因になったと言い切っている(田中〔2003〕)。

(9)　今では普通に使われているアラビア数字も，明治初期にはほとんどの人が読めなかったと思われる。1889(明治22)年生まれの太田哲三でさえ，「父ですら銀行の通帳が読めなくて，一々それをたて書に直させた」と述べている(太田〔1956〕57頁)。

(10)　西川(登)は，洋式簿記の我国への導入過程を究明するために約300社の社史を調査し，その研究成果を公表している(西川(登)〔1996〕)。

(11)　また三代川正秀は，伝統簿記は現在，完全になくなったわけではなく第2次世界大戦後の『中小企業簿記要領』の中に取り入れられ，現在の中小企業の青色申告記帳組織に受け継がれているという説を述べている(三代川〔2004〕)。また『中小企業簿記要領』と伝統簿記の関係については，岩辺も指摘している(岩辺〔1987〕)。

(田中　孝治)

第Ⅱ部

株式会社制度の普及と企業会計
(19世紀末〜20世紀前半)

第8章

企業集団の形成と連結財務諸表

本章のねらい

　本章においては，アメリカの鉄道会社において生成した連結財務諸表が，①産業会社において採用され一般化していく過程に関して，その背景，経過および要因について検討すること，ならびに，そのことから，②歴史の有する"必然性と偶然性"について理解することをその目的としている。

第1節　はじめに ── アメリカにおける連結財務諸表の生成 ──

　アメリカにおいて連結財務諸表は，産業会社よりも早く鉄道会社において生成したものと考えられる。しかもその場合に，鉄道会社において公表された連結財務諸表には，連結会計として萌芽的な形態のものからより洗練された発達した形態のものまで含まれており，そこから，連結会計の発展の道筋として，親子会社の貸借対照表合算→資本連結なき資産・負債連結の生成→その克服としての重複分の控除，という過程が想定されうるのである。そして，かかる連結会計の生成過程および連結会計と本支店会計との簿記手続き上の類似性から見て，連結会計は本支店会計をもとに展開されたものといいうるであろう。

　しかもここにおいて，鉄道会社において連結会計が生成した理由として，①鉄道会社における持株会社の早期発達，②鉄道業における経営上の同質性という2点を挙げることができる。すなわち，鉄道会社に対しては特別立法により持株会社の採用が例外的に早期に認められていたこと，また，鉄道業において

は親子会社といっても営業内容は同質的であり，一体的に経営が行なわれていたことがその要因であったといえるのである。したがって，鉄道会社は複数の法的実体から構成されていたとしても，実質的には単一の会社すなわち合併会社(経済的実体)とみなされることになり，連結財務諸表がそこにおける経営管理目的を担うことになった。

　また，鉄道会社の連結財務諸表においては，全部所有またはそれに近い所有の子会社のみが連結されており，しかも，親会社の個別財務諸表を伴なわない連結財務諸表単独表示となっていた。したがってそのことから，鉄道会社における連結財務諸表は，経済的実体を法的実体の拡張形態として捉え，その法的側面を強調する法的実体観に基づくものと考えられるのである(小栗〔2002〕)。

第2節　産業会社への連結財務諸表の普及

1．世紀の転換期頃における財務情報開示をめぐる経済的・社会的状況

　20世紀への転換期頃には，いまだ19世紀の企業秘密の伝統が色濃く残っており，ほとんどの産業会社が乏しい財務情報しか公表していなかった。というのも，大会社も小会社も共に財務情報を公表するのを嫌っており，会社によって株主に公表された財務情報の量は経営者の気まぐれにかかっていたといえる。しかも，このようにして公表された乏しい財務情報さえも経営者の観点によって色づけされていたのである。

　また，当時は情報開示を要求する連邦規制はなく，各州会社法においても州当局に会社が報告書を提出することを要求していた州は全体の約三分の二に及ぶのみであり，その他の州はいかなる報告書も要求していなかった。しかも，その報告書も会社が税務目的のために州官吏に提出することを要求されていた報告書であり，裁判所の職務執行令状による場合を除いては誰も閲覧しえないものであった。また，たとえ閲覧しえたとしても，その報告書は税務目的のた

めのものであるために操作を施されていることが多く，債権者および株主が会社の営業および資産の保全に関する判断を行なうのには，ほとんど役に立たなかったといえる。加えて，株主に対する報告書を規定していた州はさらに少なく全体の約半数にすぎなかったが，これらにおいても単に年次報告書(annual report)を株主に提供しなければならないと規定しているのみであり，年次報告書の内容を規定することも年次報告書を株主総会に出席できなかった株主に郵送することを要求する規定を含んでいることもほとんどなかった。それというのも，当時，各州は設立登録税および営業税を求めて活発に競争しており，詳細な報告書の負担を経営者に課すことによってその州における法人設立の魅力を失わせることを望まなかったからである。

　さらに，ニューヨーク証券取引所（New York Stock Exchange：以下，NYSEと略す）の上場委員会は1869年頃に，その証券が証券取引所に上場されるや上場会社はなんらかの形式の年次報告書を公表することに同意すべきであるという方針を採用したが，証券取引所が上場会社から最小限の報告要求を守るという実質的な約束を引き出しえたのは，1897年のカンザス・シティ・ガス社(Kansas City Gas Co.)の上場協定が最初であった。しかしその一方で，NYSEは経営者にそのような報告要求を強いることによって場外市場へ追いやるのを好まなかったため，1885年に非上場部門を創設し，その株式が非上場部門に掲載されている会社は，その証券が相場表の上に星印を付けることによって区別されていたのみで正規の上場証券と同様に取引されていたにもかかわらず，その証券に関する財務情報を証券取引所に提出することを要求されなかった。

　また，当時，会計士(public accountant)および会計士による監査報告書の役割について誤解がなされていた。すなわち，会社がその帳簿を検査するために独立の監査人を招くことは，しばしば大衆に詐欺行為，不正，損失および報告会社の財務上の強さに対する疑惑を示すものと受け取られており，そのことからいまだ多くの経営者が会計士を招くことを嫌っており，会計士による調査は密かにしばしば夜とか日曜日に行なわれた。しかも，会計士は当時しばしば企業合同を行なおうとするプロモーターによって検討中の会社の資産，負債および営業を調査するために雇われており，企業合同が行なわれた後も同一の会計士

がしばしば管理者に情報を提供するためにその構成会社の会計および報告方法を統合することを依頼されると共に、引き続きその会計および報告システムの運用を監視し報告されたデータを検査する年次監査のために雇われるのが通常であった。とはいえその後、会計士はその社会的責任(public responsibility)について公言したのであるが、そこで会計士が本当に意図していたのは会計士が法的責任を負うのはその顧客に対してのみであり、社会的責任はモラルにすぎず、法律ではないということであった。すなわち、会計士は「経営者のための監査」(Littleton〔1953b〕p.107)を行なっていたのであった。

したがって、これらのことからこの当時、経営者は財務情報開示に関して完全に自由裁量を有していたといってもよいような状況のもとにあったといえるのである(高須〔1996〕11-14頁)。

2. 普及期における公表連結財務諸表の性格

アメリカにおいて最初に連結財務諸表を公表した産業会社はチャイルズ(Childs, W. H.)によると1892年のナショナル・レッド社(National Lead Co.)であった。そしてそれに続き、世紀の転換期前後に連結財務諸表を公表した会社として、チャイルズはジェネラル・エレクトリック社(General Electric Co.：以下、GE社と略す)(1894年)、ユナイテッド・ステイツ・ラバー社(United States Rubber Co.)(1902年)、ユナイテッド・ステイツ・スティール社(United States Steel Corp.：以下、USスティール社と略す)(1902年)、イーストマン・コダック社(Eastman Kodak Co.)(1902年)、ベスレヘム・スティール社(Bethlehem Steel Corp.)(1905年)の5社を挙げている(Childs〔1949〕p.43)。

この世紀の転換期頃においては、産業会社は競争に疲れはて、競争を制限する企業合同を強く切望していた。しかも、その当時企業合同の手段として、トラスト、持株会社および企業合併は並列的に考えられており、また、トラストと持株会社とはほとんど異なるところがなく、トラストから持株会社に変更するためには、①トラスト証券を持株会社の株式に置き換えること、②トラスティーとトラストとの関係を所有者と所有物との関係に変更すること、③トラス

ティー会を取締役会に置き換えることが必要となるのみであった。そこで，企業合同の手段として当初はトラストが用いられていたのであるが，1890年にシャーマン反トラスト法(Sherman Antitrust Act)の通過によりトラストが禁止されると，持株会社が合法的に認められ始めていたため，ほとんどのトラストは持株会社に組織替えされた。しかしその時点では，裁判所はいまだ持株会社の合法性を認めておらず，持株会社がトラストと運命を共にするのではないかということを恐れると共に，1895年に初めて持株会社の合法性が連邦最高裁判所によって認められた後も，1893年から1897年にかけては厳しい不況下にあり新しい証券の発行が困難であったために，1897年までは企業合同の手段として企業合併が主として用いられた。そしてその後，徐々に企業合同の手段として持株会社が多く用いられるようになっていったのである。しかし，それは，①持株会社が企業合併によるよりもそのプロセスが簡単であり，費用もかからないこと，②企業合併においては商標および商品名によって保護されている場合を除いて暖簾が失われてしまうこと，③個々の州に個別会社を設立することによって，持株会社はそれらの州の様々な法律要求に従うことが可能になることという利点を有していたためにすぎなかった。

そしてこのことは，連結財務諸表がまずトラストから純粋持株会社に組織替えされた会社(ナショナル・レッド社)において，次いで企業合併によって成立した巨大な営業持株会社(GE社)において，さらには純粋持株会社(USスティール社，イーストマン・コダック社，ベスレヘム・スティール社)において公表されたこととも符合するのである。

このように，連結財務諸表は純粋持株会社であるか営業持株会社であるかにかかわりなく持株会社において公表されたのである。しかし，ここにおいて持株会社が独占を目指して行なわれる企業合同の手段として採用されたのはそれが多くの利点を有していたためにすぎず，それは企業合併と同一の思考に基づいて展開されたものといえる。したがって，かかる持株会社(水平的統合に基づく企業集団)は企業合併のようにその構成会社が法的実体を失ってはいないので法的実体をなすとはいえないが，実質的には企業合併を行なっていれば成立したであろう合併会社(経済的実体)を具現化しているものとみなされることに

なる。したがってその意味で，持株会社によって公表された連結財務諸表はかかる持株会社の個別財務諸表としての性格を有し，その財政状態および経営成績を表示するものであると考えられうるのである。そしてこのことは，この時期に連結財務諸表を公表した持株会社が親会社の個別財務諸表を公表していなかったことからも明らかとなる（高須〔1996〕9-11, 334-335頁）。

3．普及期における連結財務諸表の公表要因

　それでは，当時の財務情報開示をめぐる経済的・社会的状況のもとにおいて，一部の持株会社は連結財務諸表のような詳細な財務情報をなぜ公表したのであろうか。既述したように，これらの持株会社は企業合併と同一の思考をもって展開されたものであり，そのような持株会社の個別財務諸表である連結財務諸表を作成したのは当然の帰結であると考えられうる。しかし，このような理由のみではかかる詳細な財務情報を提供する連結財務諸表を公表したことを説明することはできない。そこでここにおいては，メイ（May, G. O.）によってアメリカ会社報告史上画期的な事件である（May〔1943〕p.12）と記された US スティール社における連結財務諸表公表の事例を取り上げて，詳細に検討することにする。

　そのことからまず第1に考えられるのは，US スティール社のような収益性の高い持株会社においては，連結財務諸表は親会社の個別財務諸表と比べてより良い財政状態および経営成績，すなわちより高い利益を表示することができるという点である。この点は当時の US スティール社を取り巻く状況を考えた場合，極めて説得力のある要因の1つであったといえる。すなわち，US スティール社は純粋持株会社として設立され，株式取得のための資金は US スティール社の株式を大衆に販売することになっているシンジケートによって調達された。しかも，このシンジケートはかかるサービスに対して649,987株の優先株式と649,988株の普通株式を受け取り，これらの株式を市場で販売することを目指していた。そしてそのためには，利益配当を行なうのが有効であり，また，そのためには高い利益を表示することが必要であった。しかし，受取配

当金のみを収益として認識する親会社の個別損益計算書においては，タイム・ラグが生じるのみではなく，州会社法の配当制限規定により連結損益計算書におけるほど高い利益を表示することはできなかったといえる。[5]

　第2に，棚卸資産，工場設備，不動産等を記載している連結貸借対照表は，非上場証券のみを記載している親会社の個別貸借対照表よりも持株会社をより堅実であるように見せることができるという点である。しかも，設立後まもなくして追加的運転資本の必要性が明らかになった時に，USスティール社がその必要性を満たすために第二抵当権付社債の発行提案をしたことを考えると，これも大きな要因の1つであったといえる。

　第3に，このより高い利益を表示すると共に持株会社をより堅実に見せる連結財務諸表はプロモーターのイメージを高めるのに極めて都合の良いものであったという点も，その要因の1つであったといえる。というのは，プロモーターである投資銀行家は新設会社の取締役会にその代表者を送り込むことによって経営者の一員としてその会社の経営政策に影響力を行使しうる状況にあった上に，USスティール社のプロモーターであったモルガン(Morgan, J. P.)はその名声を守ることに大きな関心を払っていたからである。すなわち，モルガンは彼の商会の成功が投資家や他の銀行家の信頼を得ることができるかどうかということにかかっていることを知っていたのである。しかも，シンジケートは幹事にほぼ絶対的な権限を与えており，大部分の投資銀行家は幹事に信頼をおけるシンジケートのみに参加するよう心掛けていた。また，投資家もプロモーターあるいは投資銀行家を信頼して証券を購入したのであり，発行会社の財政状態ではなく，かかわっている投資銀行家の信頼性が第1の基準であった。

　第4に，USスティール社の経営者であったゲーリー(Gary, E. H.)が進歩的な経営者であり，社会的責任を認識していたという点も見過ごすことのできない要因の1つであったといえる。というのは，USスティール社は"合同の合同"によって成立したこの時期に設立された会社のうちで最大の会社であったため，この会社の将来性に関して広く関心が集まっていたからである。

　したがってこれらのことから，USスティール社が連結財務諸表を公表した要因として，USスティール社のような優良な持株会社にとっては連結財務諸

表が多くの利点を有していたことに加えて，経営者およびプロモーターの気質が大きな役割を演じていたことが明らかとなった。しかし，ここにおいて US スティール社が連結財務諸表を公表した要因として挙げたすべてが連結財務諸表を公表している他の持株会社についてもそのまま妥当するものではない。とはいえ，ここにおいて挙げられた要因は部分的には他の連結財務諸表を公表している持株会社においても妥当するものといえる（高須〔1996〕15-17頁）。

第3節　産業会社における連結財務諸表の一般化

1．財務情報開示をめぐる経済的・社会的状況の変化

　世紀の転換期頃には，経営者は財務情報開示に関して完全に自由裁量を有していたといってもよいような状況のもとにあったが，連結財務諸表公表実務の一般化の進行と時を同じくしてこのような状況に大きな変化が認められる。
　この時期においては，企業合同運動の結果として多くの巨大会社が設立され，そのことから，買い手と売り手とが等しい力を持ち，その取引を取り巻く事実のすべてを知りうるという仮定に基づいている買主危険負担(caveat emptor)主義に対して多くの批判がなされた。というのは，経営者がその強大な力を乱用したからである。そして，このような乱用を矯正するために主張された最も一般的な方法は会社報告書を公開させるというものであった。例えば，産業委員会は1900年に議会に対してこのような立場から勧告を行なっており，また，その後，これと同様の立場からその説を主張したものとしてブランダイス(Brandeis, L. D.)，リプリー(Ripley, W. Z.)等を挙げることができる。しかし，このような財務情報開示要求は一般的には経営者によって無視され，経営者に対する直接的なインパクトはほとんど持たなかった。とはいえ，それは全く無視されたというわけではなく，その後において会社業務に対する連邦政府の統制を強める上で重要な役割を演じた人々に大きな影響を与えたのである。

法規制面を見ると，州法レベルでは有価証券の発行に対する規制を行なうブルー・スカイ法が1911年にカンザス州において初めて制定された。そして，これと同一あるいは類似の規定が1912年には他の2州において，1913年には主として南部および西部の20州において制定された。しかも，1917年には各州のブルー・スカイ法に対する合憲性が連邦最高裁判所において確認され，1919年には39州においてブルー・スカイ法が制定されるまでに至った。一方，連邦レベルでも証券規制を求める法案が，廃案になったとはいえ1918年，1919年および1921年にそれぞれ議会に提出されたのである。

　また，NYSE は1910年に非上場部門を廃止し，その結果，今まで非上場部門に掲載されていた証券のすべてが上場証券としての規制を受けることになった。それと時を同じくして，NYSE の上場委員会はとりわけ財務諸表公表回数に関して上場会社の報告実務を改善しようと積極的に努め，1926年には NYSE は公式に全上場会社に対して四半期報告書の公表を勧告した。しかも，この頃，NYSE に上場していたほとんどの産業会社は独立監査人による監査を受けた年次報告書を公表するという実務を採用しており，そして，この実務は1933年に NYSE において規則として採用されるに至った。

　さらに，会計士も時の経過と共にだんだんと，その顧客から顧問として認められるようになっていった。それを受けて，アメリカ会計士協会(American Institute of Accountants)もこの時期に会社開示実務を改善するために2つの重要なプロジェクトを行なった。すなわち，その1つは連邦通商委員会(Federal Trade Commission)および連邦準備局(Federal Reserve Board)との協力のもとに行なわれたものであり，他の1つは NYSE との協力のもとに行なわれたものであった。そしてその成果は，前者については1917年に『統一会計(*Uniform Accounting*)』として，また翌年には『貸借対照表の作成に関する標準手続き(*Approved Methods for the Preparation of Balance-Sheet Statements*)』として，後者については1934年に『会社会計の監査(*Audits of Corporate Accounts*)』として公表されたのである。

　したがってこれらのことから，この時期は経営者に完全に自由裁量を与えていた時からより多くの財務情報開示を求めるうねりの高まっていく時期であっ

たといえる。そして，このような動きが1929年の大恐慌を引き金として1933年証券法(Securities Act)を始めとする証券諸法の制定へと向かわせることになったのである(高須〔1996〕27-29頁)。

2．一般化期における公表連結財務諸表の性格

　連結財務諸表公表実務の一般化をほとんどの会社が連結財務諸表を公表するほど一般的な実務として採用されていることと定義するとすれば，遅くとも1930年代初頭には一般化過程は終了していたと見てもよいであろう。とはいえ，連結財務諸表公表実務の一般化はもちろん短期間のうちになされたものではなく，時の経過と共にゆっくりと着実に進行していったものと思われる。
　それでは，このような一般化が進行していた時期における公表連結財務諸表はどのような性格を有していたのであろうか。
　既述したように，産業会社への連結財務諸表公表実務の普及期においては，持株会社は競争を制限するために企業合併の代替手段として多くの利点を有していたことから採用されたものであり，したがってそのことから，そこにおいて成立した持株会社(水平的統合に基づく企業集団)は合併会社(経済的実体)を具現化したものに他ならなかったといえるのである。
　それに対して，連結財務諸表公表実務の一般化が進行している時期においては，かかる思考がそのまま妥当するような持株会社ももちろん存在していたといえるが，反トラスト訴訟および1914年のクレイトン法(Clayton Act)の通過により，この時期を代表するのは，独占を目指して行なわれる企業合同のためにではなく，営業の効率化をもたらすという経営管理上の利点を求めて持株会社を採用するような企業集団(垂直的統合に基づく企業集団)であったといえる。
　しかし，この時期の産業会社においてはいまだ公益事業持株会社において一般的に認められるようなピラミッド型(pyramiding)会社支配は認められず，子会社の株式のすべてあるいはほぼすべてを取得するという傾向が認められた。すなわち，産業会社においては当初は単なる過半数所有にすぎない場合であっても，そのほとんどが数年のうちに子会社の社外株式のすべてあるいはほぼす

べてを取得するまで当初の株式持分に積み増しを行なったのである。また，危険分散のために子会社を利用するという事例も見い出されないわけではないが，その重要性は二次的なものにすぎなかった。

　したがってこのことから，連結財務諸表公表実務の一般化期における持株会社とその普及期における持株会社との間には形式的にはほとんど相違を認めることはできない。しかしその一方で，この一般化期における持株会社とその普及期における持株会社とでは，その企業集団の形成目的に相違が認められることから，その公表連結財務諸表の性格に相違がもたらされることになる。そしてそのことは，普及期においては法的実体をなすその構成会社が企業合併に対する代替にすぎないという意味で擬制とみなされるのに対して，一般化期においては法的実体をなすその構成会社が実在性を有しているという点に端的に示されるのである。

　そのため，普及期における連結財務諸表がその構成会社の個別財務諸表を合算するという手続きに基づいて作成されることになるのに対して，一般化期における連結財務諸表は親会社の個別財務諸表上における子会社に対する投資および子会社からの受取配当金を当該子会社の資産および負債ならびに収益および費用によって置き換えるという手続きに基づいて作成されることになる。

　そのことから，一般化期における連結財務諸表はもはや親会社の個別財務諸表を代替しうるものではなく，親会社の個別財務諸表を拡張したものに他ならなかった。その結果として当時においては，手形の再割引のように親会社の信用能力を問題とする場合には親会社の個別財務諸表も併せて要求されることになったといえるのである（高須〔1996〕25-27, 335頁）。

3．一般化期における連結財務諸表の公表要因

　産業会社への連結財務諸表の普及期における公表要因として，その高収益性に基づき，①シンジケートによる株式の売却を容易にすること，②追加的運転資本の調達を容易にすること，③プロモーターのイメージを高めるのに役立つこと，④経営者が進取の気質に富んでいたことという4つの要因を挙げること

ができた。それでは，この4つの要因は連結財務諸表公表実務の一般化期においてもその公表要因として妥当性を有しているのであろうか。

産業会社への普及期においては，ほとんどの連結財務諸表公表会社が会社設立当初から連結財務諸表を公表していたのに対して，一般化期においては会社設立後数年を経た後に初めて連結財務諸表を公表するような会社がその典型例として挙げられるのである。したがって，上記の第1の要因および第3の要因は妥当性を有していないといえる。また，第2の要因も否定はしえないものの一般化をもたらした主たる要因とは考えにくい。さらに，連結財務諸表の公表を積極的に行なうような進歩的経営者が短期間のうちに増大したとは思われにくいことから，第4の要因も妥当性を有さないといえる。その意味で，普及期においてその要因として挙げられた4つの要因は連結財務諸表公表実務の一般化をもたらした主たる要因としてはどれも妥当性を有していないことが明らかとなる。

それでは，連結財務諸表公表実務の一般化をもたらした主たる要因は一体何であったのであろうか。

まず第1に考えられるのは，財務情報開示を取り巻く経済的・社会的状況の変化すなわち財務情報開示要求が増大していったという点である。そして，そのような状況の変化の波に乗って一般化に大きな刺激を与えたのはUSスティール社による連結財務諸表公表実務の採用であったといえる。USスティール社はこの時期に設立された会社のうちで最大の会社であり，大衆から広い関心を集めていた。そのことから，かかる会社による連結財務諸表の公表は広く社会的関心を呼ぶことになり，他の会社に一般化していく素地となったと思われる。しかもその場合に，最初はUSスティール社と同種の他の鉄鋼会社および他の巨大製造業会社へと伝播していったのであるが，さらに，この一般化の過程はこれらの巨大会社による採用に基づいてその他の会社にも拡大していくことになったといえる。

そして第2に，このように経営者の自由意思に基づいて進行してきた連結財務諸表公表実務の一般化は，その後，①銀行家による連結財務諸表の提出要求，②税務当局による連結納税申告の要求によって，さらには，③NYSEが主た

る財務諸表として連結財務諸表の公表を承認したこと[6]によって加速的に促進されることになったという点である。

　その場合に，銀行家による連結財務諸表の提出要求は，連結財務諸表作成手続きの一般化をもたらすのに大きな役割を果たしたといえる。また，1917年の超過利益税(excess profits tax)に始まり翌年には所得税にも拡張された税務当局による連結納税申告の要求も，同様に連結財務諸表作成手続きの一般化に力があったことはいうまでもなく，しかも，それは政府機関によるものであったために必ずしも政府による承認を意味しなかったとはいえ連結報告に対して社会的承認を与えることになり，連結財務諸表公表に対する社会的要求を高めることになったといえる。さらに，1919年にNYSEが規則の改正により主たる財務諸表として連結財務諸表の公表を承認したことは，かかる公表要求の高まりの中，1920年代における短期金融から長期金融への会社の資金調達方法の変更と軌を一にして連結財務諸表公表実務の一般化に大きな影響を与えたといえる。というのは，NYSEの規則によると連結財務諸表の公表は会社の選択に委ねられていたとはいえ，資金提供者が連結財務諸表を公表していない会社に対しては拒否的な態度を取ったため，実務上選択の可能性が極めて限定されていたからである。そして，このような要因による連結財務諸表公表会社の著しい増加がさらにその一般化に拍車をかける結果となったといえるのである（高須〔1996〕30-32頁）。

第4節　おわりに

　以上において，アメリカの鉄道会社において生成した連結財務諸表が，その後，産業会社において採用され一般化していく過程（普及期および一般化期）に関して，その背景，経過および要因について検討してきた。

　そしてそのことから，①まず普及期において連結財務諸表を公表した産業会社は独占を目指して行なわれる企業合同の手段として持株会社を採用した「水平的統合に基づく企業集団」であること，しかも，②かかる持株会社は企業合

併を行なっていれば成立したであろう合併会社を具現化しているものとみなされること，その意味で，③当該持株会社によって公表された連結財務諸表はかかる持株会社の財政状態および経営成績を表示するその個別財務諸表とみなされうることが明らかになった。

また，①それに続く一般化期において連結財務諸表を公表した産業会社は営業の効率化をもたらすという経営管理上の利点を求めて持株会社を採用した「垂直的統合に基づく企業集団」であること，しかもそのことから，②かかる持株会社においては法的実体をなすその構成会社が実在性を有していること，その意味で，③当該持株会社によって公表された連結財務諸表は親会社の個別財務諸表を代替しうるものではなく，親会社の個別財務諸表を拡張したものに他ならなかったことが明らかになった。

言い換えると，普及期における「水平的統合に基づく企業集団」においては経済的実体をなす持株会社の方が実在性を有しており，法的実体をなす構成会社の方が擬制とみなされるのに対して，一般化期における「垂直的統合に基づく企業集団」においては法的実体をなす構成会社（とりわけ親会社）の方が実在性を有しており，経済的実体をなす持株会社の方が擬制とみなされるといえるのである。

そして，アメリカにおける連結財務諸表はこの「垂直的統合に基づく企業集団」のもとに発展を遂げ，会計制度として確立されるに至ったのである。しかもその後に，1929年の大恐慌を契機としてその法制化が計られることになったのであるが（高須〔1996〕41頁），当該連結会計実務はかかる法制化によっても基本的には影響を受けることはなく，今日に至るまで引き続きかかる連結会計実務が継続されてきたといえる（高須〔1996〕331-332頁）。

注

(1) 1882年の Standard Oil Trust に始まり，その後，American Cotton Oil Trust（1884年），National Linseed Oil Trust（1885年），Distillers & Cattle Feeder's Trust（1887年），Sugar Refineries Co.（1887年），National Lead Trust（1887年），National Cordage Association（1887年）の形成を確認することができる（Jones〔1921〕pp.19-23）。

(2) 特許状により設立されたいくつかの会社には，それ以前にも他の会社の株式の保有が

認められていたが，初めて株式の保有を認めた一般会社法が成立したのは1889年のニュージャージー州法の改正によってであった。しかし，1889年の州法改正に際しては1875年法のもとに組織された会社にのみ株式の保有が認められたのに対して，その4年後の1893年の改正では持株会社の設立も認められた（Jones〔1921〕pp.29-30）。そしてこれに続いて，デラウェア州，メイン州，ウエスト・ヴァージニア州，ニューヨーク州および少なくとも他の14州がそれに倣った（Haney〔1913〕p.220）。

(3) 1889年から1897年までに形成された重要な企業合同による会社10社のうち1社のみが持株会社であったのに対して，1898年および99年の両年に形成された重要な企業合同による会社41社のうち6社が，そして，1900年から1903年までに形成された重要な企業合同による会社29社のうち16社が持株会社であった（Bonbright and Means〔1932〕pp.68-70）。

(4) このことは，他州の会社は「外国会社」と規定され，その営業が制限されていたこと（Bonbright and Means〔1932〕p.32）からも明らかになる。

(5) ただしこのことは，親会社の個別財務諸表において持分法を採用することによっても克服することができるものである。しかも，当時のアメリカにおける財務情報開示をめぐる状況を考える時，持分法の採用に対する反対はなかったものと思われる。

(6) NYSEは1919年に規則を改正し，少なくとも年1回親会社の財務諸表および各子会社の財務諸表を含むかあるいは親会社および子会社の連結財務諸表を含む報告書を株主に提供することを要求した（Childs〔1949〕p.76）。

（高須　教夫）

第9章

無形資産の認識と資本会計

本章のねらい

1. 19世紀末から20世紀初頭のアメリカにおいて，大規模株式会社の出現が様々な会計問題を生み出したことを認識し，その1つとしての無形資産会計および資本会計の諸問題の存在を理解する。
2. 会計処理の問題がその時代の社会的，経済的な問題にいかに影響されていたのかを，無形資産会計およびその背景にあったトラスト問題という観点から理解する。
3. 特定の地域，特定の時代の会計問題が有する特殊性および普遍性について理解する。

第1節　はじめに

　現在の資本主義社会において，経済活動の主たる担い手が株式会社であることに疑いを持つものはいないであろう。株式会社が広く普及するようになったのは19世紀のことで，これはイギリス，アメリカの両国が会社の設立に特別の認可を必要としない準則主義による一般会社法を制定したことによる。しかしながら，社会的に（そして会計上も）影響力ある株式会社，すなわち「ビッグ・ビジネス」が初めて多数登場することになったのは，19世紀末から20世紀初頭にかけてのアメリカにおいてである。
(1)
　アメリカに大規模かつ永続的な株式会社が登場したことは，第1部で説明さ

れた簿記教授法の範疇では解決できない，株式会社に固有の会計問題を生み出した。例えば財務公開や連結財務諸表の作成と公開などは，伝統的な簿記教授法の枠外にある問題である。本章では，簿記手続きの範囲内であるが簿記理論では説明不可能であった，より具体的な会計問題として，資本会計およびそれに深く関連し，また当時のアメリカに特有の個別問題である無形資産の認識について取り上げることにする。ここで，経済の発展が新しい会計上の問題を生み出し，これらの問題が必然的にその原因となった経済事象を強く反映したものであることが示される。それゆえ，現在の会計の姿を理解する際にも歴史的な視点が有用であることが理解できるだろう。

具体的な解説に入る前に，本章の構成を簡単に説明しておこう。本章は，19世紀末からおおむね大恐慌直前までの約30年間のアメリカの無形資産会計の展開を，第1次世界大戦を区切りとする2つの時代に区分して説明している。その際，経済事象に伴なう実務の展開が背景として説明される。ここで特定の会計理論を議論の中心に据えなかったのは，1930年代に入るまではアメリカにおいて実質的に強制力のある会計基準が存在せず，会計理論は実務に影響を与える存在というよりもむしろ，実務に影響される存在として生じてきたためである。また，本章では無形資産会計というテーマを中心として，それに関連する形で様々な資本会計の問題についても取り上げている。資本会計の諸問題は，企業の通常の取引で発生することは少なく，むしろ合併や企業再編等の日常的ではない取引によって発生することが多いからである。

第2節　ビッグ・ビジネスの登場

アメリカでは19世紀の後半から20世紀前半の数十年という短期間に，以前にはほとんど存在しなかった産業大企業が多数出現するようになった。特に1895年から1904年というわずか10年ほどの期間には，それ以前にもそれ以降にも匹敵するものがないと言われるほどの規模で，新設合併による株式会社が同時的に発生した。このような動きは合併運動(merger movement)と呼ばれており，こ

の時代にアメリカを代表するような株式会社が多数設立された[2]。これらの大規模株式会社は，それ以前の競争様式や市場構造を反映した形で設立されたものであり，会社財務，そして会計はこのような背景に強く影響された。本節では具体的な会計の議論に入る前に，当時の経済的背景を概説しておこう。

　19世紀後半のアメリカは，鉄道網の全国的な普及に牽引される形で急速に工業化が進展していた。流通体制の整備は，企業の地域独占的な性格を失わせ，全国的な市場を作り出すこととなり，多くの産業において多数の比較的小規模な企業間での競争が行なわれることとなった。全国的なブランドが発生する前の時代であったため，競争は価格競争という形を取り，特に周期的に訪れる不況期には企業間の競争はさらに激化した。この価格競争を回避するために様々な形の競争制限的行為が試みられることとなった。独立性を維持したままで各企業の行動を制限するプール（カルテル），株式の議決権を少数の人間に委託することによって株式会社の支配を試みるトラストは，その性格および法律上の制約によって長期的な効果をあげることができなかった。最終的に考え出されたのが，産業内のほとんどの企業を単一の企業に合併させることで，これを具体的に可能としたのが持株会社という制度であった。

　持株会社による新設合併を可能とするため，合併財務は独特の方法を取った。まず，個々の構成会社に対して合併への参加を説得する役割を担ったのが，プロモーターと呼ばれる金融家であった。構成会社の旧株主は，合併への参加条件として，自社資産を過大に評価することを要求したという。そのため，プロモーターは受け入れる資産時価を上回る額面価額の株式を発行し，それを旧株主への支払いの対価とした。その際に利用された手段が複数の種別の株式の発行であり，具体的には普通株と優先株が発行された。このような株式発行方式の基礎にあったのが，優先株は有形資産に，普通株は無形資産に照応するという関係の仮定であった。有形資産はその投資額に対して一定の割合の利益を生み，それ以上の超過利益は当該企業が有する無形資産によって生み出されたと考えられたのである。逆に言えば，無形資産は合併により期待される超過利益を資本化したものであった。そして無形資産は，特許，商標，暖簾（goodwill）などからなるとされていた。しかしながら無形資産の存在は多くの場合プロ

モーターによって仮定あるいは期待されたものであり，現実には発行される株式の額面価額が，払い込まれる(無形)資産の価値を決定していたのである。世紀転換期の合併においては普通株式は優先株式と同額程度発行されるのが通例であり，結果として，合併時点での新設会社の資本は，会社が有する有形資産のおおよそ2倍となったのである。

このような資産の過大評価，そしてそれに伴なう大量の株式の発行は，合併を可能にするための手段であると認識されたが，同時にそれは批判の対象でもあった。具体的には2つの問題が発生した。第1がトラスト問題，そして第2が実際の利益率の問題であった。第1のトラスト問題とは，端的に言えば，突然発生し，当時のアメリカの価値観に反する存在であると考えられたビッグ・ビジネスに対する反発である。トラスト問題に関連する文献の数，連邦議会その他でのトラストに関連した議論や数多くの調査，そして連邦議会での諸立法などは，当時のトラスト問題の範囲そして深刻さを物語っている。先にも述べたとおり，普通株式に表象される無形資産は独占的な利益に対する期待を資本化したものであり，当該資産が貸借対照表に計上されるということは，独占的な利益が市場の圧迫を通じて獲得されるであろうことを意味していると考えられた。それゆえ，資本化の方法は，しばしば批判の対象となり，トラスト問題の中で論じられたのである。

第2の問題が，実際の利益率の問題であった。実際に設立された合併会社の多くは，当初期待されていただけの利益を獲得するのが困難であり，規模および範囲の経済を有しない産業に属する合併会社のほとんどは，設立後数年の間に企業再編を余儀なくされている。さらに「成功」と言われる会社であってもその利益率は決して高いものではなく，多くの会社の普通株式の市場価格は額面を下回っていた。資産の過大評価，株式の過大発行は市場でも確認されており，無形資産は貸借対照表に計上されるだけの価値を有していない「水」であると考えられていたのである。当時，株式発行の実務は「過大資本化(overcapitalization)」，あるいは「株式の水割り(stock watering，あるいは"水増し")」と呼ばれた。この過大資本化こそが，当時の会計人に問題にされた点であった。

第9章　無形資産の認識と資本会計　157

第3節　無形資産会計の変遷

　合併運動によって出現したビッグ・ビジネス，そしてそれらを問題視するトラスト問題の出現は，無形資産の会計に対して具体的にどのような影響を与えたのであろうか。本節では無形資産会計の変遷を，トラスト問題を軸として概説する。

１．トラスト問題と無形資産会計への対処

　先述のような巨大株式会社の出現と，その独特の会計処理は，当時の会計人の著述にも大きな影響を与えた。20世紀に入り，会計が大学で教授される科目となるにつれ，簿記処理の解説に終始するテキストに加え，株式会社会計の諸問題を考察するテキストが現れ始めたのである。無形資産についての包括的な検討が加えられるようになったのも，これらのテキストにおいてであった。
　例として，もっとも初期のアメリカの包括的な会計テキストであるハットフィールド(Hatfield, H. R.)の『近代会計学(Modern Accounting)』を見てみよう。[6] 彼ののれんに関する教示は，現在でも十分理解可能であると同時に，当時の状況を反映していて非常に興味深いからである。
　彼によると，のれんとは「営業上の関係の価値，つまり競争相手の誘引にもかかわらず，現在の顧客が購買を続けるであろう蓋然性の価値」と定義される。のれんは法廷や会計士により，長い間その合法性が認められており，のれんの購入は資産となることを認めている。評価において，のれんの価値は，原価を限度とすることが厳守されなければならないと述べている。しかし他方，買入れによらないのれんについて，彼はそれが対価を支払って取得されたものでないかぎり，厳しく除外されるとし，その資産性を否定している。
　しかしハットフィールドは，のれんの実際の購入があったのかどうか，あるいはもしあるとすれば，いかなる価格が支払われたのかを決定することは，必

ずしも容易なことではないと述べ，特にのれんの購入が株式により行なわれた場合を問題とする。そして，当時の通常の実務においては，与えられた株式の額面価値が有形資産の価値を超過する際，差額についてのれんが存在するものと仮定されたという。

このような「いわゆるトラストという最近の組織(recent organization of the so-called trusts)」の処理について，彼は考察を加える。のれんの評価について，その評価が正当化されるのは，事業に投下された資本額に対する正常収益率に加えて，その購入者に利益を保証する何らかの譲渡性のある権利が存在するからであるとする。権利が存在しない場合，のれんは存在していなかったり，あるいは著しく過大に評価されたということになる。このような実務は決して正当化されるものではないとし，のれんが存在しない場合には株式割引と表示すべきであると教示しているのである。

償却について，様々な論者の主張を検討する一方，評価方法に対する統一性を検討し，おそらくもっとも満足のゆく解決策は，通常，その評価の際に見積もられた年数に比例してのれんを切り下げる(write off)ことであると述べ，これがまた保守主義を口実にして正当化されるという(Hatfield〔1909〕pp. 115-117〈松尾訳〔1971〕111-113頁〉)。

このようなハットフィールドと同様の議論は，同時代の多くのテキストで行なわれていた。それらの特徴をまとめると，(7)

① 無形資産の認識について，貸借対照表に認識される無形資産は原価に限定されるべき，すなわち内部創設の無形資産は認識されるべきではないという点でおおむねの一致が見られた点。
② 他方，認識された無形資産の処理については論者の間で一致した意見が見られなかった点。
③ 開示に関して，ほとんどの論者が過大資本化と過大評価された資産の有形固定資産への混入という，当時の実務に対して批判的に言及しており，適切な開示が必要であることを認識していた点。

が共通して見られる。特に着目されるのが，最後の点である。会計人の多くは無形資産会計を，トラスト問題と関連づけて理解していたのである。さらに，

一般にトラスト問題の矯正策として，多くの論者はトラストの財務情報の開示を主張しており，この点においてトラスト問題と同様の解決法が探られていたのである。

2．トラスト問題の変化と無形資産会計の変化

先に示したように，20世紀初頭の無形資産会計はトラスト問題と密接な関わりを有していた。しかしながらトラスト問題は，1910年代を境として社会問題としての重要性を失うようになった。その契機となったのが，1910年の最高裁判所によるスタンダード・オイル社(Standard Oil Co.)の解体命令，1914年の連邦通商委員会法およびクレイトン反トラスト法の成立などの政治上・司法上の具体的な対策，そして第1次大戦の勃発である。トラストと呼ばれた巨大株式会社も，多くは淘汰・再編を余儀なくされ，また存続したトラストも，当初危惧されたような弊害を社会にもたらさないことが明らかとなるにつれ，人々の反発も弱まっていった。

他方，トラストと呼ばれた巨大株式会社にも変化が見られた。第1次世界大戦中の物価水準の上昇，そして企業の高利益は，トラストが無形資産を償却する等の手段を通じて過大資本化状態を解消することを可能としたのである。加えて，普通株に対する配当が安定化し，結果として社債や優先株と比較して価格変動の激しかった普通株の性格をかえ，安定した投資対象としての地位が与えられたのである。これにより，すべての会社についてではないが，普通株式がその存在の疑わしい無形資産によって表象され，その市場価値が額面を大きく下回るという世紀転換期の状態に変化が生じるようになったのである。一部の企業では，無形資産が利益（および利益剰余金）から切り下げられ，無形資産は貸借対照表上では1ドルという名目価額で計上されるようになった。この名目評価された無形資産は，貸借対照表に「水」が含まれていないこと，そして疑わしいと見られた無形資産を切り下げるに十分な利益を獲得し，留保してきたことを誇示するための手段として機能していたのである。早い例では，イーストマン・コダック社が，1913年までは有形固定資産に混入する形で計上され

ていた無形資産(のれんと特許権)が，翌年には利益剰余金に賦課する形で切り下げられ，同時に無形資産の評価額が0 (Nil.)であることが貸借対照表で明記された。

　ただしこのような無形資産の切り下げは，過年度に獲得された利益に対してのみ可能だったわけではない。この時代に特有の処理の1つが，有形固定資産の再評価によって再評価剰余金を創設し，生み出された再評価剰余金に対して無形資産を切り下げる処理である。このような処理が可能となった背景として，固定資産の評価基準を(ないし減価償却後の)原価に制限するような会計基準が存在せず，また，会計人の間にも固定資産の再評価を許容するものが少なくなかったことがあげられよう。例えばジェネラル・モーターズ社(General Motors Co.)は1919年に「不動産，有形固定資産」の再評価を行ない，この再評価によって生じた評価増額を無形資産(のれん，特許，著作権，その他)の切り下げに用いている。さらに一部の会社では資本を再編成する時点で生じた資本剰余金をもって無形資産を切り下げるところもあった。利益剰余金によらない無形資産の切り下げは，特に1920年代までは多数を占めていたわけではないが，無形資産会計実務の多様化の一側面を担っていた。

　過大資本化の問題について各州の会社法の立場からの対処も行なわれたことが，無形資産を変化させるもう1つの要因となった。すなわち，無額面株式の発行を認める州法の成定である。過大資本化の原因は発行される株式の額面が資産価値を決定することにある。額面が撤廃され，発行株式と交換で受け入れる資産の価値が資本金額を決定するようになれば，過大資本化は生じなくなるのである。株式が額面と同じ価値を有するという法律上の概念を撤廃する会社法は，1912年にニューヨーク州で初めて成立し，1920年代には急速に普及した。そのため，優先株式と普通株式の発行を継続しながらも，過大資本化の問題を設立当初より回避することが可能となったのである。結果として，1920年代に設立された会社は，無形資産を1ドルから数ドルという名目的金額で評価することが可能であった。つまり，先に述べたような利益剰余金に対する無形資産の切り下げを経ずして，無形資産を切り下げたのと同様の外観を貸借対照表に与えることが可能となったのである。

結果として，1920年代の貸借対照表に計上される無形資産は，表面上は類似のものであっても，その経緯はきわめて多様であった。すなわち無形資産は，その存在が明らかになっている場合と，有形固定資産に混入されたために実際には存在するがそれが明らかではない場合が存在した。またその計上額が巨額である場合，そして名目的評価が行なわれる場合が存在し，同じ１ドルという名目的評価が行なわれる場合であっても，それが過年度の切り下げの結果である場合と，無額面株式を利用した場合とが存在していたのである。さらに過年度の切り下げは，利益剰余金に対する切り下げの他に，再評価剰余金，あるいは資本剰余金に対する切り下げの場合も存在していたのである。[8]

　では，当時の会計人たちは同時代の実務を，そしてあるべき無形資産会計についてどのように考えていたのだろうか。結論から言えば，1920年代までに書かれた米国の会計文献において，多くの論者が無形資産会計に言及しているが，これらの中で合意がそれほど見られなかった。この点では，第１次世界大戦以前と同様の状況が引き続き存在したのである。特に償却についてはそれを必要とするものと不要とするものの両者が存在し，意見の対立は解消しなかったのである。

　しかしながら，重要な変化が１つ見られる。それは，トラスト問題への言及および過大資本化への批判が次第に弱まってきたことである。たとえば，20世紀初頭には有力なトラスト批判者であり，また1920年代の会計実務に対して影響力を有する批判を行なったことで知られるリプリー（Ripley, W. Z.）は，その著書・論文の中で無形資産会計の実務についても批判していた。不適切な開示，疑わしい会計処理などに加え，無額面株式を利用した過大な株式発行もまた彼にとっては批判の対象であった。しかしながら，彼の批判は，誤った開示によって不利益を被る一般投資家としての株主の立場を考慮したものであり，トラスト問題としての意識はほとんど見られない。この時点になって，無形資産会計がトラスト問題と離れて議論可能となったのである。

第4節　配当規制，利益留保と資本会計の諸問題

　これまでに見たように，無形資産はアメリカの場合，新設合併に伴なう株式の発行，利益剰余金や再評価剰余金，資本剰余金を利用した資産価額の切り下げなど，資本会計の様々な側面と関連を有していた。本節ではこの時代に問題となった資本会計の諸問題を取り上げ，どのような議論が行なわれていたかを概観してみることとする。

1．株式発行と配当規制，剰余金の会計

　19世紀以前の会社法において，会社が株主に配当可能な金額は貸借対照表を基準として規制されていた。すなわち，会社の資本が減損される，あるいは会社が支払い不能になるような配当が禁止されていた（資本減損禁止・支払不能禁止基準）。しかしながら，貸借対照表を基準にした配当規制は，巨大株式会社の出現に際して大きな問題を生じさせた。19世紀末から20世紀初頭の世紀転換期に設立された株式会社が発行していた普通株式の市場価額は額面を大きく下回る場合が多かった。設立当初より額面を下回る価格で流通する株式は，果たして額面金額の払い込みを受けたのであろうか。もしも全額払い込みではないとされると，普通株式に照応する無形資産を償却することなく配当を行なうことが不可能となる。結果として，州法は，配当規制を貸借対照表の状態にかかわらず純利益を計上していれば配当が認められるという純利益基準に変化させることによって配当を認めた。

　配当可能額の計算は，その他の場面でも大きな問題になった。例えば，会社が有形資産を再評価した場合，再評価によって生じた剰余金は配当可能か否か，株式をプレミアム付きで発行（打歩発行）した場合，当該株式プレミアムは配当可能か，同様に無額面株式を発行した場合に表示価額と払込金額との差額は配当可能か，等である。多くの会計人は1920年代の末までに，剰余金がその発生

源泉ごとに区分計上され,配当は利益剰余金からのみ支払われるべきであると認めていたが,これは必ずしも従われたわけではなかった。むしろ法律家がこのような区分は不要であると主張していた。剰余金の混同は,違法ではなかったのである。結果としてリプリーが批判するような,疑わしい資本に関する会計実務が行なわれることとなった。

2. 会計主体論の生成

　第7章で説明したように,〈財産＝資本主持分〉という等式を基軸とした簿記教授法としての資本主理論(proprietorship theory)は,巨大株式会社の出現等の社会の変化の中で,広く企業会計全体のフレームワークを支える理論へと転換されていった。[9]

　しかしながら,同理論には,収益・費用を資本主資本の増減と直接結びつける点など,簿記にとどまらない会計的問題を解明するための理論としては,資本主理論には多くの制限が存在した。株式所有が分散化し所有と経営の分離が広く進み,また資本構成が複雑化する中,資本主理論は広範に受け入れられるようになった時点ですでに時代遅れであったという評価さえ存在しているのである。

　このような資本主理論を批判する形で現れたのが企業主体理論(entity theory)である。その主導者であるとされるペイトン(Paton, W. A.)は,資本主の原理が現代の企業組織,すなわち株式会社に完全に適切ではないことを問題として,株式会社をそれ自身が実体あるいは存在であるとする見解を採用する。ここで貸借対照表は資産,および負債と資本を区分しない持分という概念に統合される。収益・費用は株主持分の増減ではなく,企業が提供したサービスへの対価,およびサービスの原価と見なされ,その差額である利益はそれぞれの持分権者に属するとされる。このような株式会社の存在を全面に認めた理論の出現は,さらなる会計理論の精緻化をもたらしたのである。

第5節 おわりに

　以上，アメリカの無形資産会計および主としてそれに関連する範囲で資本会計について概説してきた。ここで議論をアメリカに限定したことについて，その意義と限界について触れておこう。

　まず，アメリカで行なわれた議論の他国の会計(史)に対する一般性を考えてみよう。すでに見てきたように，アメリカの無形資産会計，そして資本会計は巨大株式会社が発生し，様々な問題が生じる過程で議論が生まれた。現在の企業会計は多くの場合株式会社を前提としており，また，アメリカの会計は日本を含めた諸外国に大きな影響を与えてきたため，ここで議論されてきたことはある程度他国にも当てはまり，一定の普遍性を有していると言えよう。

　他方，アメリカでは，多くの巨大株式会社は他国とは異なる経緯で発生した。本章で触れたトラスト問題は極めてアメリカに特有の問題であり，無形資産会計がトラスト問題の影響を受けたという事実は，アメリカの無形資産会計の特殊性を示唆するものである。また，トラスト問題に影響を受けた当時のアメリカの会計は，多少なりとも現在の会計にまで影響を与えていると考えられ，この点に歴史的に固有の背景を研究する意義が見出されるであろう。

　最後に，極めて簡単であるがこれ以降の無形資産会計の展開について簡単に触れておこう。大恐慌の発生，および証券取引委員会(Securities and Exchange Commission：SEC)の規制により，無形資産会計についても原価－実現のアプローチが広範に適用されるようになり，1920年代末に見られた実務の多様性は大きく減少するのである。その一方で，無形資産および企業結合の会計は20世紀を通じて問題であり続けてきたのである。

注

(1) 巨大産業株式会社の出現については，Chandler〔1990〕やMcCraw (ed.)〔1997〕を参照。
(2) アメリカにおいて「合併運動」は，これを含めて4度発生している。これらの合併運

動については，Chandler〔1990〕およびMcCraw (ed.)〔1997〕およびそこで引用される文献を参照。
(3) 資産の評価は，株式会社の取締役に委任されており，もしもそれが詐欺でなければ取締役の評価を正しいものとする判断が一般的であった。そのため，普通株式の発行価額は法律的には問題とはならなかった。
(4) 当時については数多くの著書が存在するが，訳書の存在する代表的文献として Hofstadter〔1955〕〈清水(和)他訳〔1988〕〉を参照。
(5) 合併運動中に設立された会社の成功・失敗については，例えばMcCraw (ed.)〔1997〕第6章を参照。
(6) ハットフィールドの *Modern Accounting* は，当時の会計学を代表するテキストである。この部分に関しては，Hatfield〔1909〕〈松尾訳〔1971〕〉；中野〔1992〕；山地〔1994〕；清水〔2003〕を参照。
(7) ただし，例外的な事例に関しては一致しない部分も多かった。その効果が長期にわたることが期待される広告支出等は，それを無形資産に計上することが可能という意見と，前払費用とすべきという意見とに分かれていた。
(8) ただし，1930年の大恐慌，そして証券立法の制定は，無形資産の強制切下げを企業に要求し，その結果，無形資産の多様性は急速に小さくなることとなる(清水〔2004〕)。
(9) 資本主理論は，単なる企業会計全体のフレームワークにとどまらなかったとする主張も存在する。それによれば，所有と経営が分離し，大企業が独占的利益を獲得することが懸念されることにより，利益が企業の効率性の指標でなくなる危惧が存在した。資本主理論は資本主を企業会計の中心に置き，これにより株式会社は株主によって所有(＝支配)されるという，伝統的な財産権概念に基づいた会計的測定の正当性を主張することが可能になったのである(Previts and Merino〔1998〕pp. 210-218)。

(清水　泰洋)

第10章
工業化社会と管理会計

本章のねらい
1. 工業化によって生まれた製造企業とそれに伴って発生した経営課題は何かを考える。
2. 製造企業の経営課題を解決するマネジメント・ツールである管理会計とは何かを考える。
3. 管理会計の生成・発展と新たな(解決されていない)課題について考える。

第1節 はじめに

　管理会計(Management Accounting または Managerial Accounting)は，20世紀初めのアメリカにおける科学的管理運動(Scientific Management Movement)から生成し，今日に至るまで発展しているといわれている。本章では，第2節において工業化に伴なって生じた管理会計というマネジメント・ツールの必要性について，そして第3節でアメリカにおいて生成した管理会計について，続く第4節でドイツにおいてどのように管理会計が生成したかについて考察する。最後に第5節では，まとめとして工業化社会の発展と管理会計の関係性から管理会計とは何かを考え，今後の管理会計の課題を明らかにする。
　まず，管理会計とは何かを定義することとしよう。
　一般的に外部報告目的である財務会計と対比して，管理会計は企業内部利用目的で経営者や管理者が企業目的(もしくは設定された目標)を達成するための

有用な会計情報であるといわれ，例えば経営者が何かを意思決定する際に有用なコスト情報などを提供する手法が管理会計手法と呼ばれている。

　財務会計は法律・規則などによって義務づけられた会計処理方法や報告様式などがあり，社会的に共通化され形式化されている。それに対して，管理会計は企業外部への報告義務はなく，個別企業がそれぞれに開発・改良し利用している会計手法である。したがって，企業それぞれが利用する管理会計手法が存在し，厳密には管理会計手法自体も千差万別であるといえよう。ただし，管理会計の教科書が出版されているように，その手法の多くは特定の手法や考え方から派生している。そのなかで，基礎的な手法やその応用例（企業事例）が解説され，さらには新しい管理会計手法も紹介されている。

　今日，日米それぞれの教科書（例えば，Atkinson et al. [2004]，岡本他 [2003]，上埜 [2004]）をみると，現代的管理会計史の出発点である標準原価・予算統制を基礎として，コストマネジメントや戦略的マネジメントに寄与する管理会計手法が展開されている。また，多くの日本企業が標準原価計算を利用し日常的なマネジメントを遂行するとともに，企業それぞれに直面する経営課題を解決する方法を独自に開発し実行している。例えば，日本的管理会計手法として，トヨタ自動車で有用に活用されている原価企画（Target Costing）[1]はその一例である。

　このように企業における管理会計手法は今なお改良され，新しい手法の開発が重ねられるとともに，基礎的な管理会計手法として標準原価計算も利用されている。それでは管理会計の生成を意味するこの標準原価計算手法は，どのような背景のもとで，どのように生成・発展したのだろうか。

第2節　工業化に伴なう管理会計の生成

　産業革命以降の「工業化」という言葉から，機械による機械製品の大量生産という製造業と大規模企業の出現と普及が考えられるが，様々な視点から「工業化」を説明することが可能であろう。本節では，管理会計が生成することに

直接影響を与えた工業化について考えることとする。

　Hounshell〔1984〕が説明するように，19世紀中頃を起源とする互換性部品による製品製造である「アメリカン・システム」から20世紀初めのフォードシステムに代表される工場での大量生産の確立という社会経済的変革が企業に新たな課題を突きつけた。企業家や経営管理者はこの課題の解決のために，今日の基礎となる管理会計手法（標準原価計算・予算統制）を開発・適用することとなる。企業が直面した「工業化」による課題とは，今日一般的である工場での単一（または少）品種の量産体制における能率，効率性および収益性の向上と継続的な利益最大化をはかるということである。

　工場という場所に作業者が集められ，標準化された工具や器具，そして機械を使い，標準化された作業手順で標準化された製品を量産することが製造業としての理想（標準）となり，それに合わせて作業者を作業させることが課題となった。また，内部請負制に代表されるように，製造現場は職長と呼ばれる親方が徒弟制の作業者を抱えて仕事を遂行するという状態で，経営者（企業家）が直接管理することは不可能であったが，製造業の大規模化や未熟練工の工場への流入などにより，経営者による直接的な労務管理の必要性が高まった。

　このような工業化による生産形態や製造方法の転換によって企業（経営者）は製造工程の管理という新たな経営課題に直面することとなった。Wells〔1978〕やJohnson and Kaplan〔1987〕で説明されたように，複雑な機械による機械製品の量産企業における複雑な製造工程で作業する労働者の作業能率を管理する必要が生じるとともに，その管理者としての役割を技術者が果たすこととなった。このことが管理会計を生み出す結果となったのである。

　テイラー（Taylor, F. W.）に代表される技術者はこのような問題を解決するために，経営管理手法を考えるとともに新しい考え方を普及するために「科学的管理運動（Scientific Management Movement）」を引き起こすこととなった。技術者は現場の作業者に対して科学的に設定された1日の課業（Task）を設定し，その課業をより能率的に達成するために作業研究や時間研究などを実施した。この時点での作業標準や1日の課業などは，当然ながら作業時間や完了品の個数など物量で表される目標値（標準）である。

この科学的管理運動において結実した課業管理を基礎として，標準原価概念が生起し，標準原価計算・予算統制という管理会計の基本的手法の生成・発展に至ることとなる。経営課題を解決する方法として課業管理が開発され，物量標準による管理が定式化され，その課業管理に工場における費用が結びつくことによって標準原価概念が生成することとなる。本章では原価情報，特に標準原価に焦点を当て管理会計の生成をみることとしよう。

第3節　アメリカにおける管理会計の生成

　先程も述べたように，管理会計の基礎である標準原価計算の起源はアメリカの科学的管理運動であり，技術者によってその基礎的発想は創り出された。この生成・発展のプロセスを技術者の論説を基礎として分析し，会計士との交流の結果，標準原価計算の生成に至ったということを論証した辻[1988]をもとにアメリカにおける管理会計の生成をみることとしよう。
　アメリカ機械技術者協会(American Society of Mechanical Engineers：ASME)が1880年に設立され，この協会を中心にして「工場管理運動」が生起し，ASMEが発行する会報や雑誌に技術者にとって課題であった作業者に対する賃金制度などの管理手法について彼らの論説が掲載され議論されるようになった。
　トーン(Towne, H. R.)が1886年の年次大会で"The Engineer as an Economist"という論文を発表し，技術者が工学的な能率問題だけでなく，経済的能率という視点から工場管理運動を引き起こし，原価計算の改革運動を推進することとなる。その後，「節約賃金分配制(Gain Sharing)」(1889年)を発表し，製造原価と労働者賃金との関係を論じ，生産と賃金の関係性について検討し，原価の節約額の算定をしようとした。また，ハルゼー(Halsey, F. A.)が「割増給制(A Premium Plan of Paying for Labor)」(1891年)を発表し，所要作業時間を前年度の実績から算出し，より直接的な刺激的賃金制度の導入を提案した。そして，1895年にテイラーの「差別的賃率出来高制」が発表され，時間研究・作業研究による標準作業時間と標準出来高が「課業(task)」として科学的に決定され，それ

を基礎に差別的な賃率制を労使両者のメリットとして運営することが提案された。

このように賃金制度は作業能率向上のための取組みとして検討され，その結果，標準化による科学的な課業の設定に結実することとなり，作業の標準化が原価の標準化へと転換する起点が生成したのである。さらには製造設備の減価償却費に代表される製造間接費の原価性について検討され，能率を課業という生産の最小単位でみるのではなく工場全体の能率という大きな視点に拡張するようになった。このことによって技術者は物量次元での能率だけではなく，その能率の拡張という視点から原価(工場経営)を設定することに関心が高まったと考えられる。

具体的に標準原価に関する見解を発表したのは，1904年，1908-09年のエマーソン(Emerson, H.)の諸論文であるといわれている。エマーソンによれば，近代的な能率原価計算は実際原価・能率原価(標準原価)・割当原価(標準原価である予定原価と現行の浪費分とに区分した事前原価)から成り，実際原価と割当原価との差異の分析を実施し，能率の測定と向上をはかるとしている。このように能率と原価を結びつけ管理基準となる標準原価を設定し，原価差異を分析対象として明示化させ，今日の標準原価計算の基礎を築いたと評価することができる。しかしながら，この原価差異分析が不徹底であるとソロモンズ(Solomons, D.)によって批判がされている。この評価に対して，岡野〔2002〕は，原価記録は能率記録のひとつであり，過度に依存するべきではないというエマーソンの発言から，不能率の正確な原因をこの原価差異分析で明らかにできないという指摘をしている。

このように標準原価概念が技術者によって開発され，その後1908年に会計士であるウェブナー(Webner, F. E.)によって一連の論文が掲載され，簿記(勘定体系)と有機的に統合した標準原価計算体系が提案されることとなる。その目的は製造原価の算定と価格の決定，さらには能率管理の指標としての部門別・工程別の標準原価の設定と原価差異分析であり，その著書『工場原価論』(1917年)にまとめ上げられている。

例えば，日本の『原価計算基準』(1962年)においても標準原価計算は制度と

して認められており，その目的は原価管理指標としての標準原価と正確な売上原価算定の基礎として定義づけられている。ウェブナーによって確立された標準原価概念が今も引き継がれているのであるが，標準原価が科学的管理における課業管理から生起したということから，生産工程に関する管理能力を兼ね備えていると暗黙のうちに理解されている。しかしながら，辻[1988]が指摘するように，ウェブナーの標準は売価または過去の実績を基準にしており，技術者による能率標準とは全く異質なモノに転換したことを理解すべきである。

第4節　ドイツにおける管理会計の生成

それでは，このようなアメリカでの管理会計の生成時に，例えば，ドイツではどのような活動を技術者はしていたのかみることとしよう[2]。

ドイツ技術者協会誌（*Zeitschrift des Vereines Deutscher Ingenieure: Z-VDI*）において，ドイツの技術者が最初に原価に関して触れるのは，1903年の割増給制に関する一連の論説である。技術者協会会員であり工学士（Dipl.-Ingenieur）であるプロイス（Preuß, F.）は1903年の論稿において，第3節でも取り上げられたハルゼー，あるいは，ローワン（Rowan, J.）に代表される割増給制に関して，計算式とグラフを使って検討しその導入を提案している。プロイスは，ハルゼーとローワンそれぞれの方法によって支払われる賃金が多くなるかどうかということに直接的な焦点を当て，その割増給制の説明で使われたグラフや式の正確性や前提の妥当性について検討を加えている。ただし，この論文で重要なことは，数学的な整合性ではなく，この議論の展開のなかに技術者が原価計算を構築する上で必要な変化が現れているということである。賃金制度のシミュレーションが正確であるかないかが重要なのではなく，それまで労働者が生活を維持するためのお金と考えていた労賃から，製造現場で測定されるものとして考えられたということである。これにより技術者は，生産との関係から労賃を管理することが可能になったと考えられる。

またベンヤミン（Benjamin, L.）による原価計算論（1903）において，技術者の原

価計算の特徴である見積原価計算が論じられている。ベンヤミンによれば，原価計算とは見積原価計算であり，製造業における原価見積りが唯一の原価計算の目的で，製造された製品の単位原価(Selbstkosten)を前もって評価することと，当該製品が実際に製造された場合にその製品の原価が変動する範囲を決定することであると定義している。したがって，その見積られた原価がその製品の製造後の原価であるかどうか，利益を得たのかということは，ベンヤミンの見積原価計算の目的ではない。

さらに，顧客に帳簿上の価格について説明する場合に利用可能であることが必要であり，説明根拠として工場で過去に生産した類似品の製造時のデータを基礎に製品原価を見積る必要があるとしている。

具体的な計算方法として，〔図表10-1〕のように，その原価構成は，原材料費・労務費・経営経費(Betriebskosten)に大別され，基本的な金額(例えば，主要原材料)に対する百分比で各原価項目(例えば，原料屑)は設定され見積り計算される。

図表10-1　ベンヤミンの見積原価計算における原価項目

⑴　主要原材料
⑵　原料屑：主要原材料の百分比割増分
⑶　補助材料：主要原材料の百分比割増分
⑷　製品の製造に関わる本質的な労働や企業経営に基づいて発生する平均的労賃(Normalarbeitslöhne)
⑸　機械作業に対する費用：⑷の平均労賃の百分比割増分
⑹　製品の特別な問題に対処した場合の労賃
⑺　⑹のときの機械作業に対する費用：⑹の労賃の百分比割増分
⑻　機械利用に対する企業経営全体の費用：平均労賃の百分比割増分
⑼　一般的な営業経費に対する費用：平均労賃の百分比割増分
⑽　試作品費用における製品負担分

また，同様に技術者であるメッサーシュミット(Messerschmitt, A.)も，1903年の論稿において，操業度に応じた百分比計算による製品原価の見積り計算を提案し，事前の原価見積計算が経営に有用であると自らの経営者としての経験をもとに主張している。メッサーシュミットの原価計算においても，過去の簿記記録をもとにした百分比計算による原価計算式を示し，独自に操業度の変化に応じた展開式を提示している。

ベンヤミンは技術者にとって商業的(商人的)知識は重要であり，原価見積りが自らの役割であると主張している。そして結論として，技術者と商業的(商人的)知識との結合が必要とされているとしている。

　アメリカの技術者と同様にドイツの技術者が製品原価計算をその役割の1つとして考え，見積原価計算を技術者の原価計算として考えている。簿記記録が見積りの基礎データであり，その経験をもとに直接労務費の百分比などによって見積り計算を実施している。ここで重要な点は，事後に見積額と実際額の差異計算や分析はせず，簿記との有機的接合や利益計算とは結びつかない原価計算であったということである。

　このように簿記との有機的な結合を目的としないドイツの技術者の会計が，アメリカと同様に，その後会計士によって簿記と関係づけられようとする。その一例として，1908年ドイツ技術者協会誌に数回に分けて掲載されたメルツァー(Meltzer, H.)の原価計算論をみることとしよう。

　メルツァーはまず商業簿記をもとに技術者が製造管理をする必要があると述べる。メルツァーの原価計算では，工場での費用は特定の勘定で証明され，完成品と未使用の原材料などとは厳格に区別され，製造勘定での費用は事後計算において製品原価や製造原価など整合性を確立しなければならないとしている。また，技術者が経済的計算を利用して経営管理するためには，例えば原材料の倉庫管理者と製造管理者との組織化と明確な責任区分が必要であり，それに応じた製造勘定の項目が迅速に照会できなければならないとしている。そのために，技術者は主要簿から導かれた製造勘定を照会元として恒常的に利用すべきであり，単位当たりの原価をコントロールする道具として，さらに明確な照会元を形成するために，帳簿係は製造勘定とそれに関係する専門の勘定を作成しなければならないと主張する。

　それでは，メルツァーの原価計算方法を具体的にみることとしよう。

　メルツァーは複式簿記を基礎とした体系を組み立てているため，その具体的記録の様式は〔図表11-2〕のように勘定様式を採用している。例えば，〔図表10-2〕の素材勘定にあるように，いわゆる貸借に区分した勘定様式である。特徴としては総重量(kg)と単位当たり価格(マルク／トン)を併記していることであ

る。また，丁数欄があることから，この金額の照会元として主要簿との関連を明確にしている。この点は，すでにメルツァーが技術者の原価計算を複式簿記と有機的に接合させようと意図していると考えられる。また，素材勘定では期首に前期繰越である「貸借対照表勘定」が記帳され，素材費とそれに伴なう引取費が記帳され，期末に前期繰越分と当期費用との合計額を前期繰越分と当期購入分の総重量で除して，単位当たり価格を算出し，製造工程に投入された（製造勘定に振り替えた）素材費の算定レートとしている。また，未使用の素材は次

図表10-2　メルツァーの原価計算における勘定記録の関係

借方	素材勘定
日付・丁数・重量・単位原価・摘要・小計・合計	
	製造勘定へ

単価×重要

借方	製造勘定
日付・丁数・重量・単位原価・摘要・小計・合計	
素材費・労務費・経費	製品勘定へ

期末仕掛品評価による当期完成品製造費用の算定
当期完成品製造費用÷完成品数量＝単価

借方	製品勘定
日付・丁数・重量・単位原価・摘要・小計・合計	

借方	売上勘定
日付・丁数・重量・単位原価・摘要・小計・合計	
販売費用	売　上

出所：中嶌〔2003〕36頁より

期への繰越分として，重量および金額ともに帳簿上引き継がれている。メルツァーが目的としたように，この記帳によって，製品に使用された素材と未使用の素材が峻別され，それぞれの金額が評価されている。

〔図表10-2〕においてもう少し具体的に集計方法をみることとしよう。

まず素材費・労務費・経費を製造勘定に集計している。製造勘定では計算手続きにおいて「大きな変化」がある。期首に前期繰越分が記入され，次いで素材費・労務費・経費が記帳される。そして，期末にまず仕掛品(次期繰越分)が評価され，その評価額が前期繰越分と当期費用との総額から差し引かれ，その差額を製品勘定に振り替えられた完成品重量で除し，単価を算出している。

ここで指摘する「大きな変化」とは，素材勘定では(単価×重量)の金額を振り替えられた素材の費用としていたが，製造勘定では仕掛品評価の過程が入り，いわゆる今日の単純総合原価計算と同じ計算手続きとなっているということである。ここでの単価は総原価に対する一製品当たりの負担分であり，物量的根拠による計算ではなくなっている。さらに，この金額を製品勘定に振り替え，前期繰越分と合算し，期末に当期の単価が算定されている。そして，この単価がメルツァーの利益計算の基礎数値となる。

また，補助材料勘定により製造勘定に振り替えられる金額を確定し，そのために例えば在庫勘定において具体的数量管理を行ない，当期の消費分という厳密な意味での当期製造費用の算定を可能にしようとしている。当時，補助材料などの物量管理がずさんで，その部分の損失だけでも相当多額であったようで，正確な原価の計算同様，物量管理も企業にとって重要であったと考えられる。

そして，メルツァーは〔図表10-2〕のように売上勘定を設定し，売上金額から手数料と値引き分を，さらには処分した製品を引いた金額を実際に売り上げた製品数量で除し，単位当たり販売価格を出している。

メルツァーは当時一般的であったと指摘する「不透明な製造勘定」とここで説明したMeltzer自身の原価計算とを比較している。メルツァーの原価計算では，一連の手続きによって算出された平均販売価格から単位原価を引き，その差額(売上の超過分)と販売数量を乗じて当月の総収益を出している。それに対して「不透明な製造勘定」では，機首・期末在庫(繰越分)・仕掛品と完成品を

峻別せずに貸借の差額を当月の総収益として計算している。当時一般的であったとされる「不透明な製造勘定」では，製造過程での消費を全く反映していない計算であり，正確な売上利益の計算が全くできない。この点からもメルツァー自身の原価計算は有用で優れていると説明している。確かに正確な売上原価と売上利益の計算には優れているといえよう。

ところで，技術者にとって有用な情報を提供するという点ではどうであろうか。メルツァーは，〔図表10-3〕のような物量管理のために「製造一単位原価の補助統計」表を作成し，月次別の物量・金額・単位当たり原価を集計している。前年同月の結果も併記し，比較可能になっており，技術者に必要かつ有用な情報が提供できるとしている。この一連の手続きと様式がメルツァーの原価計算の全体像である。

図表10-3　メルツァーの製造一単位原価に関する補助統計

月次	生産量	素　材		生産賃金		監督などの非生産賃金		補助材料など		修繕・維持		総　計	
	kg	マルク	@マルク	マルク	@マルク	マルク	@マルク	マルク	@マルク	マルク	@マルク	マルク	@マルク

出所：中嶌〔2003〕37頁より。

技術者の原価計算と照合可能な経済情報という意味で簿記とを接合し，メルツァーによれば，技術者のために新たな現場管理にも役立つとともに商業簿記（売上利益計算）との整合性も兼ね備えた原価計算として説明している。メルツァーはこの原価計算を論じるに当たり，技術者に対して細心の注意を払い，帳簿係（会計士）は技術者を後ろで操るつもりはないと述べた上で，例えば，物量や統計的計算の結果は主要簿上で表記することはできないので，正確な照会元が必要となれば技術者に主要簿を説明する努力は惜しまないとまで述べている。技術者が必要とする情報と簿記情報を関係づけることへの積極的協力を申し出ている。

明らかにメルツァーが目的としたのは，正確かつ迅速な売上利益の計算であり，そのために技術者を利用しようとしていると判断せざるを得ない。技術者

の問題に対して有用な情報を提供すると述べながらも，事後的な物量情報に基づいた原価計算情報であり，具体的な課題とその解決策の説明はない。第3節で技術者の会計から会計士の会計への転換を標準原価を例に説明したが，ドイツにおいて見積原価情報から売上原価計算への転換が同じく技術者から帳簿係（会計士）との関係において生起している点は偶然というよりも歴史的必然性であると理解すべきであろう。

第5節　おわりに——工業化社会の発展と管理会計の関係性——

　企業が直面する課題を解決する手法として管理会計が生成・発展してきたという視点から，アメリカでの大規模な製造業の出現と，科学的管理運動に代表される工場管理手法の開発の必要性から，標準原価という管理会計手法の生成を考察した。そして，技術者による課業管理を基礎とした標準原価という考え方が会計士の関心と合致することにより，正確な製品原価の計算という簿記との整合性を目的とした標準原価に転換した過程を簡単ではあるが説明した。また，同時期のドイツにおける管理会計の生成をみることにより，アメリカと同様に簿記との接合が試みられ，技術者が意図しない質的転換が生じていることを明らかにした。このように歴史的考察によって，手法の質的転換が明らかとなり，また比較研究[3]をすることによって偶然から歴史的必然性を導き出すことができる可能性があることは重要な点である。

　Johnson〔1984〕は，会計士などの会計実務に携わる者すべてにとって会計史を学ぶことは重要で，会計史を理解することによって会計実務の変化の本質を理解し，変化に対応するための全ての方向性を見出すことができると主張している。企業会計の歴史を管理会計史の歴史として位置づけ，その変遷の意味を説明し，さらに将来の方向性を見つけ出すことができると説明している。今日，工業化社会が新たに発展することに伴ない，それに応じた管理会計の今後の発展と手法の有用性を見出すためにも，管理会計史研究はますます重要である。

> **産業（企業）の成功は見習うこと，盗むこと？**
>
> 　アメリカ管理会計の生成に寄与したのは，科学的管理運動（Scientific Management Movement）の主役であった技術者（Engineer）たちであったといわれている。技術者たちはアメリカ機械技術者協会（American Society of Mechanical Engineers）の雑誌 Engineering Magazine において，その論説を掲載した。
> 　同様に20世紀初頭のドイツの技術者たちも，ドイツ技術者協会の雑誌 Zeitschrift des Vereins Deutscher Ingenieure に管理会計に関する論説を掲載している。この雑誌を1850年代から順に調査すると，1900年前後からアメリカ企業の実態に関する調査記事が見受けられる。その記事の中には製造方法や工具，工場レイアウトや工場機械などアメリカ企業の実態を様々な点から紹介している。
> 　たとえば，安部悦生著『経営史』（経営学入門シリーズ　日経文庫，25-26頁）によれば，18世紀のイギリスはオランダから繊維産業技術を学んだ（盗んだ）として「物真似の巧みな国民」と呼ばれ，19世紀末にはアメリカも「ヤンキーの独創性」とヨーロッパから物真似上手と呼ばれたようである。日本企業を産業スパイと批判したアメリカも当時はイギリスなどヨーロッパの先進部分に習い盗み真似たと批判されたようである。
> 　ドイツ企業も当時先進するアメリカ企業への実態調査を頻繁に行い，その強さの秘密を習い盗もうとしていたのかもしれない。ただし，ただ真似るだけでは相手に勝つことはできず，それぞれの国（企業）ごとに違った展開（工夫や発明）をすることで，新たな成功を掴み取っている。何を習い，何を盗み，何を選んだのか，歴史の資料を通してその答えを見つけ出し，これからの成功の秘訣として生かすことができないだろうか。

注
(1) 原価企画は，簡単に言えば，生産の事後で原価を計算するのではなく，設計図面上で原価を作り込み（計算）しながら目標原価に収まるように活動する手法である。
(2) ドイツの原価計算の歴史については，Dorn〔1961〕が詳しいが，本節ではその歴史的研究の隙間をうめる意味でもドイツの技術者に特化して考察している。
(3) 比較研究を実施する上で，フランスにおける管理会計の発展に関しては大下〔1996〕が，イギリスにおける管理会計の発展に関して鈴木〔2001〕が参考となる。

（中嶋　道靖）

第11章
株式会社制度と会計監査

本章のねらい
1. 19世紀に入って，イギリス，ドイツおよびアメリカという国々が，それぞれの国で制定した株式会社法制において，どのような監査制度を確立したか。
2. そのようにして確立した株式会社の監査制度が，19世紀末(明治期)になって，わが国にどのように移植されたか。
3. さらに第2次世界大戦後における，わが国の株式会社監査制度の展開に，どのように影響を与えたか。
4. これらの点の学習を通して，欧米諸国の株式会社監査制度の概要を理解すると共に，わが国監査制度の歴史的展開とその特質を理解できるようにしたい。

第1節 はじめに

　本章では，会計監査の歴史を，株式会社制度との関係で考察する。すなわち，企業組織形態の発達した形態としての株式会社企業における監査の歴史を考察する。

　株式会社の特性として，次のような特性をあげることができる。すなわち，①全社員の有限責任制，②会社機関の整備，③株式制の発展，そして④企業の永続化，である。歴史的に見て，これらの特性を備えた最初の企業として，1602年に設立されたオランダ東インド会社(連合東インド会社)があげられている(大

塚〔1969〕359-361頁)。

　株式会社形態は，大資本を形成し，大規模でまた永続的に企業を行なうのに適していたので，その後多くの国々で普及し，18世紀にはほとんどの種類の事業に採用されることとなった。多くの国で株式会社は，初めのうちは国家の強い干渉のもとにあり，設立は国家の特許により行なわれ，役員の任免権も国にあるという状態にあった。

　19世紀になり，フランス革命後の1807年に制定されたフランス商法典(Code de Commerce：ナポレオン商法典)は，株主総会を最高機関とする民主的な組織を確立しており，産業革命をいち早く進めたイギリスでは，会社設立における免許主義から，準則主義へと発展させている。

　次節では，19世紀に入って欧米諸国で展開した株式会社法の歴史を辿り，その中で規定されている監査制度の特質を考察する。続く第3節では，わが国の株式会社の監査制度が，それら諸国の監査制度からどのように影響を受けることになったかについて，調べることとする。

第2節　株式会社制度と監査制度

　株式会社における監査制度の歴史的展開を考察するにあたり，わが国の監査制度の発展に影響を与えた先進諸国，イギリス，ドイツおよびアメリカについてとりあげ，それらの国々がどのように監査制度を確立していったかについて，考察することにする。[1]

1．イギリスにおける監査制度

　他国に先駆けて産業革命が興った国であるイギリスは，18世紀の後半から19世紀の初頭には，産業革命の影響が顕著になり工業化が進んだ。それに先立つ1720年，イギリス政府から南米の東西両海岸の貿易独占権を与えられていた，南海会社(South Sea Company)の崩壊という事件(「南海泡沫事件」(South Sea Bubble))を受け，泡沫会社取締条例(Bubble Act)が公布された。この条例において，会社の設立にあたり，特許主義がとられた。

19世紀に入り，株式会社の持つ経済的機能が次第に理解されるようになり，1825年には，泡沫条例廃止法(Act to Repeal the Bubble Act)の制定となった。その後1844年に，登記法(Joint Stock Companies Registration Act)が制定された。この登記法は，最初の準則主義の立法であった。国王の特許状や議会の特別法によらずに，単に登記するだけで会社の設立の許可が得られることになった。近代的な会社制度の基礎を作ったものである。

1844年法は，会社設立を容易にしたが，取締役に対しては会計帳簿の適切な保持を要求し，法定会計監査の条項を加えた。会社設立に際し監査役(auditor)を任命すること，その後は，監査役を年次株主総会で任命する。その職務は取締役の作成する帳簿と貸借対照表を検査し，株主総会で報告し，監査報告書を貸借対照表と共に株主および登記吏に送付することになっていた。こうして監査役による会計監査が義務付けられたのである。監査制度については，この法律が株式会社近代監査制度の出発点とされている(Littleton〔1933〕pp. 288-289〈片野訳〔1978〕401-402頁〉；山桝〔1961〕24-25頁；千葉〔1991〕71頁)。

翌45年に公益事業会社を対象とした，会社条款総括法(Companies Clauses Consolidation Act)が制定された。公益事業会社の取締役の会計責任を強化し，帳簿記帳および計算書作成の義務を詳細に規定した。監査役制度に関しては，監査役は会社の費用で自ら適当と認める会計士その他のものを委嘱できることとなった。この規定によって，すでに社会的に地位を確立しつつあった職業的会計士に対し，決算監査に携わる資格を法的に公認することとなった。

1856年会社法(Joint Stock Companies Act)は，1844年法と1845年法とを整理統合し，補正したものであったが，計算書類の作成や会計監査について，重要な変更がなされている。すなわち計算書類の作成や会計監査については，強制規定とせず模範通常定款としての「附則B表」の中に規定した。模範通常定款に準拠しない定款を作成することによって，監査を省略することが法的に可能になった。こうして強制的な会計に対する要求や強制監査が廃止され，任意規定となった。強制監査規定は，1879年会社法(Companies Act)において銀行企業に

関して復活させ，さらに一般会社の会計と監査に関して，1900年法で強制規定を復活させた。その間1862年会社法(Companies Act)が，制定されている。この会社法は，有限責任会社の大憲章(マグナ・カルタ)とも呼ばれ，その後の大陸諸国の立法に大きな影響を与えたが，会計と監査に関する規定は，1856年法を受け継ぎ，任意規定のままであった。

　第2次世界大戦後，1947年に会社法について重要な改正が行なわれ，翌1948年には，前年の会社法と1929年会社法とを総括した会社法が成立した。1948年会社法では，監査役に選任される者の資格を規定した(第161条第1項)。すなわち，①連合王国(United Kingdom)で設立され，その時点でこの条項のために商務省が認める会計士団体の会員であること，②その他監査役として指名しうると商務省が認めた者，とされた。

　この会社法の成立時，商務省が認めた会計士団体は，以下の7団体であった。
① The Institute of Chartered Accountants in England and Wales.
② The Society of Incorporated Accountants and Auditors.
③ The Society of Accountants in Edinburgh.
④ The Institute of Accountants and Actuaries in Glasgow.
⑤ The Society of Accountants in Aberdeen.
⑥ The Association of Certified and Corporate Accountants.
⑦ The Institute of Chartered Accountants in Ireland.

こうしてイギリスにおいては，会社法上の監査役資格条項の中に，職業的会計士が組み込まれたのである(山浦〔1993〕275, 297頁)。

　イギリスの会社法では，業務を執行する取締役とそれを監査する監査役が，共に必要機関とされ，後に監査役の資格を，職業的会計士に限定した。わが国の第2次世界大戦後の監査制度改革において，このイギリスの制度が，議論されるところとなった。

2．ドイツにおける監査制度

　ドイツにおいては，18世紀末頃までは，個人企業ないし組合形態の企業が多

く，したがって，同国における株式会社の発生は，ほとんど19世紀に入ってのことである。1807年公布のフランス商法典の影響を受けた，ドイツ一般商法典 (Allgemeines Deutshes Handelsgesetzbuch) が，1861年に制定された。

ドイツ一般商法典では，株式会社 (Aktiengesellschaft) については，任意規定ではあったが，初めて監査役会 (Aufsichsrat) に関する規定を設けた。監査役会を置く場合には，貸借対照表と利益処分案とについて，監査を受けることを取締役 (Vorstand) に要求した。

1870年6月，改正株式法 (Aktiennovelle) が制定され，そこでは株式合資会社と株式会社の両方について，免許主義から準則主義に移行している。この法律で設立する会社については，国家の監督の代わりに監査役会という機関を設け，これに取締役の業務の執行を監督させるとともに，貸借対照表および利益処分案を監査して，株主総会に報告することを規定した。1884年の改正株式法において，さらに監査役の職責および義務は強化されている。こうしてドイツ商法においては，準則主義への移行，会社機関として，意思決定機関としての株主総会，執行機関としての取締役，および監督機関としての監査役会が並立する，会社機関のドイツ的型が形成された。

1897年の改正商法では，株主総会で監査役を選任すること，監査役会は取締役の業務遂行全般を監査すること，そのために何時でも会社の事務について取締役の報告を請求し，会社の帳簿および書類を閲覧し，会社の現金，有価証券および商品の在高を監査することができることなどを規定した。法律条文では，監査役はその監査職務を他人に委任することを禁じていたが，専門的補佐は拒否すべきでないと解釈され，帳簿監査のため帳簿監査士または信託会社ないし監査会社を補助的に利用することは認められていた（山桝〔1961〕78-82頁；加藤〔1993〕39-43頁）。

ドイツにおける職業的会計士についてみれば，18世紀には帳簿監査を業とする自由職業者として帳簿監査士 (Bücherrevisor) がすでに現われ始めていたが，18世紀末ごろには，これまで自由職業者として放任されていた帳簿監査士の中から，所定の試験ないし詮衡に基づいて各地の商工会議所によって公に任命されることとなった。これは宣誓帳簿監査士 (Beeidigter Bücherrevisor) と呼ばれ，

この専門家の協会として，1896年に，まずベルリン帳簿監査士協会が設立され，1898年にドイツ帳簿監査士協会となった。

1890年頃から，信託会社(Treuhandgesellschaft)が設立され，のちに監査会社へと発展する。1890年にドイツ銀行を大株主として設立されたドイツーアメリカ信託会社(後のドイツ信託会社)は，その目的を自己の勘定で，また第三者の勘定でアメリカの有価証券を取得することとしていたが，まもなく監査業務に移っていった。親銀行の融資先の監査を担当するものとなる。ドイツにおいては一般に信託会社は，監査会社(Revisionsgesellschft)として発展することとなった。

ドイツにおいては，株式会社の監査役制度とは別に，職業的会計士の強制監査制度が創設されている。1931年，大統領緊急指令によって株式法の一部を改正し，年度決算について，専門監査人による監査を義務付けた。すなわち，「年度決算書は，決議のために総会に提出されるに先立って，その基礎となる帳簿記録及び営業報告書と共に，1人または数人の専門の監査人－貸借対照表監査人(Bilanzprüfer)－によって，監査されねばならない」。こうして，監査役監査制度のほかに，貸借対照表監査人による強制監査制度が創設されたのである。第1次世界大戦後の同国の経済復興，アメリカ資本の導入のための条件として，監査制度の充実を余儀なくされたのである。

同年12月の株式法施行規則では，この貸借対照表監査人になれる者を，公認経済監査士ないし信託・監査会社とした。翌1932年，ドイツ帳簿監査士協会は，発展的に解消し，経済監査士協会(Institute der Wirtschafstprüfer)が，創設された。

ナチス政権下，1937年に新たに株式法が制定され，従来のような商法の一部ではなく，単行法の形をとった。同法では，年度決算監査制度については，年度決算書は，監査役会に提出されるに先立ち，簿記および営業報告と共に，1人または数人の専門的監査人－決算書監査人(Abschlußprüfer)－によって監査されなければならないとし，この決算書監査人は，公認経済監査士または経済監査会社でなければならない，とした。

こうして形成された株式会社監査制度は，第2次世界大戦後も，そのまま引き継がれた。ドイツにおける監査制度の特徴は，監査役の職務権限が，取締役

を監督することであり，業務執行と監督が明確に分離していること，決算書監査人の監査が，監査役の監査の他に制度付けられていることである。戦後のわが国の株式会社監査制度の展開と密接に関連するものとなっている。

3．アメリカにおける監査制度

　植民地時代のアメリカは，事業の規模は小さく，母国イギリスの泡沫会社条例が適用されていて，事業会社は少数しか存在していなかった。独立革命(1763～1789)の後，産業の保護育成が図られ，北部諸州において，各種事業が計画されるようになった。第2次米英戦争(1812～1814)後，アメリカにおいて第1次産業革命期を迎え，近代工業の勃興となる。さらに，南北戦争(1861～1865)を経て，同国の工業化の過程は，ますます進み，第2次産業革命となる。

　独立革命によってイギリスの支配から解放されると，会社に関する各種の法律が制定された。1795年，ノース・カロライナ州で，準則主義により運河会社の設立を許可する法律が通過した。また，1799年には，水道会社について同様の法律が通過している。1811年には，ニューヨーク州で，製造工業のための最初の準則主義の法律が制定された。1837年には，コネティカット州で，最初の完全な近代的株式会社立法を通過させた。1850年までに，一般的な会社法であるコネティカット州法をモデルとして，20州が一般会社法を制定している（Littleton〔1933〕pp. 254-255〈片野訳〔1978〕366-367頁〉；山桝〔1961〕110-115頁；大矢知〔1971〕14-15頁）。

　株主保護目的として監査規定を設けた最初の州法は，1911年のノース・カロライナ州法である。次のように規定した。「ノース・カロライナ法により設立し，かつ州内にて営業する株式会社の株主の25パーセントの要求がある場合，当該会社の役員は，会社の財政状態を確認するという趣旨にて，会社の一切の帳簿を資格ある会計士に監査させなければならない」。

　また，1927年オハイオ州法は，次のように監査規定を設けた。「損益計算書および貸借対照表が真実かつ正確であって，帳簿にしたがい公正に会社の事態を示しているという，社長，副社長，財務担当役員または同補佐か，会計士ま

たは会計士事務所の証明書を当該財務諸表に添付しなければならない」。ノース・カロライナ州法は，少数株主の要請に基づく監査規定であり，オハイオ州法では，会計報告に対する監査証明書を求めてはいるが，会計士の証明書を求めていたのではなく，社長の証明書でもよいことになっていた。このように，アメリカの1930年代までを考慮してみて，監査規定は，まったく不備であることがわかる。アメリカにおける投資家保護規定は，1930年代の連邦証券諸法まで待たなければならなかった（大矢知〔1971〕18頁）。

　1929年10月，ニューヨーク証券取引所（New York Stock Exchange：以下，NYSEと略す）における株価の暴落に端を発した世界大恐慌は，企業会計制度に革新的な影響を与えた。同国における株式会社監査の本格的な発展は，1932年に，NYSEが，その上場会社に対して，同取引所に提出される財務諸表に，会計専門家の監査を要求したことに始まる。その後，この施策は各地の証券取引所によって，次々と踏襲されていった。

　世界恐慌に対処するために採られたニューディール政策の一環として，1933年5月，連邦法として証券法（Securities Act）が制定され，翌1934年6月，証券取引所法（Securities Exchange Act）が制定された。1934年法により，証券取引委員会（Securities and Exchange Commission：以下，SECと略す）が設立され，州際取引において有価証券を発行しようとするすべての会社，ならびに取引所に株式を上場しているすべての会社が，この委員会に登録すべきことや，同委員会の定める形式により，しかも独立の会計士ないし公認会計士の監査証明を添付した財務諸表などの届出書類を，同委員会および証券取引所に提出することなどを命じた。こうして1930年代に，株式会社の財務報告に対する法定監査が，SEC監査の形で達成されていったのである。

　アメリカにおいては，会社の機関として株主総会と取締役会のみが存在し，監査役または監査役員制度は存在しなかった。アメリカ法では，株主はその監査機能を，取締役会に委譲するものであった。1929年の大恐慌を契機に，第三者による厳重な会計監査を強制することとなった。株主，債権者保護の見地から，財務諸表の開示と並行して，公認会計士の強制監査が取り入れられて，発展することとなった。

アメリカの監査制度は，第2次世界大戦後のわが国の監査制度の改革に，大きな影響を与えるものとなった。

第3節　日本における監査制度

わが国商法は，その制定の際にまた幾度となく繰り返された改正の中で，諸外国の株式会社法制から多大な影響を受けてきた。第2次世界大戦前には，わが国商法の制定された1890(明治23)年およびその改正がなされた1899年(明治32)年，また第2次世界大戦後には，1950(昭和25)年改正，そして戦後改正の見直しがなされた1974(昭和49)年に焦点をあて，どのように諸外国の影響を受けたかについて考察する。

1．第2次世界大戦前の展開

明治政府は1881(明治14)年に，ドイツ人ロエスレル(Roesler, H.)を招き，商法典の起草を命じた。ロエスレルは1884(明治17)年に，「商法草案」を，政府に進達した。この商法草案は，フランス商法の編別を模範としているとはいえ，その内容は，全体的に1848年プロシャ株式会社法，1861年ドイツ一般商法典および1870年改正株式法を継承したものである。

1890(明治23)年4月26日に公布された商法(旧商法)は，ロエスレル草案をもとに，編別はフランス法に属するが，規定の実質は，ドイツ法にならうものであった。監査役は，草案では会社の任意機関とされていたが，制定された商法では必須機関とされていた。制定法の第191条では，株主の中から，「3人より少なからざる」監査役を選任すべきことを規定した。

監査役の職務について，第192条で次のように規定した。
・取締役の業務執行が法律，命令，定款および総会の決議に適合するかどうかを監視しかつすべてその業務執行の過怠および不整を検出すること
・計算書，財産目録，貸借対照表，事業報告書，利息又は配当金の分配等を検

査しそのことに関し株主総会に報告をなすこと
・会社のために必要または有益と認める時は総会を召集すること
　その職務を果たすために，第193条に次の規定をしている。
・監査役は何時にても会社の業務の実況を尋問し会社の帳簿その他の書類を展覧し会社の金匣(きんこう)およびその全財産の現況を検査する権利あり

　監査役は，取締役の業務執行の監査および会計監査をその職務としている。さらに，監査役はその制定当初から，株主総会および取締役と共に，株式会社の必須の機関とされていたのである。
　1899(明治32)年3月9日に，改正商法(新商法)が公布された。旧商法を受け継ぎ新商法でも監査役は，株式会社の必須の機関とされている。任期は2年から1年に，また員数は，3人から1人に改正されている。監査役の職務権限について，次のように規定した。
・監査役は何時にても取締役に対して事業の報告を求め又は会社の業務および会社財産の状況を調査することを得(第181条)
・監査役は株主総会に提出せんとする書類を調査し株主総会にその意見を報告することを要す(第183条)

　このようにして，商法における監査役制度の確立をみたが，その一方職業的会計士制度については，明治20年代に入るとすでに識者のうちには，わが国への移植を論じる者がでてきている。また職業的会計士の仕事を実際に行なう者も現れている。明治末期に至り，日露戦後の恐慌により，銀行や会社の破綻が続出するに至り，職業的会計士制度の移植についての議論が高まることになる。
　1909(明治42年)年1月の大日本製糖株式会社の破綻は，わが国へ欧米の発達した職業的会計士制度の導入・移植を論じる大きな契機となった。同年11月，農商務省は，「公許会計士制度調査書」を公表し，欧米に発達した職業的会計士による監査制度を導入することによって，銀行・会社の破綻という事態を解決するための提案をしている。この調査書においては，イギリス・アメリカの会計士制度を主として念頭においているが，ドイツの信託会社による監査制度

にも考慮が払われている。この両方の制度が，戦前わが国に導入されていることは，興味深いことである。⁽³⁾

2．第2次世界大戦後の展開

第2次世界大戦後，1950(昭和25)年に，商法が改正された。1899(明治32)年以来，約50年にわたり機能してきた監査役制度に重大な変革がなされた。アメリカ占領下，株式会社の民主化また株主地位の強化を図るため，アメリカ法を大幅に取り入れた。監査役制度に関しては，取締役会制度の導入が関係する。新法においては，取締役会は，業務の意思決定機関であり，業務の執行機関である代表取締役を監督する権限が与えられた。すなわち業務を執行する取締役に対する業務監査権限が与えられたのである。業務監査権限が取締役会に移ることになったので，監査役の職務権限は，会計監査に限定されることとなった。

改正商法第274条は，監査役の職務権限を次のように規定した。
・監査役は何時にても会計の帳簿及び書類の閲覧もしくは謄写をなしまたは取締役に対し会計に関する報告を求むることを得
・監査役はその職務を行なうため特に必要あるときは，会社の業務および財産の状況を調査することを得

戦後改革の別の流れとして，1948(昭和23)年に，アメリカの制度にならい証券取引法が制定され，同じ年に公認会計士法が制定された。アメリカの制度にならった公認会計士による証券取引法監査制度が移植されたのである。アメリカの株式会社監査制度の特徴は，取締役会による業務執行役員の監視・監督と公認会計士による外部監査の義務付けであった。戦後のわが国の監査制度は，このアメリカ的監査制度が移植され，その後実践されていくことになったのである。

証券取引法監査が実施された1957(昭和32)年1月から8年後，1965(昭和40)年3月に，山陽特殊製鋼の倒産とその後粉飾決算が明るみになった。そのような中で，商法の監査制度の改革が進められた。法制審議会商法部会は，1967(昭

和42)年5月に,「監査制度に関する問題点」を公表し,監査制度の改正について,A案とB案という2案を示した。A案は,現行法(つまり1950年法)通り,監査役は会計監査のみを行なう。改正点として,取締役会の監査機能の強化,社外取締役の強制,業務執行者とそれを監督する者の分離など,が含まれていた。B案は,戦前の監査役と同じ職務権限を持たせ,監査役は会計監査だけでなく,業務監査を行なうことを基本とし,その両監査機能を強化する,というものであった。

公認会計士の強制監査を受ける会社については,次の4案が考えられた。

①A案(その1)　監査役の資格を,公認会計士に限定する方法(イギリス型)
②A案(その2)　監査役を廃止し,公認会計士監査だけとする(アメリカ型)
③B案(その1)　監査役は会計監査を行なわず,それを公認会計士に任せる(A案の2に対応)
④B案(その2)　監査役は公認会計士の会計監査結果を受けて,それに監査役が自分の意見を加えて,株主総会に報告する形式(ドイツ型)

1968(昭和43)年1月,法制審議会商法部会は,B案の方向で進めることを決定した(浦野〔1970〕74-116, 323-327頁)。1974(昭和49)年に,B案のドイツ型が制度化された。

わが国の株式会社監査制度は,明治期の監査制度の導入の際に,ドイツの監査制度にならって制度の形成をした。第2次世界大戦後の1950(昭和25)年に,アメリカにならい取締役会制度を導入して,それに業務監査を行なわしめ,公認会計士制度を創設し,商法とは別個の証券取引法によって公認会計士監査を制度化していった。

1974(昭和49)年商法改正と商法特例法(株式会社の監査等に関する商法の特例に関する法律)の制定によって,監査役の権限の強化,資本金5億円以上の会社について,会計監査人監査を制度化し,会計監査人には,公認会計士または監査法人(1966(昭和41)年の公認会計士法改正により創設された公認会計士が5人以上からなる監査会社)が選任されることになった。この監査制度は,ドイツにおいて1930年代に確立した制度と類似している。

この1974年商法・商法特例法の監査体制は,戦後に展開してきた商法監査と

証券取引法監査を調整するものであり，その後のわが国株式会社監査制度の基礎となった。

第4節　おわりに

　株式会社の監査制度として，先進諸国イギリス，ドイツ，およびアメリカについて考察し，わが国の監査制度の確立をそれら諸国の監査制度との関係で考察した。

　イギリスの会社法では，業務を執行する取締役とそれを監査する監査役制度を共に規定し，監査役の資格を職業的会計士に限定するものであった。ドイツでは，監査役会が業務執行を担う取締役を監督する強い権限を持ち，監査役会の監督機能とは別に，会計監査を独立の職業会計士によって遂行する制度となっていた。アメリカでは，会社法で監査役を規定することなく，取締役会における監査・監督と，外部独立の公認会計士監査を義務付けるものであった。

　わが国では，制度の形成やその後に繰り返された制度改正のつど，これら諸外国の制度の影響のもとに制度を形作ってきたのである。明治期の制度形成にあたっては，ドイツの制度，第2次世界大戦後は，アメリカの制度が，大きく影響したのである。

　株式会社監査制度の現状は，2001（平成13）年12月の商法改正，2002（平成14）年5月の商法改正を経て，制度形成期においてドイツにならい，その後わが国の社会に定着した監査役による監査制度とアメリカ的監査制度を，選択可能なものとした。すなわち，従来から採用してきた監査役による監査体制と，監査役を置かず取締役会の中に社外取締役過半数で構成する監査委員会を設置し，監査委員会によって監査するアメリカ的監査体制が並存することとなった。各会社は，どちらかの監査体制を，選択することとなった。

　わが国の監査制度を理解するにあたっては，諸外国の監査制度からの影響を理解しなければならない。すなわち，わが国の監査史に対応する諸外国の同時代史を理解しなければならない。そのことにより，互いの国において生じた変

化の相関関係を，理解することができるのである。そしてそのような理解を通してのみ，わが国株式会社監査制度の特質を，理解することができるのである。

日糖事件と夏目漱石

　1909（明治42）年1月に生じた大日本製糖株式会社の破綻とその後に展開する政界を巻き込んだ疑獄事件，いわゆる「日糖事件」は，わが国監査史の1つの焦点である。この年に夏目漱石は，『それから』を，東京朝日新聞に連載していた。漱石はその中で，この「日糖事件」にふれている。主人公代助が，嫂（あによめ）のもとに金を借りに行き，断わられて帰ったその翌日に生じたこととして，次のように述べている。

　「その明日の新聞に始めて日糖事件なるものがあらわれた。砂糖を製造する会社の重役が，会社の金を使用して代議士の何名かを買収したと云う報知である。……二三日（にさんち）するうちに取り調べを受けるものの数が大分多くなって来て，世間ではこれを大疑獄の様に囃（はや）し立てる様になった。ある新聞ではこれを英国に対する検挙と称した。その説明には，英国大使が日糖株を買い込んで，損をして，苦情を鳴らし出したので，日本政府も英国へ対する申訳に手を下したのだとあった。」

　さらに別の箇所で，実業家である兄誠吾と代助との会話の中にも，日糖事件が出てくる。

　「兄さん，この間中は何だか大変忙しかったんだってね」
　「いや，もう大弱りだ」
　「何か日糖事件に関係でもあったんですか」
　「日糖事件に関係はないが，忙しかった」
　「日糖もつまらない事になったが，ああなる前にどうか方法はないんでしょうかね」
　「そうさなあ。実際世の中の事は，何がどうなるんだか分らないからな。……」

　漱石は，1900（明治33）年から2年間，ロンドンに留学している。そのことを考えると，漱石のこの記述は，日糖事件の社会的影響の大きかったことを推測させると共に，その事件における英国大使の言動に，漱石が興味を引かれたことを示しているとも考えられる。それにしても，漱石が当時連載中の新聞小説で，日糖事件に言及していたことは，興味深いことである。

＊引用は，新潮文庫『それから』（1985年，79刷改版）による。

注

(1) Littleton〔1933〕〈片野訳〔1978〕〉；山桝〔1961〕；浦野〔1970〕などを参考にしている。

(2) この任意監査の時代について,千葉準一は次のように述べている。「筆者が参照しえた1856年から1900年までの計算書類において監査人の署名がないものは実に極めて少ないのであり,ほとんどの企業は監査人監査を実施していたことが推測されるのである」(千葉〔1991〕107頁)。
(3) 「公許会計士制度調査書」について,原〔1989〕32-37頁。イギリスにならった会計士(計理士)制度の移植およびドイツにならった信託会社の会計検査制度の移植の過程は,同書第2章から第5章に記述されている。

(原　　征士)

第Ⅲ部

近代会計学の確立

第12章

シュマーレンバッハと動的会計理論の系譜

－ドイツ会計学説史－

本章のねらい

1. ドイツにおける近代会計学の父、シュマーレンバッハの若き日にスポットライトを当てることにより、どのようにして会計学、ひいては経営経済学の研究に関心を持つようになったかを明らかにする。
2. シュマーレンバッハの提唱する動的貸借対照表論にみる期間損益計算の思考を、全体損益計算と期間損益計算との関わりから、収益と収入、費用と支出の結合を通じて、損益計算書と貸借対照表の関係を明らかにする。
3. シュマーレンバッハは、貸借対照表の借方を前給付、貸方を後給付と称し、貸借対照表を力の貯蔵庫であると規定した。このようにして、貸借対照表の実質内容を考えようとした。
4. 収入支出計算と収支的価値を考え、何が、ワルプやコジオールに受け継がれたかを考える。

第1節　はじめに

　シュマーレンバッハ(Schmalenbach, E.：1873～1955)は、財務会計のみならず、原価計算・管理会計の領域でも活躍した前世紀の最も偉大なドイツの会計学者の1人である。財務会計では、彼の著書、『動的貸借対照表』(*Dynamische Bilanz*)

において，期間損益計算の理論を展開することになった。すなわち，貸借対照表の第1の目的が，企業過程において達成された成果(損益)を追跡し，企業操縦のために比較可能な期間損益の決定を行なうことにあるとした(Schmalenbach〔1925〕S. 55, S. 68ff.)。これによって，彼は，動的会計理論を世に問うこととなった。その結果として，貸借対照表が，企業の財産の決定のための手段であるという考え方を，彼は「静的貸借対照表」(Schmalenbach〔1925〕S. 54)として特徴づけ，自己の提唱する動的貸借対照表と明確に区別することになった。1908年に公表された論文「減価償却」(Die Abschreibung)において，動的貸借対照表の基礎となる損益貸借対照表の思考が打ち出されて以来，動的会計理論によってドイツ会計理論に大きな影響を与えてきたのである。

第2節　経営経済学者としてのシュマーレンバッハの歩んだ道

　シュマーレンバッハが大学に進学するまでは，紆余曲折があったことも彼の学問的形成に大きく反映している。その点に留意しながら彼の歩んだ道を辿ることにしたい。以下，シュマーレンバッハの生涯については，シュヴァイツァー(Schweitzer, M.)の文献に依っている(興津訳〔1993〕〈Schweitzer〔1995〕〉)。
　シュマーレンバッハの父親は，鍵鍛冶職人から身を起こし，手工業工場の所有経営者となった人であり，自分の息子を工場の所有経営者にしたいと考えていた。シュマーレンバッハは，数年間の高等学校生活を送った後，その学校を中退して，実業界に身を置くことになった。はじめに，機械工業の会社で，その後金属加工の会社で1年間を過ごし，さらに，彼の父親の工場で3年の苦難に満ちた歳月を送っている。彼は，1896年にこの過酷な労働から抜け出して軍隊に志願兵として入隊し，軍隊生活を経験した後，彼の父親の会社に戻り，経営に参加することになった。そこで行なった彼の主な仕事は，事業会計と原価計算であり，会社の事業活動の問題を知的に展開することになった。しかし，父親は，息子の持つ問題に十分に答を出すことができなかった。
　ちょうどその頃(1898年)ドイツで最初の商科大学がライプチッヒに設立さ

れ、そこで、シュマーレンバッハは、原価計算と企業組織の問題に対する解答を見つけたいと考えるに至った。そして、大学での研究を通じて「工場所有経営者としての資質」に磨きをかけようと考えていたのである。1898年の春、シュマーレンバッハが24歳の時、ライプチッヒに行き、この大学に入学した。彼の同期にはニックリッシュ（Nicklisch, H.）がいた。シュマーレンバッハが大学に進学して、教授たちでさえ彼のもつ問題に答えることができないことに失望した。その結果、彼は、自分で関心のある問題を分析し、数カ月後、1899年に固定費に関する10章に及ぶ非常に長い論文となって完成したのである。この論稿は、シュマーレンバッハの高度な知性を暗示している初期の代表作である。2年の研究の後、彼は学士の学位を取得した。

シュマーレンバッハの研究歴は、失敗に始まった。1900年の10月にケルン商科大学の助手に応募したが、残念ながら拒絶されることになった。当時、彼の唯一の生計の基盤は金属工業を専門領域とするドイツの金属工業新聞での新聞記者の仕事にあった。1899年から1906年の間に、彼はそこで130余りの記事、論稿を公表している。しかしながら、その記事のレベルは、革新的であり、科学的な考え方のものから平凡なものまで多彩であった。ビジネスマンにとっては、シュマーレンバッハの文章は、非常に生き生きとしており、情報に満ちたものであった。また、時には、皮肉を込めた、痛烈な調子で書いたものもあった。

ジャーナリズムは決して自分に活力を与えるものでないことに気づき、有名な経済学者ビュッヒャー（Bücher, K.）の助言に従い、1900年に国民経済学の研究に着手し、1901年のはじめ、シュマーレンバッハは、ビュッヒャーの助手兼司書係になったのである。彼は、1902年の秋には簿記コースを含む最初の独立した大学における教職の地位を得た。5学期における助手として、彼は想像できないようなこと、つまり博士論文とドイツの教授資格論文を書くことを成し遂げようと考えていたのである。1903年3月9日にケルン商科大学は、シュマーレンバッハがまだ博士の学位を持っていなかったにもかかわらず、彼の教授資格論文を認定した。その教授資格論文は、「経営における振替価格」（Die Verrechnungspreise in großindustriellen Betrieben）なるタイトルが付されていた。シュマーレンバッハは、彼が着手していた国民経済の研究を中断し、助手の地位も

放棄し，そして，ケルン商科大学の講師(私講師)になったのである。1年後，とくに商業数学に焦点を合わせた商事手続論の大学講師のポストを得ることになった。シュマーレンバッハは，33歳の時，1906年10月1日に教授のポストを与えられたのである。これは，ドイツ語圏では異例のことであった。彼は，高等学校の卒業証書もなく，博士の学位試験も終了していない教授であった。しかし，彼は恵まれた天分を持つ研究者であり，人気のある教師だった。大学に最初に足を踏み入れた時から8年半にして教授となったのである。彼の博士号は，最終的には1919年のケルン大学の創設記念式典において名誉博士として授与されたものである。

彼の教授になるまでの歴史の中に，後の研究に影響する側面をみることができる。
① 父親の望みの通り，若い年齢にして実務家になって企業を経営する道を歩んだことで，現実の世界を肌で感じる生活を送ったこと。
② 大学に入って現実の企業問題を解決するための学問を大学でやっていないことに気づいたこと。
③ 業界紙の記者の経験から，現実の世界を異なった角度から観察することができたこと。

これによって，シュマーレンバッハの問題意識が培われていった。例えば，若い時に抱いた原価に対する問題意識が後の原価計算問題の解明に繋がっていくことになったと考えられる。

第3節　シュマーレンバッハの動的貸借対照表の生成と展開

1．動的貸借対照表の生成過程

シュマーレンバッハの動的貸借対照表の萌芽となった「減価償却」(Schmalenbach〔1908〕)は，ケルン商科大学の教授となって最初に公表した著作

の1つであった。1908年のことである。これに引き続いて，1910年の「商業計算制度とカメラル計算制度」(Kaufmännisches und kameralistisches Rechnungswesen, in：*Zeitschrift für Händelswissenschaft und Handelspraxis*)，1916年の「損益貸借対照表の理論」(Theorie der Erfolgsbilanz, in：*Zeitschrift für handelswissenschaftliche Forschung*（ZfhF）)を経て，1919年の「動的貸借対照表の基礎」(Grundlagen dynamischer Bilanzlehre, in：ZfhF)において，動的貸借対照表の結実を見るに至った。さらに，この「動的貸借対照表の基礎」を初版として，4版以後書名も新たに『動的貸借対照表』として登場し，7版までの中版，8版以降の後版に至って13版を数えることになった（興津〔1984〕第1章）。

　シュマーレンバッハの動的貸借対照表は，一般に動的会計論，または動的会計理論（動態論）ともいわれ，わが国でも多くの研究者により取り上げられてきた。ちなみに，動的貸借対照表という名称は，シュマーレンバッハによって付けられたものである。これに関連して，静的貸借対照表の名称もシュマーレンバッハに由来するものである。今日，会計学史，会計学説研究等で学説を区画する際の，静的貸借対照表論，動的貸借対照表論は，シュマーレンバッハの思考に由来している。

　シュマーレンバッハは，1916年の「損益貸借対照表の理論」において，10個

図表12-1　期間損益計算と損益計算書と貸借対照表の関係（その1）

	損益計算書	貸借対照表
1．今期の支出，今期の費用	借方	―
2．今期の収入，今期の給付	貸方	―
3．今期の支出，後期の費用	―	借方に生ずる
4．今期の給付，後期の収入	貸方	借方に生ずる
5．今期の費用，後期の支出	借方	貸方に生ずる
6．今期の収入，後期の給付	―	貸方に生ずる
7．今期の費用，前期の支出	借方	借方3から消える
8．今期の収入，前期の給付	―	借方4から消える
9．今期の支出，前期の費用	―	貸方5から消える
10．今期の給付，前期の収入	貸方	貸方6から消える

のケースを提示している(Schmalenbach〔1916〕S. 381)(〔図表12-1〕を参照)。

1から10までのケースをもとにして，シュマーレンバッハは，ここに損益計算書と貸借対照表の関係を次のように図示する(興津〔1984〕24-27頁)(〔図表12-2〕を参照)。ここに，期間損益計算からみた未解決の項目を示すことができる。これ以外に，貸借対照表は，債権・債務や資本出資など損益計算以外から生ずる未解決(未解消)の項目や支出されなかった手段を収容することになる。このようにして描き出された貸借対照表は〔図表12-3〕に示されている(Schmalenbach〔1916〕S. 381)。給付は，後には収益として表現されることになる。

図表12-2　期間損益計算と貸借対照表，損益計算書の関係（その2）

貸借対照表

| 3．今期の支出，後期の費用 | 5．今期の費用，後期の支出 |
| 4．今期の給付，後期の収入 | 6．今期の収入，後期の給付 |

損益計算書

1．今期の支出，今期の費用	2．今期の収入，今期の給付
5．今期の費用，後期の支出	4．今期の給付，後期の収入
7．今期の費用，前期の支出	10．今期の給付，前期の収入

図表12-3　貸借対照表のシェーマ

貸借対照表

支出にして，未だ費用とならないもの	費用にして，未だ支出とならないもの
給付にして，未だ収入とならないもの	収入にして，未だ給付とならないもの
貸付金	借入金
投資	企業家出資
損益支出と関連があったが後期に返還を期待される支出	
支出されなかった手段	

前頁に掲げた〔図表12-3〕の貸借対照表は，動的貸借対照表の「原型」である。ここに至ってシュマーレンバッハの動的貸借対照表は，その全体像を不完全ながら現わしたのである。
　シュマーレンバッハは，すでにのべた論文「減価償却」の中で，決算貸借対照表の性格を，「財産貸借対照表か利益決定貸借対照表か」という副題のもとに，利益決定貸借対照表つまり損益貸借対照表として付すことになった。この思考は，さらに「損益貸借対照表の理論」において展開されて，動的貸借対照表の「原型」がみられるところとなった。この「損益貸借対照表の理論」において，動的貸借対照表の生誕をみることになった（谷端〔1965〕13頁）。

2．動的論と期間損益計算

　期間損益計算は，人為的に区画された一定期間（通常は1年）における企業の経済活動を測定し，その期間の成果つまり損益を確定することをいう。これに対する計算の形態は，全体損益計算である。これは，企業の設立からその終結つまり解散に至るまでを1つの期間としてそこにおいて行なわれる損益計算をいう。このような計算は，現在ほとんど見られないものであるが，シュマーレンバッハにとって期間損益計算の論理を展開する上に重要な位置づけをなすものである。
　20世紀の初頭，ドイツにおいてシュマーレンバッハは，期間損益計算の考え方を貸借対照表と関連をもたせて，決算との係わりにおいて模索した。その結果，体系化された思考が動的貸借対照表である。
　動的貸借対照表の出現以前には，財産計算に基礎を置く会計の考え方が一般に支配的であった。この思考の背景には，1673年に制定されたルイ14世商事王令（フランス商事王令）に端を発する債権者保護思想に支えられた商法の論理としての財産計算の考え方があったことは言うまでもない（岸〔1975〕346頁以下）。言うまでもなく，貸借対照表は，資産，負債・資本を一覧表示したものである。そのうち，負債は，その背後に債権者が存在しており，債権者に返済しなければならないものである。したがって，この債権者に返済すべき資産が企業の中

に十分に存在しているかどうかを計算することが重要な問題である。これが財産計算の思考の出発点である。

　シュマーレンバッハは，このような商法の論理に支えられた財産計算の思考に対して，本来的な商人の計算としての期間損益計算を前面に出す動的会計理論をここに展開するに至ったのである。これは，損益計算に役立つ貸借対照表つまり期間損益計算との連繋を指向した貸借対照表を高揚させようとする考え方にほかならない。何故に，彼は期間損益計算を重視したかと言えば，本来的な商人の計算は，財産計算ではなく，損益計算にあり，経済性の尺度としての利益に商人は最も関心を寄せているという事実に注目し，その視点から貸借対照表の解釈を試みようとしていたことはいうまでもない（興津〔1984〕20-21頁）。シュマーレンバッハは，商法にいう「正規の簿記の諸原則」の解釈に際して，損益計算の観点を重視しなければならないことを強調し，財産計算指向的な貸借対照表ではなく，損益計算指向的貸借対照表を重視する会計の考え方を構築するに至っている。このように，正規の簿記の諸原則との係わりから期間損益計算の考え方を展開するという着想は，今日の会計制度の中にも深く根を下ろすことになっている。

3．全体損益計算と期間損益計算

　一般に全体損益計算とは，冒険貿易にみる損益計算と考えられているが，現実の企業会計の中にあるものを素材として着想したと考える方が説得力があるように思える。ドイツにおける19世紀の株式会社の定款には，会社の存続期間を記載しているところも多くみられ，この存続期間を全体期間，存続期間の1つを期間損益計算の対象となる1期間として考えた方が現実の期間損益計算を説明するのに適合する思考となるのではなかろうか。ただ，今となっては，シュマーレンバッハがどのように考えていたか分からない。

　シュマーレンバッハは，期間利益の合計＝全体利益という「一致の原則」から出発する(Schmalenbach〔1925〕S. 12)。全体計算では，全体収入から全体支出を差し引いたものが全体利益である。ここにおいては収入余剰が全体利益とい

うことになる。全体利益は全体収益から全体費用を差し引いた差額ということになる。したがって，収益と収入の間には食い違いはみられず，また費用と支出の間にもそれがみられない。その結果，収益収入と費用支出の差額が全体利益ということになる。

これに対して，期間利益は，期間収益から期間費用を差し引いたものである。ここにおいては，期間収入＝期間収益とはならず，また期間支出＝期間費用とはならない点に留意する必要がある。例えば，前受手付金は，この期間の収入ではあるが，財あるいは用役の引渡しがなされていないので，収益が実現していない。それゆえ，これは，「収入ではあるが，未だ収益とはならないもの」（収入・未収益）として，貸借対照表に収容されることになる。また，備品の現金による購入は，全体計算では備品購入費として処理されるが，期間計算では，「支出であるが，まだ費用とならないもの」（支出・未費用）として，貸借対照表にこれが収容されることになる。このことから，貸借対照表は，期間計算における未解決項目を収容するという機能を持つことになる。また，損益計算の観点からみて未解決の項目ばかりを貸借対照表に収容するのではない。貸付金で未回収のものは，支出・未収入として，借入金で未返済のものは，収入・未支出として貸借対照表に収容されることになる。

ここでは，期間において生じた収益と費用が収入と支出に関連を保持しながら損益計算書において表示され，期間収益と期間費用の差額としての期間利益が計算・表示されることになる。シュマーレンバッハは，このように収入と収益，支出と費用の組合せから損益計算の形式構造を明かにしようとした。期間損益計算は，費用・収益項目の発生および実現と現金収支の間のタイム・ラグを調整し，費用・収益の期間帰属を正確に行なおうとするものである。機械装置の調達は，支出・未費用であり，その支出つまり原価の集合となる支出の費用化は，減価償却という手続きを通じて行なわれることになる。これを「原価配分」あるいは「支出配分」という。これにより，未解決項目としての機械装置は，減価償却という手続きを通じて「減価償却費」として解消されることになる。減価償却は，シュマーレンバッハの会計理論を考える上で必要不可欠のものであった。

図表12-4　期間損益計算と収入・支出計算

（期間損益計算）

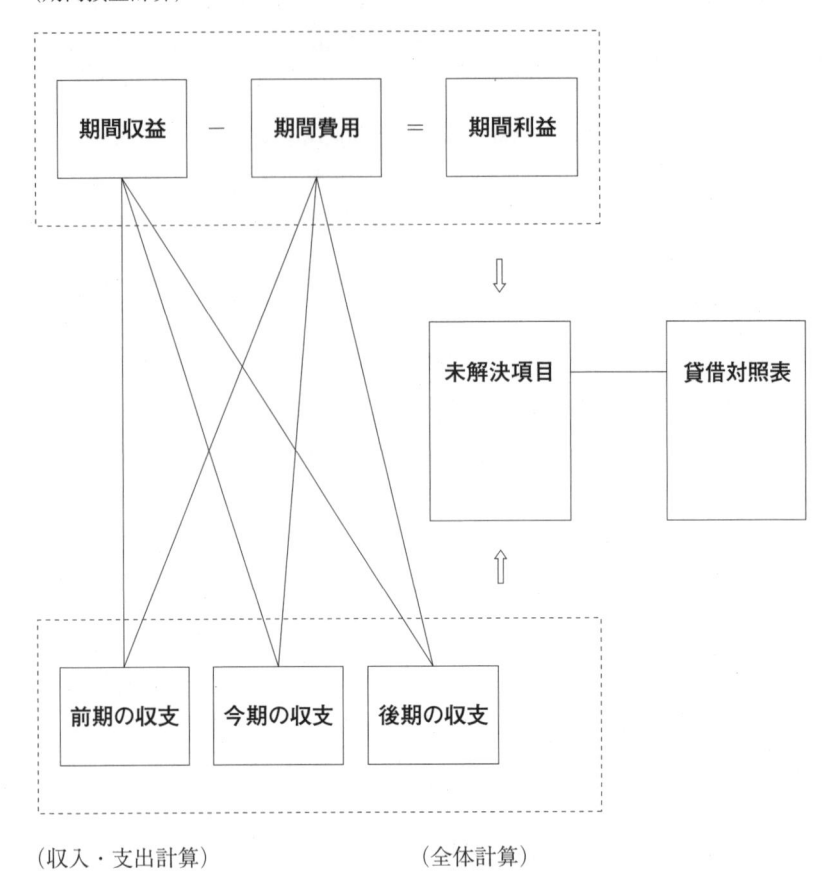

| 期間収益 | － | 期間費用 | ＝ | 期間利益 |

| 未解決項目 — 貸借対照表 |

| 前期の収支 | 今期の収支 | 後期の収支 |

（収入・支出計算）　　　　　　（全体計算）

　このように「支出・未費用」という項目を貸借対照表に規定することにより，減価償却という手続きを通じて支出された費用性資産の原価集合をその利用期間へ配分することによる思考をクローズ・アップすることにねらいがあったと考えられる。このことは，損益貸借対照表の考え方と耐用年数の導入による損益計算を合理化する思考を展開させようとするものであった。それと同時に，正規の簿記の諸原則（会計原則）の基底に期間損益計算の思考を定着させようとする考え方もあったといえる。これらの点については，〔図表12-4〕を参照さ

れたい。また，この動的貸借対照表の構造については〔図表12-5〕を参照されたい。〔図表12-5〕では，シュマーレンバッハの原著でみられる自家製設備等を示す収益(給付)・未費用と費用・未収益(未給付)を省略している。

図表12-5　動的貸借対照表の構造

1	支出・未費用	5	費用・未支出
2	収益・未収入	6	収入・未収益
3	支出・未収入	7	収入・未支出
4	貨幣(支払手段)		

4．力の貯蔵庫としての貸借対照表項目

　借方にみる支出・未費用は，棚卸資産，有形固定資産，無形固定資産，繰延資産，前払費用等にみられる共通の性質を表現したものであり，本来的にみて，費用となるものが，期間計算の観点からまだ費用とならないものとしての性質をもつ資産を表現している。これは原則として取得原価または支出額で評価される。これにみる資産は，将来において費用となる原価の集合体(かたまり)を示すところからこれを「費用性資産」ということができる。

　収益・未収入は，流動資産のうちの売掛金，未収収益等にみられるように，「収益の実現が認識・測定されているが，その対価の回収がまだなされていないもの」という性質を示したものである。支出・未収入は，流動資産のうちの貸付金，有価証券や投資その他の資産にみる長期貸付金，投資有価証券など，「すでに支出があり，その償還収入がまだないもの」という性質を表現したものである。したがって，貨幣(支払手段)，収益・未収入，支出・未収入は，「貨幣性資産」であるということができる。

　貨幣性資産は，このように貨幣および将来的貨幣としての未収入部分であり，原則として回収可能額または支出額で評価され，次期以降において支払手段として利用できるものをいう。このように，資産項目を「費用性資産」と「貨幣性資産」とにわけることができる。

　動的貸借対照表では，貸借対照表の借方を「前給付(Vorleistung)」と呼ぶ。

前給付とは，将来において収益を生じさせる資産の集合体として理解されるものである。また，貸方は，費用・未支出，収入・未支出という返済により解消する負債，収入・未収益が収益となり解消するような負債から構成され，資本も収入・未支出として扱われる。貸借対照表の貸方を「後給付(Nachleistung)」と呼ぶ。これは，企業が将来において提供すべき給付の存在を意味づけている。つまり，用役給付や金銭給付を引き渡さなければならないことを意味している。その結果，貸借対照表を「力の貯蔵庫」と呼んでいる(Schmalenbach〔1926〕S. 121)。

第4節　収支的価値をベースとする会計

　伝統的会計として展開されてきた収支的価値をベースとする会計(原価主義会計)は，企業と市場間の取引において授受された財貨および用役(役務)がその対価である収入・支出により，つまり，その発生した時点における収入・支出によって会計事実が認識され，測定されることになる。この点からみれば，すべての貸借対照表項目はその発生時点における収入・支出に基づいて評価されている。この収入・支出をベースとする会計はドイツにその思考の原点を求めることができる。商法上の利益や税法上の利益は，もともと財産法に基づいて算定されるものであった。この利益計算を損益法の側面から近代化する方向を求めて模索したのがシュマーレンバッハであり，それに続くワルプ(Walb, E.：1880〜1946)，そしてコジオール(Kosiol, E.：1899〜1990)である(Kosiol〔1940〕S.103ff.；同〔1944〕)。彼らは，収入・支出計算を理論展開の基軸として期間損益計算の問題を論じている。期間損益計算の思考の起点となる収支的価値は，過去の取引価額に基づいて決定され，会計数値の客観性，検証可能性，計算の確実性を持つものであることは否定できないところである。このような収支的価値をベースとする会計は，基本的に物価変動を考慮せず，維持すべき資本として貨幣資本概念を採用し，期間利益は投下した貨幣資本の回収余剰として計算されることになる。貨幣資本維持をベースとする貨幣資本・利益計算が

これである。

　しかしながら，この会計システムでは貨幣資本・利益計算による投下した貨幣資本の回収計算は可能であるとしても，企業の実体を損なわずに，維持した後にどれだけ利益を稼得することができたかどうかを測定することができないという問題が生じてきた。とくに物価変動時においてこの問題は重要であり，シュマーレンバッハもコジオールもすでに自己の会計理論のフレームワークの中で物価変動時の利益計算を展開しようと試みていた。このように，収支的価値をベースとする会計，つまり動的貸借対照表，収支的貸借対照表の論者も物価変動を考慮した利益計算を考えようとしていた点には注目する必要がある。

　このように，収支的評価を基底におく会計の思考を展開したシュマーレンバッハの思考は，収支計算の観点から再検討され，コジオールによって収支的貸借対照表として理論化されたことは周知のところである。コジオールは，シュマーレンバッハの動的貸借対照表を基底におきながら，自己の収支的貸借対照表を構成することになった。

第5節　おわりに

　本章では，20世紀前半を舞台としてドイツにおいて活躍したシュマーレンバッハの理論を中心にみてきた。ドイツでは，商法の債権者保護思想により，企業の債権者にとって重要な貸借対照表という計算書類の存在意義を明確にしたことは言うまでもない。これに対して，企業の出資者，経営管理者の観点からの利益計算の必要性を要請し，これと並んで，この計算結果を示す貸借対照表と損益計算書の重要性を明らかにした。これはシュマーレンバッハの功績によるものである。これにより，商法を会計学（経営経済学）からアプローチする拠点を確立し，「正規の簿記の諸原則」に対するアプローチがその架橋となった。これらの点については多くの論者によって認められているところである。

　シュマーレンバッハの活躍した20世紀の前半から後半に多くの論者が時を同じくして活躍した。シュマーレンバッハとその門下であるワルプやコジオール

らの論者，また，リーガー(Rieger, W.：1878～1971)をはじめとする批判者など多くの論者が活躍してきた。

このようにみると，シュマーレンバッハの動的会計理論，つまり動的貸借対照表論は，現実の会計実務を認識対象とする限り，現実科学であり，経験科学として位置づけられるものである(興津〔1978〕序文)。

理論家ヴィルヘルム・リーガー

シュマーレンバッハの動的貸借対照表論に対して猛烈にファイトを燃やして立ち向かった男にリーガー(Rieger, W.)教授がいた。彼は，ニュールンベルグ商科大学(ニュールンベルグ＝エアランゲン大学)に奉職し，その後，晩年テービンゲン大学の教壇に立った経営経済学(彼は，これを私経済学と称している)の大家である。動的貸借対照表の論理的な弱点を捉え，それを徹底的に批判した。それでも物足りず，ついに『シュマーレンバッハ動的貸借対照表』という一冊の本を公表するに至った。理論家をもって知られるリーガー教授のエピソードも多い。これはテービンゲン大学のシュヴァイツアー教授(現在，名誉教授)からお聞きした話である。

リーガー教授がニュールンベルグからテービンゲンに移った第二次世界大戦後のことである。シュツットガルト大学に兼任で講義することになり，毎週，テービンゲンから汽車で通っておられた。一時間足らずの時間であったが，一般の乗客と一緒の2等車に乗ることは，教授にとって耐え難いことであった。とくにその混雑と乗客の話し声によって汽車の中での読書や講義の準備が妨げられることには耐えられなかった。そこで，州政府に，「私は，講義をするために，汽車の中でもその準備をしなければならない。2等車では，これができる状態ではないので1等車にしてくれないか」と掛け合った。州政府の役人は了解したらしく，リーガー教授は意気揚々と引き上げてきた。数日後，送られてきた切符は，行きは1等車，帰りは2等車であった。「なぜこのようになるのか」と州政府に訊ねた。役人は，「往路では，あなたは講義の準備がありますが，復路は，講義が終わっています」と答えた。以後，リーガー教授はそこへ2度と講義に行かなかった。

(興津　裕康)

第13章

リトルトンと取得原価主義会計の系譜

―アメリカ会計学説史―

本章のねらい

1. アメリカにおける取得原価主義会計の理論的系譜を，取得原価主義会計の徹底した擁護者として知られるリトルトンの学説を通して概観する。
2. リトルトンは，原価の同質性と客観性を原価主義の本質とし，企業経営者の未来指向的な意思決定に対する役立ちを原価主義会計の有用性の源泉とみなしていた。その学説が，簿記・会計の丹念な歴史研究に基づいて帰納的に形成されたものであることを，リトルトンの主要3部作によりつつ明らかにする。
3. 本章ではさらに，FASBやIASB等によって基準設定のための基礎的会計理論として採用された意思決定有用性アプローチと対比しながら，リトルトン学説の理論的特徴を整理し，あわせてその現代的意義を明らかにする。

第1節　取得原価主義会計とリトルトン学説

　取得原価主義会計(以下たんに「原価主義会計」という場合もある)をどのような会計とみるかについては依然として諸説があるが，この章では，①資産の評価基準として原価基準(取得原価基準)を適用する，②費用の測定基準としても原価基準(支出額基準)を適用する，③貨幣価値の変動は考慮しないという3点

を形式的な特徴とする会計を原価主義会計とみなして，差し当たりの議論を進めていくことにする(1)。それが，原価主義会計の最大公約数的な定義だからである。上記の定義から確認される原価主義会計の基底的特徴は，それが原始記録(入帳価額)に基づいて財産計算と利益計算を有機的に展開する会計であるという点に求められる。

　このような特徴を持った原価主義会計は，伝統的な会計制度の中核をなしてきた(新井〔1978〕342頁)。近年，とりわけ1990年代後半以降，会計基準の国際的調和化が進展するなかで金融資産等の一部に時価評価(公正価値評価)を導入しようとする動きが国内外で観察され，基準調和化時代の新しい会計モデルとして「公正価値会計」(fair value accounting)(2)が広く注目を集めるようになったが，原価主義会計が現在なお，わが国を含む資本主義各国の会計実務の基本的枠組みをなしていることに変わりはない。こうしたことから，原価主義会計を支えている論理はどのようなものか，原価主義会計の生命力はどこから生じ来たるものかといった問いかけが，会計人の間で繰り返しなされてきたのである。この意味で，原価主義会計とはどのような会計かという問いかけは，古くて新しい問いかけということができよう。

　今日のグローバルな会計制度作りにおいてアメリカが主導的な役割を果たしてきたのは周知の通りであるが，そのアメリカにおいて原価主義会計を徹底して擁護し，その理論的基盤の確立に大きな貢献をもたらしたのがリトルトン(Littleton, A. C.：1886～1974)であった。リトルトンの貢献を抜きにして，アメリカにおける原価主義会計の理論的系譜は語れないといっても，決して過言ではなかろう。そこで，この章では，リトルトンの学説を通して，アメリカにおける原価主義会計の理論的系譜を概観していくことにしたい。この章での検討が，原価主義会計とは何かを改めて考えるための1つの素材を提供するものともなれば幸甚である。

第2節 『会計発達史』―「複式簿記の進化」と「簿記から会計への発展」

　リトルトンの初期の代表的著作は,『会計発達史』(*Accounting Evolution to 1900*) (Littleton〔1933〕) である。同書は, リトルトンの博士学位論文に若干の加筆を施して刊行されたもので, リトルトンの出世作となった。リトルトンがしばしば歴史家と評されているのは, この著作に負うところが大きい。

　『会計発達史』は, 第1部「複式簿記の進化」(The Evolution of Double-Entry Bookkeeping) と第2部「簿記から会計への発展」(The Expansion of Bookkeeping into Accountancy) の2部で構成されている。第1部「複式簿記の進化」では, 中世以降とりわけ15～16世紀のヨーロッパにおける複式簿記の生成と発展の歴史が分析されている。リトルトンは, その分析作業をふまえたうえで複式簿記が成立したのは15世紀であったとし, 複式簿記の成立条件について以下のように述べている。

　「完全な複式簿記が成立するためには, 均衡性と二重性以外にさらに別の要素が加わらなくてはならない。この追加されるべき要素とは, いうまでもなく, 資本主関係 (proprietorship) ―すなわち管理財産に対する直接的所有権と, 生み出された利益に対する直接的請求権である。この要素を欠く場合, 勘定記入 (すなわち簿記) は, たんに貸借記入の詳細を要約し, これを1つの様式に要領よくまとめるだけのものにとどまる」(Littleton〔1933〕p. 26)。

　第2部「簿記から会計への発展」は, 19世紀のイギリスにおける簿記から会計への発展過程を分析したものである。その発展過程を要約して, リトルトンは次のように述べている。

　「簿記をとりまく各種の外部的与件は, それまでたんなる組織的記録方法にとどまっていた簿記を発展させ, 効果的な経営統制を経営管理に付与する手段たらしめる力を持っていた。いいかえれば, 19世紀にいたって簿記は会計に発展したのである」(Littleton〔1933〕p. 165)。

簿記から会計への発展を物語るものとしてリトルトンが注目しているのは，会計理論，株式会社制度，減価償却，職業的監査制度，原価計算の出現と発展である。これらの歴史的事象はいずれも，19世紀における資本主義経済の発展と密接に結びついたものであった。

　『会計発達史』において示されたリトルトンの原価主義会計論の要点を整理すると，①会計は企業の財産と資本主関係を計算するシステムである，②その計算のために，企業の財産と資本主関係に影響を及ぼすすべての事象が複式簿記（完全な組織的・体系的勘定記入）を通じて記録される，③簿記から会計への発展のメルクマールは「たんなる組織的記録方法」から「効果的な経営統制を経営管理に付与する手段」への簿記の機能転化にあったという3点に，まとめることができるであろう。

　『会計発達史』では，簿記・会計をとりまく「各種の外部的与件」との相互関係に焦点を当てた形で簿記・会計の発達史が描き出されている。簿記・会計の本質と機能を歴史的なパースペクティブのもとで捉えようとするこうした研究姿勢は，ハットフィールド(Hatfield, H. R.：1866～1945)の影響であったとされている(渡辺(和)〔1992〕20頁)。周知のように，ハットフィールドは，「株式会社会計の問題に正面から取り組んだアメリカ最初の本格的なテキスト」(中野〔1992〕300頁)とされる『近代会計学』(*Modern Accouting*)(Hatfield〔1909〕)の著者である。この事実に象徴されるように，リトルトンの原価主義会計論の基礎は，近代会計理論の生成期に，近代会計理論との密接な交流を通して形成されたものであった。(3)

第3節　『会社会計基準序説』—「測定された対価」と「検証力ある客観的な証拠」

　『会社会計基準序説』(*An Introduction to Corporate Accounting Standards*)(Paton and Littleton〔1940〕)はペイトン(Paton, W. A.：1889～1991)との共著であるが，リトルトンの原価主義会計論を語るうえでは，最も重要な文献となっている。(4)

中島省吾によれば,同書は,「取得原価主義会計を徹底すればどのような会計基準の体系が完備されるかを示唆」(中島〔1979〕13頁)したものとされる。すなわち,この意味で,同書は,アメリカにおける原価主義会計の理論的確立を示す文献として位置づけることができるであろう。

1930年代に入り,リトルトンは,アメリカ会計学会(American Accouting Association:以下,AAA と略す)調査(副)部長として会計原則設定運動に積極的に関わるようになった。その背景には,1929年の証券恐慌とそれを受けた証券２法(1933年証券法および1934年証券取引所法)の成立があった。この過程でとりわけ留意されるべきは,当時のアメリカにおいては1920年代の反保守主義的かつ恣意的な会計実務に対する反省から,原価主義を基調とする会計原則の設定が指向されたということである(津守〔2002〕80-81頁)。AAA は1936年に,「会計は本質的に評価のプロセスではなく,歴史的原価と収益を当期と次期以降の会計期間に配分するプロセスである」とする会計原則試案(AAA〔1936〕)を公表した。『会社会計基準序説』は,当該会計原則試案の基礎をなす理論を明らかにするために執筆されたものであった(Paton and Littleton〔1940〕Preface)。

『会社会計基準序説』は,会計基準の意義を論じた部分(第１章),会計基準の内容をその基礎概念と関連させながら論じた部分(第２～６章),会計上の解釈を補足的に論じた部分(第７章)の３つから構成されている[5]。このうち,同書の理論的見地を知るうえで最も重要なのは第２の部分,とりわけ第２章「基礎概念」である。以下,原価主義会計の諸特徴に関する同章の記述を追跡していくことにしたい。

企業の大部分の活動は他の企業との交換取引によって成り立っているので,会計における基本的な関心は,取得した用役(原価・費用)と提供した用役(収益・利益)の「測定された対価」(measured consideration)にある(Paton and Littleton〔1940〕pp. 11-12)。ペイトン=リトルトンは,この命題をさらに敷衍して次のように述べている。

「交換取引の対価または価格総計(price-aggregate)は,当該交換取引の時点において買い手と売り手が相互に合意した評価額を表すものであり,この意味に限って,そしてまた当該取引時点に限って,そうした価格総計の記録は価値

(value)の記録とみなしうる。交換取引がなされた後に，価値は変化するであろうが，記録された価格総計は変化しない。したがって会計においては，この価格総計こそが，多様な取引を同質的な尺度で表現するための最良の手段となるのである」(Paton and Littleton〔1940〕p. 12)。

「測定された対価」すなわち「価格総計」を以上のように意義づけるならば，取得された用役の価格総計は「原価」(cost)，提供した用役の価格総計は「収益」(revenue)，設備に関する取引の価格総計は「資産」(asset)，借入金の契約に関する価格総計は「負債」(liability)，残余持分の価格総計は「資本」(capital stock)と，それぞれ呼ぶことができるであろう。そして，「利益」(income)は，収益と費用という2つの価格総計の差額として決定されるであろう(Paton and Littleton〔1940〕p. 12)。

第2章「基礎概念」ではさらに，イギリスにおける監査制度の歴史をふまえつつ，会計における「検証力ある客観的な証拠」(verifiable, objective evidence)の重要性が，以下のように強調されている。

「〔イギリスの初期の職業的監査においては，〕記録された収益は，相互に独立した当事者間の誠実な販売において作成される客観的な証拠に基礎づけられた場合にのみ，有効なものと認められた。そして記録された費用は，その取引に関する正式の業務書類によって提供される客観的な証拠に基礎づけられた場合にのみ，有効なものと認められた。……

客観的な証拠が重視されるこうした傾向は，以後も決して弱まらなかった。事実，複雑な企業活動が増加し，企業経営と財務的投資の分離(所有と経営の分離－引用者注)が一層顕著になるにつれて，この傾向はさらに強まった。こうして，検証力ある客観的な証拠は，会計の重要な要素となり，信頼できる情報を提供するという会計の機能を適切に遂行するうえで必要な付属物となったのである」(Paton and Littleton〔1940〕p. 18)。

以上を要するに，『会社会計基準序説』では，原価(価格総計)の規範的機能として，①多様な取引を同質的な尺度で表現するための最良の手段となること，②検証力ある客観的な証拠を提供することの2点が強調され，これら2点を主要な論拠として原価主義会計の優位性と合理性が主張されているのである。原

価のこうした意義を導いているのは，企業間の「交換取引」(すなわち資本主義経済)の発展および「企業経営と財務的投資の分離」とそれに伴なう職業的監査制度の出現・発展であったとされる。こうした歴史認識は，『会計発達史』において示されたそれと共通したものといえるであろう。

第4節 「投下原価」論争と『会計理論の構造』－「同質的資料の原則」と「客観的決定の原則」

1. メイとの「投下原価」論争

　リトルトンは『会社会計基準序説』の刊行後も多数の著作を発表し，原価主義会計の優位性と合理性を一貫して説いている。この時期のリトルトンの活動のうち，原価主義会計論の展開を概観するうえでとくに見落とせないのは，「投下原価の意義」(significance of invested cost)をめぐってAAAの機関誌 *Accounting Review* 誌上で展開されたメイ(May, G. O.：1875〜1961)との論争である。

　1940年代後半から1950年代にかけてアメリカ経済は，深刻なインフレーションに見舞われた。いわゆる戦後インフレの発生である。こうした経済情勢を受けて，インフレーション(物価変動)に対して会計がどのような対応をなすべきかが，会計人の間で広く議論されるようになった。リトルトンの1952年論文(Littleton〔1952〕)は，この問題に対するリトルトン自身の見解を示すために執筆されたものであった。

　リトルトンは，「企業経営者が将来の経営活動を考慮するさいに過去の経験に関する知識を利用できるように，過去の取引に関する経営データ(すなわち投下原価)を提供することこそが，会計の基本的機能」(Littleton〔1952〕p. 168)であるとし，「客観的に決定された投下原価」(Littleton〔1952〕p. 168)をインフレ修正された数値に置き換えることに強く反対した。

　リトルトンのこうした主張に対して，メイは1952年論文(May〔1952〕)におい

て，投下原価がインフレーション期には「限界」を持つことを指摘し，以下のように述べている。

「当然のことながら，今日の企業投資者にとって最も重要な問題は，報告利益が，ほぼ同一の購買力単位で測定された健全な経営活動の成果をどれだけ反映しているか，そしてまた当該利益がインフレーションによる架空利益をどれだけ含んでいるかということである。この問題は，会計技術の適用によってのみ解決できるものである」(May〔1952〕p. 437)。

メイは，以上のように述べた後，報告利益を「2つの要素」に分離して表示することを提案している(May〔1952〕p. 440)。この提案は，メイ自身がその作成に深くかかわったアメリカ公認会計士協会(American Institute of Certified Public Accountants：以下， AICPA と略す)の企業利益スタディグループ報告書(AICPA〔1952〕)の提案に依拠したものである。ちなみに，同報告書では，「同一購買力単位で測定された経営活動の成果」と「貨幣単位の価値変動の影響」を分離して表示することが提案されている(AICPA〔1952〕p. 105)。リトルトンは，メイの批判に対する「回答」(Littleton〔1953a〕)において，元帳勘定で投下原価を維持することの意義を再度強調すると同時に，メイが提案するような「物価水準の影響に関する報告」はあくまでも脚注等による「補足的な分析に厳格に限定」(Littleton〔1953a〕p. 8)するべきであると主張している。

2．『会計理論の構造』

リトルトンの『会計理論の構造』（*Structure of Accounting Theory*；Littleton〔1953b〕)は，こうした論争のさなかに刊行されたものであった。同書は，第1部「会計の本質」(Nature of Accounting)と第2部「理論の本質」(Nature of Theory)の2部で構成されている。こうした構成から，同書は，会計理論の本質に対するリトルトンの基本姿勢を改めて示した著作として位置づけられている。[6]

同書においてとりわけ注目されるのは，第12章「理論の効用」における「諸原則の吟味」と題する一節である。そこでは，インフレーションへの対応をめぐってなされた諸提案との関連において吟味されるべき原則として，「同質的

資料の原則」(homogeneous data)と「客観的決定の原則」(objective determination)の2つが提示されている。

同質的資料の原則とは,「会計取引の同質性は,……単一貨幣システムにもとづいて決定された価格の利用と,当該企業およびその事業目的と取引の関連性により得られる」(Littleton〔1953b〕p. 217)とする原則である。そして,客観的決定の原則とは,「会計記録に記載された取引は,それが当該企業と独立した当事者の間の交渉によって決定されたものでない場合は……原初資料の客観的決定という条件を欠くので,虚偽の報告の原因となる」(Littleton〔1953b〕p. 217)とする原則である。この2つの原則で定式化された原価の機能は,『会社会計基準序説』において提示された原価の2つの規範的機能(すなわち,①多様な取引を同質的な尺度で表現するための最良の手段となること,②検証力ある客観的な証拠を提供すること)と実質的に重なるものである。

リトルトンは,これら2つの原則はともに「原価主義の本質」(the essence of the cost basis of accounting)を述べたものであるとし,その「本質」をふまえたうえで「投下原価の意義」を以下のように再説している。

「事実の問題として,会計は,経営者(すなわち初期の資本主)が過去の自らの経営活動についての情報を必要としているということから発展してきたのである。実際の交渉を通じて決定された貨幣価格によるのでなければ,経営者の経営活動をその遂行時点において数量的かつ統一的に表現することはできなかったであろう。……勘定に記録されたこれらの貨幣金額は,将来を予測するべく後日過去を理解し回想するうえで,非常に有用であることが明らかになった。同様の有用性が依然として,勘定に記録された投下原価に存するのである。もしこれらの勘定において過去の行為の測定値が表示されないならば,過去の判断に関する現在の知識にもとづいて将来の行為を決定するという基礎が失われ,その結果,賢明でない決定が下される危険性が高まるであろう」(Littleton〔1953b〕p. 219)。

ここでは,「数量的かつ統一的」な(その意味で「同質的」な)表現である投下原価が,①たんなる「過去の……経営活動についての情報」としてではなく,「将来の行為を決定する」ための「現在の知識」を裏づける情報として企業経営者

に利用されること，②企業経営者によるこうした未来指向的な利用に役立つことこそが投下原価の「有用性」の源泉となっていることが，指摘されている。こうした原価主義会計論を支えているのは，以下にみるような歴史認識に根ざした投下原価の客観性に対するリトルトンの揺るぎない確信である。

「歴史的原価または投下原価の客観性は，計算方法や伝統的慣習から生じるものではない。その客観性は，日々の企業活動および独立した当事者間の利己的交渉からまったく自然に生じるものである。その結果として得られる数値は正確であり不動である。すなわち，その数値は，あらゆる種類の人びとによって広く理解されており，さらにまた同様の特徴にもとづいた法律上の承認によって支持されている」(Littleton〔1953b〕p. 220)。

第5節　リトルトン学説の理論的特徴と現代的意義

前節までの検討によって，リトルトンの原価主義会計論においては，原価の同質性と客観性が原価主義の本質とされ，企業経営者の未来指向的な意思決定に役立つことが原価主義会計の有用性の源泉とみなされていることが明らかになった。この節では，本章の締め括りとして，そうしたリトルトン学説の理論的特徴を整理し，あわせてその現代的意義を明らかにしていきたいと思う。

1．原価即事実説としてのリトルトン学説

注目されるべき第1の特徴は，原価の意義を主張するにあたって，原価が過去の交換取引という事実によって客観的に決定されたものであるということが強調されている点にある。新井清光は，リトルトンの学説にみるような原価の事実としての側面を強調する原価主義会計論を「原価即事実説」と呼び，「原価即価値説」と対比している(新井〔1978〕345頁)。ここで原価即価値説とは，原価は取引された財貨・用役の価値を表す(すなわち原価＝価値である)がゆえに意味を持つとする学説であり，ペイトンの原価主義会計論に典型的にみられると

される(新井〔1978〕344-345頁)。

　藤井〔2003〕でふれたように,原価即価値説は,原価＝価値の仮定が成立する限りにおいて原価主義会計の説明原理となるが,原価＝価値の仮定が成立基盤を失った場合には容易に時価会計に向かう可能性を秘めた学説である。事実,第2次大戦後のインフレーションを経験したペイトンは,『会社会計基準序説』で見せた原価主義擁護の立場を放棄し,時価会計指向を漸次強めていったのである。これに対して,リトルトンの拠って立つ原価即事実説は,過去の事実たる原価の確定性に着目した学説であり,原価＝価値の仮定が成立するか否かにかかわらず原価主義会計の説明原理となりうる。というよりも,むしろ,原価＝価値の仮定が通常の企業経営においてさえ一般には成立しないがゆえに,会計数値の同質性と客観性を確保するためには元帳勘定で事実の記録である原価を維持することが不可欠の課題になるというのが,リトルトンの原価即事実説の要諦となっているのである (たとえばLittleton〔1953b〕pp.217-219)。したがって,原価主義会計の説明原理としては,原価即事実説の方が,原価即価値説よりもはるかに堅牢かつ確信的なものとなる。こうした学説上の特徴は,リトルトンが生涯を通じて一貫して原価主義会計を擁護してきたことと,決して無関係ではなかろう。[7]

2．歴史から帰納された企業経営者の視点

　注目されるべき第2の特徴は,原価の有用性を主張するにあたって,企業経営者の視点が強調されていることである。そして,第3の特徴は,リトルトンの原価主義会計論が主として,簿記・会計の丹念な歴史研究に基づいて帰納的に形成されたものであるということである。この第2と第3の特徴は表裏の関係にある。すでにみてきたように,リトルトンの一連の著作においては,原価主義会計を擁護する主要な根拠として,「会計は,営利企業の所有経営者(owner-operators)が経営上の意思決定に役立つデータを入手するために行なった試行錯誤から発展してきたという事実」(Littleton〔1952〕p.169)が,繰り返し強調されている。つまり,リトルトンの学説においては,「会計とは企業経営

者の意思決定に役立つ過去のデータを記録するシステムである」という命題が，簿記・会計の歴史から帰納される形で定式化されているのである。

これら2つの特徴は，AAAの1966年報告書（AAA〔1966〕）で提唱された「意思決定有用性アプローチ」（decision-usefulness approach）のそれと際立った対照をなしている。意思決定有用性アプローチにおいては，会計の歴史や自生的な会計実務から切り離された形で，会計の基本目的が「利用者の意思決定に有用な情報を提供すること」と規定されている。つまり，当該アプローチにおいては，リトルトンの学説とはまったく対照的に，投資者等の外部情報利用者の視点が強調され，その視点から演繹する形であるべき会計理論が展開されているのである（藤井〔1997〕67-69頁）。そして，かかる会計理論が，近年の時価会計論の理論的基盤を提供しているのである。企業価値を表す資産・負債の時価（公正価値）こそが投資者の意思決定に有用な情報であり，したがって会計はかかる時価情報をこそ第一義的に提供するべきであるとする議論（例えばJWG〔2000〕）は，その典型的な一例である。

3．リトルトン学説の現代的意義

周知のように，意思決定有用性アプローチはその後，財務会計基準審議会（Financial Accounting Standards Board：以下，FASBと略す）や国際会計基準審議会（International Accounting Standards Board：以下，IASBと略す）等において基準設定を主導する基礎的会計理論として採用された。すなわち，その限りで，今日のグローバルな基準設定は，リトルトンが教示した方向とは逆の方向に展開しつつあるかのように見える。しかし，本章の冒頭で述べたように，原価主義会計は現在なお，わが国を含む資本主義各国の会計実務の基本的枠組みを構成するシステムとして存在し続けているのである。それは，一体なぜであろうか。

改めて指摘するまでもなく，企業経営者は，経済合理性の追求を主たる行動規範としている。そのような企業経営者が，自らの経済的利益を二の次にして，不特定多数の他者たる投資者の視点に立った会計行為を毎期継続的に実施し続けるというようなことが，現実的に果たしてありうるであろうか。

企業経営者の視点を強調するリトルトンの学説が有する1つの主要な含意は，投資者指向の時価評価論（メイの投下原価批判もそれに含まれる）に対するこうした疑問にあるように思われる（藤井〔2004〕39頁）。

　会計は，実務を離れては存在しえない。ということは，すなわち，会計の機能は，実務遂行者たる企業経営者の視点を抜きにしては論じえないということである。それは，会計（学）に課された宿命とでもいうべきものである。この「真理」を透徹した歴史認識に基づいて示唆した点に，リトルトン学説の最も重要な現代的意義を見出すことができるように思われる。会計とはそもそも何かという本質問題を洞察するうえで，リトルトンからわれわれが学ぶべきことは，依然として多いといわなくてはならない。

注

(1) 取得原価主義会計のこの定義は，森田他〔1996〕310頁（「原価主義会計」森田哲彌稿）によるものである。その他，新井〔1978〕第15章，Ijiri〔1981〕でも，原価主義会計に関する示唆的な考察がなされている。

(2) わが国では，「金融商品に係る会計基準」が1999年に公表され，2000年4月1日以後に開始する事業年度から，売買目的有価証券およびその他有価証券に対して時価評価が適用されるようになった。

(3) リトルトンは，『会計発達史』の執筆と前後して，ハットフィールドとの共著論文（Hatfield and Littleton〔1932〕）を発表している。

(4) 同書の理論的記述の中心部分とりわけ第2章は，リトルトンの主導によって執筆されたといわれている。同書の成立事情の詳細については，渡辺（和）〔1992〕第7章を参照されたい。

(5) この内容構成の3区分は，中島〔1979〕22頁に従ったものである。

(6) Littleton〔1953b〕〈大塚訳〔1955〕「訳者のことば」8頁〉。また，大塚俊郎は，『会計発達史』と『会社会計基準序説』に本著を加えた3著作を，「リトルトン教授の畢生の三部作」（大塚訳〔1955〕8頁）と呼んでいる。

(7) ところが，その後，会計原則設定活動の局面では，原価即価値説が次第に有力となる。AAAの1957年会計原則（AAA〔1957〕）は，その代表的な一例である。同会計原則では，「自由市場を前提とすれば，資産の取引価格で表現された取得原価は，当該〔資産の〕取得時点における期待将来用役（いわゆる公正価値―引用者注）の十分な定量的指標とみなされる」（AAA〔1957〕p. 539）とされ，資産の本質を説明する新しい概念として「用役可能性」（service-potentials）が提示された。当該概念は，FASB等によって財務諸表要素とりわけ資産の本質を規定する概念として継承されている。

(8) IASB等が提唱している金融商品に対する全面時価評価の導入が現在なお達成されていないという事実は，そのことを象徴する一例といえよう。

（藤井　秀樹）

エピローグ

会計史研究の歩み

本章のねらい

1. 本章（エピローグ）では本書の「総まとめ」をしなければならない。しかし，本来，プロローグで述べる予定であった会計史研究の歩みについて共に考えてみたい。とはいえ，この問題は大変難解なテーマであって，ここでは回答を述べず，いわばその回答の困難さを語っているにすぎない。
2. 会計史研究の歩みを述べることは，いうまでもなく会計史学史を述べることになる。しかし，ここでは会計学(説)史学の歴史を述べるということに通じている。これは本書をここまで読んでこられた方々には多少とも理解されうると考えるが，会計史研究特有のことであろう。会計学(説)史学にならざるをえないのは，筆者の能力不足はいうまでもない。が，会計史料の発掘，解釈，判断等々の面で，他の歴史学の領域に比しておくれをとっていることによる面も否定できない。
3. 本格的かつトータルな会計史学史を叙述するさいに参考となる内外の文献——そこには会計史・会計学(説)史の文献が大半であるが，会計史学史の文献も含まれている——を若干列挙している。

第1節　はじめに

以上，プロローグにはじまり第13章まで読み進めてこられたことであろう。最後のエピローグでは，総まとめ，ということになるが，あえてまとめようと

いう意図は筆者にない。その理由は，各自が熟読含味して，自らが近代会計成立史について，どう理解したか，できればノートをとりながら，あるいは書評ないし論評するような思いで，まとめてみる。このような試みをすることによって，各自の総まとめができると考えるからである。執筆者の手になるまとめは，得てして自画自賛となる傾向が強い。そこで意識的に避けているのではなく，あえてまとめは読者にゆだねたいのである。そのことが後述の会計史研究の歩みを学ぶのに参考になると思うからである。

とはいえ，研究一般がそうであるが，会計史の研究も多くの困難を伴なう。自ら問題を発見し，それに関連のある史料を発掘・収集し，解析・解釈し，判断・評価する。そしてこれを平明達意に叙述して公表する。これは一見簡単なようにみえるが，決してそうではない。第1に，時間がかかる。当然忍耐強いしかも堅固な意思が要求される。第2に，それがゆえに徹底して自らに厳しくかつ孤独な歩みが課せられる。もちろん，多くの文献の渉猟，検討，評価，そして他の研究者との討論等は必要である。しかし，所詮，最終的には自らが責任を負う，という営為が会計史の研究にも存在する。第3に，このような研究の基底には，真理探求を志し，研究者の「なぜ」というあくなき強い問いが潜在している。そして，解を求めて己の限界ぎりぎりまで挑戦するのである。

今日，大学ではこの研究という側面より教育という側面に重点が移行している。しかも，その教育が日本の明治以来の実学尊重であればまだ是認されるが，内実は実学という名の下の，実利学・便利学であって，例えば種々の資格取得を目的としたハウツウ教育である。それをもって個性を尊重し各人の能力を高め，人材育成に貢献している大学，と銘打っている。本来，教育はドイツ語では Erziehung という。これは erziehen という動詞から由来しているが，その erziehen には引き出すという意味がある。つまり，その人の持っている才能を引き出すのが教育という含意である。いいかえれば，潜在能力を見出し，引き上げ，大きくのばすということが教育という言葉の根底にあるのである。したがって，いわば上からただ教え込むというのではない。あるいは理屈抜きで何かをたたき込むというのでもない。さらにいえば，知識を憶えさせることのみが教育ではないといえよう。したがって，即席栽培というものではなく，地道

な，基礎からコツコツと積み上げて，その人の能力を開花させるのが，教育といえよう。

「総まとめ」という課題から大幅に外れてしまった。要はまとめは各自でしてもらいたい，というのが筆者の本意である。その代わりといっては批判を受けようが，プロローグで本来ならば述べる予定であった会計史研究の歩みについてしばらく考えてみる。とはいえ，本書を通読してもらえれば，これまた会計史研究の歩みも相当理解されよう。というのは，本書の構想が会計史研究の歩みを意識して組み立てられ，多くの方々に執筆してもらっているからである。

すなわち，本書前半の第1章から第7章までは，各国の簿記史の展開事情が論述されている。したがって，それをフォローしていけば，いわば簿記史研究の歩みが理解できよう。一方，後半の第8章から第13章までは会計の諸問題をいわばテーマ別に論述している。そこでは会計史(研究)の歩みを問題史的に捉えることができる。かくて，全体を通してみれば，会計史(研究)の歩み，つまり会計史学史の学習に通じてくる。重要かつ古典的名著も巻末に参考文献として紹介されている。研究意欲のある学徒には良き道案内になるであろう。

さて，ここで本章を終わらせては，これから会計史を学ぶ学徒には大変不親切なテキストになろう。そこで，いわば補遺という意味で，いま少し会計史研究の歩みを述べて参考に供したい。

第2節 会計史研究の歩み

会計史研究の歩みについて述べるということは，そこに「歩み」という言葉があることから，歴史学の世界では会計史学史を述べるということである。しかし，プロローグで種々論述したように，こと会計史研究の分野に限定していえば，いまだグローバルでかつ本格的な会計史学史といえるものは書けないといって大過なかろう。その理由はいろいろあるが，1つは執筆者に適切な人が存在しない，ということである。もちろん，このような決めつけは筆者の独断と偏見がその根底にあっていわしめている。が，全世界の会計史研究者を眺め

ても，会計史学史を執筆できる人の名を即座にあげることは筆者には難しい。

なぜなのか，と考える。すると会計学に大きく財務会計領域と管理会計領域とがあることがたちまち思い浮び，それに関連していることに気付く。つまり，会計史は会計学のこの二大領域の影響を受けて，財務会計史の側面と——これを従来会計史といっている人が多かった——，管理会計史の側面とに分れて研究が進められてきたのではなかろうか。したがって，会計史研究といってもいずれかにウェイトが重くかかっており，両領域を満遍なく公平に視野に入れて研究を行なっている論者はほとんど見当たらない，といって大過ないように筆者は愚考する。そうなると概説書の類ならともかく，正統的かつ本格的なそしてトータルな会計史学史を論述する人を得ることは極めて難しい。

そこへ，さらにやっかいなのは言葉の問題である。会計史研究が，例えば全部英語で表現されていてフォローできる，というのであれば世界の会計史研究の足跡を追求して，その発展過程を記述することは曲がりなりにも可能であろう。しかし，周知のように，現状は会計史研究の先進国であるアメリカ，イギリス，オーストラリア，ニュージーランドは英語圏であるが，ドイツ，フランスはそうではない。また簿記史という側面を重要視して会計史を考えれば，イタリア，オランダ，スペインにおける研究も無視できない。しかしこれらの国々は英語圏ではないので，これら各国の言語をどこまで各会計史研究者が修得して叙述しうるか明確な答えはできない。一部英語で論文を発表しているので，およその見当はつくとしても完璧ではない。

そして，肝心要の日本である。日本の会計史研究は近年大きく飛躍的に発展している。アメリカ，イギリス，オーストラリア，ニュージーランドにも引けを取るものではない。しかし，遺憾ながらその研究成果である論文はほとんど日本語である。外国の研究者はほとんど読むことができない。たしかに，このため日本語論文に英文サマリーを附しているものも多く見受けられるようになった。それがゆえに多少とも日本の研究動向についても外国の研究者は知り得ることが可能となっている。とはいえ，もし完全性というか，正確性を期する会計史学史を上梓しようとすれば，ほとんどの会計史研究者はその執筆を躊躇するであろう。もっとも，執筆者が属している国に限定すれば，それは十分実

現の可能性がある。しかし、世界規模での、ということになると再言になるが困難であろう。

　さらに、会計史学史の執筆を困難たらしめている理由は、既述のように、会計史研究は他の歴史分野と違って、会計史の面と会計学(説)史の面とが峻別されずに、いわば渾然一体となって存在していることに関係する。会計史学史はこれを文字通り受けとめれば会計史研究の歩みを述べるということであろう。しかし、その前段として、グローバルでトータルな会計史と銘打つに値する正真正銘の会計史書が存在しているのか、と問えばその回答は大変難しい。したがって、この段階で会計史学史を叙述することが如何に困難であるかは推察されよう。一方、会計学(説)史の分類に入る研究成果は圧倒的に多いことからみて、そこでは可能性は非常に高くなる。しかしそうなれば、会計史研究の歩み、つまり会計史学史の叙述は会計学(説)史学の歴史を述べるということになってしまう。つまり、会計史学史が会計学(説)史学史にすり替わるのである。これは結局会計史研究が始められて精々100年余り、本格的になって50～60年余りということに帰着する。例えば、後述する会計史と銘打つ最初の単行本といわれている書物をフォスター(Foster, B. F.)が刊行するが、それとて1852年の発行である。しかもその書名には Accounting History（会計史）という表記は含まれていない。かくて、会計史学史の本格的叙述は今後の課題である。

第3節　会計史学の生成・成立・発展

1．会計史学の生成・成立

　前節で、会計史学史を叙述することは困難であると述べた。しかし、会計史学史の文献がまったくないわけではない。とくに、ここではわが国に限定するが茂木虎雄の研究業績を筆者は評価したい。とりわけ、『近代会計成立史論』(1969)は会計史学史の書として銘記しておいて良いと考える。以下、極めて簡

単に会計史研究の足跡を述べ，それに関係する著書の幾冊かを列挙して，会計史研究の歩みについての責をはたさせていただく。ただし，会計史学史というより会計学(説)史学の歩みに重点をおいた駄弁であるということは，いままでの叙述から推察して余りがあろう。

さて，会計史の研究は，複式簿記の誕生をめぐって始まったといって過言でなかろう。つまり，会計学の端緒である複式簿記が，何時，何処で，誰が，何のために発明したのか，といういわばナゾ解きから出発したといえる。それゆえに，会計史は簿記史として生成した，ということは今日一般に通説になっている。しかし，複式簿記生成史の研究は決して一筋縄には進まなかった。多くの論者が種々様々の試行錯誤を繰り返しつつ，いきついたのは，パチョーリ(Pacioli, L.)の『スムマ』(1494)に含まれていた簿記論であった。そこで，このパチョーリの簿記論をめぐって研究が進められ，「中世イタリア簿記論」ともいうべきものが簿記史上姿を現わした。そして，これが簿記史のレーゾン・デートルとなって，このイタリア簿記(論)がその後どのように展開されていったのか，の追跡が始まった。これがいわば会計史学の生成である。

ついで，16～17世紀には主としてオランダで問題になった期間計算の課題が入り，複式簿記論は会計学へと変貌し，さらに18～19世紀にはイギリスで固定資産の会計問題，つまり今日いうところの減価償却会計がクローズアップされ，ここに本格的に会計学が成立し，会計制度成立に至るのである。もちろん，18～19世紀ともなれば，簿記論から会計学へというラインと平行して主としてイギリスで工業簿記論から原価計算論も論議されるようになる。かくて，これらを背景として会計史学は成立をみる。

20世紀に入ると，アメリカにおいて近代会計学の研究が俄然進展して，近代会計制度の全貌が明らかとなり，完成した容姿をみせる。かくて，会計学はここにいわば市民権を獲得することになる。しかも，近代会計学はたんに期間損益計算のみを問題とするだけではなく，企業の管理面，とりわけ原価の管理面も取り上げられて，その関係から原価計算論，管理会計論，経営分析論等々も著しく研究が発展する。そしてこれら会計(学)の不正行為・誤謬を摘発しかつ正しく指導する監査論も成立して，今日みるように会計学は確固たる地位をし

めるに至る。しかして，会計史学も発展期を迎え，会計のあらゆる分野の歴史的考究が始まる。これが，戦後ともなると，会計史の研究を促迫して，百花繚乱のように多くの研究成果が生まれるのである。

ところで，注意しなければならないのは，このような極めて簡単に述べた簿記論から会計学への発展形成過程が特定の地域のみに集中してみられたのではないということである。時代の変遷に伴なって，ということは社会経済の発展に伴なって，世界経済の中心となる地域が変わったために，簿記・会計の問題がその地域で論議され，中心的な働きをなして理論形成がなされたことである。端的にいえば，資本主義経済の発達と共に簿記・会計は各地域を渡り歩いたということである。このために，いわゆる簿記・会計の研究と実務の中心点は，時代の流れと共に世界各地域を廻ることになる。そこから，茂木の「会計世界一周論」が出てくる（茂木〔1969〕88-121頁）。

この指摘はわが国が世界に誇りうる会計史学の研究成果であって，会計史学史の1つの金字塔であると筆者は考える。念のために，その「一周論」は簡潔にいえば，簿記・会計はイタリア→ネーデルラント（オランダ等）→イギリス→アメリカと，資本主義経済の発展と同行してその理論形成が発展している，という主張である。わかってしまえば極めて当然のことである。が，会計史研究を行なうさいには，この思考が研究の軸足になるということである。同時に，会計史の研究における社会経済的背景の考察が重要になることを改めて付記しておきたい。

なお，茂木の名が出たので，同氏の会計史学の歩みについての所説を紹介しておこう。茂木は，会計史学の生成・発展を次のような7段階に分けている（茂木〔1969〕19-97頁）。

(1) 会計史学の端緒－19世紀の研究について－
(2) 20世紀初頭における会計史研究－複式簿記発生・発展史としての体系化－
(3) 20世紀の20年代～30年代の研究－研究の発展拡充期－
(4) 1940年代前半期の研究－戦争の暗黒時代における展開－
(5) 1950年代の研究－研究の再建と発展－

(6) 1960年代の会計史研究
(7) 1960年代後半の研究－会計史研究の総括と展望－

　以上，茂木の7段階説は1960年代までで終わっている。茂木がこの発展段階を発表したのが1968年であり，その後『近代会計成立史論』の序章に所収するさい多分加筆があったと推論するが，その著書とて1969年の刊行である。したがって，1970年以降の会計史学の発展シェーマが，茂木にとってどのように展開されるかは茂木本人に問うしかない。1950年代までのように10年刻みなのか，1960年代のように5年刻みなのか。そしていずれの分類区分をとるにしても，その副題をどうつけるかによって茂木会計史学は再評価の場に立つことになろう。ただ，簿記史の側面より会計史の側面，また財務会計史の領域より管理会計史の領域に焦点が当てられることは間違いないであろう。さらにいえば，茂木が最も重要視している17世紀オランダ会計史が詳論され，それとの関係からオランダ東インド会社，イギリス東インド会社の会計が論じられると筆者は推論する。しかし，われわれもまたここ30年余りの会計史研究の歩みを思索しなければならない。というのは，既記のように会計史の研究はこの30年余り飛躍的発展をとげているからである。

2. 会計史の主要文献(欧文献)

　さて，上記のような叙述は，次に紹介する会計史書に実は語られている。そこで主要な文献のみ列挙する。しかも，おそらくその大部分の文献は本書の各章で各論者が濃淡の差はあるが論述しているので，ここでは著書に限定して著者と書名そして発行年等のみとしたい。なお，さきに会計史書と述べたが，正確にいえば会計史書と会計学(説)史書そしてこの両者を論じている著書等々ということになることを付記する。最初に欧文献について述べる。

　まず，会計史(簿記史)を取り上げた最初の書物はフォスターの著書であるといわれる。

　Foster, B. F. 〔1852〕 *The Origin and Progress of Book-keeping*, London.

しかし,一般には,われわれも手にして読むことのできるものとしてはブラウン編著の『会計史』である。わが国における会計史研究の第一人者——とあえて称させていただく——小島男佐夫の遺著『会計史入門』は,このブラウンの書物が種本になっているのではないか,と筆者は推察している。

Brown, R. (ed.) 〔1905〕 *A History of Accounting and Accountants*, Edinburgh (reprinted ed., London, 1968).

ところで,邦訳本があって,いち早く会計史研究の歩みを把握しようとすれば,ウルフの書物が適切である。

Woolf, H. A. 〔1912〕 *A Short History of Accountants and Accountancy*, London (片岡義雄・片岡泰彦訳〔1977〕『ウルフ 会計史』法政大学出版局).

なお,ウルフとほぼ時期を同じくして,ドイツにおいてペンドルフの『ドイツ簿記史』が出版されている。しかし,なにぶんにもドイツ語でかつ花文字であるので,初心者には読みづらいであろう。

Penndorf, B. 〔1913〕 *Geschichte der Buchhaltung in Deutschland*, Leipzig.

イギリス,ドイツの論者の会計史書を紹介したので,簿記・会計の発祥地イタリアの論者の研究に目を向けると,メリスの著書『会計史』が看過できない。

Melis, F. 〔1950〕 *Storia della Ragioneria — Contributo alla conoscenza e interpretazationa delle fonti più significative della storia economica*, Bologna.

しかし,この書物は戦後の出版である。そこで再び戦前に戻って,会計史研究にとっては必ず言及しなければならないオランダの論者の手になる著書を紹介する。いうまでもなく,テン・ハーヴェの研究書である。彼には1934年にオランダの17～18世紀の簿記について論じた書物『会計史』がある。しかし,ここでは邦訳があり,手にすることが容易な1976年の『会計史』をあげておく。ウルフの書物と同様に会計史の通史書として格好のものである。

Have, O. ten 〔1976〕 *The History of Accountancy*, translated by A. van Seventer,

Palo Alto, California(三代川正秀訳〔2001〕『新訳 会計史』税務経理協会).

ところで,イギリス,ドイツ,イタリア,オランダとくれば,今日の会計史研究のメッカであるアメリカが気になる。事実,アメリカにおける研究書は多い。逐次紹介する紙幅はない。そこで,戦前の名著リトルトンの『会計発達史』をまずあげたい。本書は,会計史を研究する者にとっては必読の古典的名著である。リトルトンの「光ははじめ15世紀に,次いで19世紀に射したのである。15世紀の商業と貿易の急速な発達にせまられて,人は帳簿記入を複式簿記に発展せしめた。時うつって19世紀にいたるや当時の商業と工業の飛躍的な前進にせまられて,人は複式簿記を会計に発展せしめたのである」,と一番最後に結びとして述べたこの一節は会計史家であれば誰もが口ずさむ言葉である。

Littleton, A. C.〔1933〕*Accounting Evolution to 1900*, New York (reprinted ed., New York, 1966)(片野一郎訳〔1978〕『リトルトン 会計発達史(増補版)』同文舘出版).

戦後については,上記リトルトンの書名を真似したのかとさえ思わされるガーナーの著書をあげておきたい。しかし,この文献は原価計算発達史論である。そこで,イギリス人であるが,財務会計史を扱っているエドワードの研究書を併せて掲記する。

Garner, S. P.〔1954〕*Evolution of Cost Accounting to 1925*, University, Alabama(品田誠平・米田清貴・園田平三郎・敷田礼二共訳〔1958〕『原価計算の発展－1925年まで－』一粒社).

Edwards, J. R.〔1989〕*A History of Financial Accounting*, London.

一方,1980年代といえば,ジョンソンとキャプラン共著の書物も忘れてはならない。本書は,一見すると会計史書ではないようにみえる。しかし,管理会計史書の透逸な文献である。多くの論議を巻き起した書物であることは周知のところである。

Johnson, H. T. and R. S. Kaplan〔1987〕*Relevance Lost : The Rise and Fall of Management Accounting*, Boston(鳥居宏史訳〔1992〕『レレバンス・ロストー管理会

計の盛衰－』白桃書房).

　最後に，チャットフィールドらにより会計史の辞典が刊行されているので掲げる。現在の会計史の研究成果を知るのに便利である。
　Chatfield, M. and R. Vangermeersch (eds.)〔1996〕*The History of Accounting : An International Encyclopedia*, New York & London.

3．会計史の主要文献（日本語文献）

　それでは最後に，本書の各章をさらに深く学ぶために最適な日本語の文献を挙げることにする。

プロローグ
片野一郎訳〔1978〕『リトルトン　会計発達史(増補版)』同文舘出版。
小島男佐夫〔1979〕『会計史および会計学史』(体系近代会計学Ⅵ)中央経済社。
―――〔1987〕『会計史入門』森山書店。
茂木虎雄〔1969〕『近代会計成立史論』未来社。

第1章
泉谷勝美〔1964〕『中世イタリア簿記史論』森山書店。
―――〔1997〕『スンマへの径』森山書店。
片岡泰彦〔1977〕『イタリア簿記史論』森山書店。
片岡義雄〔1956〕『パチョーリ「簿記論」研究』森山書店。
岸　悦三〔1990〕『会計前史－パチョーリ簿記論の解明－(増補版)』同文舘出版。

第2章
井上　清〔1975〕『ドイツ簿記会計史』有斐閣。
岡下　敏〔1980〕『シュバルツ簿記書の研究－ドイツ会計史－』森山書店。
片岡泰彦〔1988〕『ドイツ簿記史論』森山書店。
白井佐敏〔1980〕『会計思想史序説』白桃書房。
土方　久〔1986〕『近代会計の理論展開－ディナミッシェ・ビランツの研究－』森山書店。

————〔1998〕『貸借対照表能力論』森山書店。
————〔2005〕『複式簿記の歴史と論理―ドイツ簿記の16世紀―』森山書店。

第3章
岸　悦三〔1975〕『会計生成史―フランス商事王令会計規定研究―』同文舘出版。
田中藤一郎〔1961〕『複式簿記発展史論』評論社。
三代川正秀訳〔2001〕『新訳 O. テン・ハーヴェ著 会計史』税務経理協会。

第4章
岸　悦三〔1975〕『会計生成史―フランス商事王令会計規定研究―』同文舘出版。
森川八州男〔1978〕『フランス会計発達史論』白桃書房。

第5章
小島男佐夫〔1971〕『英国簿記発達史』森山書店。
千葉準一〔1991〕『英国会計制度―その展開過程の研究―』中央経済社。
中村萬次〔1991〕『英米鉄道会計史研究』同文舘出版。
中野常男〔1992〕『会計理論生成史』中央経済社。
久野秀男〔1979〕『英米(加)古典簿記書の発展史的研究』学習院。
渡邉　泉〔1983〕『損益計算史論』森山書店。
————〔1993〕『決算会計史論』森山書店。
————〔2005〕『損益計算の進化』森山書店。

第6章
大野功一・岡村勝義・新谷典彦・中瀬忠和訳〔1983〕『プレヴィッツ＝メリノ　アメリカ会計史―会計の文化的意義に関する史的解釈―』同文舘出版。
久野光朗〔1985〕『アメリカ簿記史―アメリカ会計史序説―』同文舘出版。
中野常男〔1992〕『会計理論生成史』中央経済社。
中野常男・山地秀俊・高須教夫〔1993〕『アメリカ現代会計成立史論』神戸大学経済経営研究所。

第7章
小倉榮一郎〔1962〕『江州中井家帳合の法』ミネルヴァ書房。
河原一夫〔1977〕『江戸時代の帳合』ぎょうせい。
西川孝治郎〔1971〕『日本簿記史談』同文舘出版。

────────〔1982〕『文献解題 日本簿記学生成史』雄松堂書店。
西川　登〔1993〕『三井家勘定管見』白桃書房。

第8章
小栗崇資〔2002〕『アメリカ連結会計生成史論』日本経済評論社。
高須教夫〔1996〕『連結会計論－アメリカ連結会計発達史－』森山書店。
山地秀俊〔1994〕『情報公開制度としての現代会計』同文舘出版。

第9章
伊藤邦雄〔1996〕『会計制度のダイナミズム』岩波書店。
斎藤静樹〔1984〕『資産再評価の研究』東京大学出版会。
清水泰洋〔2003〕『アメリカ暖簾会計：理論・制度・実務』中央経済社。
武田安弘〔1982〕『企業結合会計の研究』白桃書房。
津守常弘〔2002〕『会計基準形成の論理』森山書店。

第10章
岡野　浩〔2002〕『日本的管理会計の展開(第2版)』，中央経済社。
上總康行〔1989〕『アメリカ管理会計史(上・下)』，同文舘出版。
高梠真一〔2004〕『アメリカ管理会計生成史－投資利益率に基づく経営管理の展開－』
　　　　　創成社。
鈴木一道〔2001〕『イギリス管理会計の発展』森山書店。
辻　厚生〔1988〕『管理会計発達史論(改訂増補版)』，有斐閣。
鳥居宏史〔1992〕『レレバンス・ロスト：管理会計の盛衰』白桃書房。
村田直樹・春日部光紀編著〔2005〕『企業会計の歴史的諸相』創成社。

第11章
太田哲三〔1968〕『近代会計側面誌－会計学の六十年－』中央経済社。
青木茂男編〔1976〕『日本会計発達史－わが国会計の生成と展望－』同友館。
原　征士〔1989〕『わが国職業的監査人制度発達史』白桃書房。
小林健吾編著〔1994〕『日本会計制度成立史』東京経済情報出版。
千葉準一〔1998〕『日本近代会計制度－企業会計体制の変遷－』中央経済社。
久保田秀樹〔2001〕『日本型会計成立史』税務経理協会。
友岡　賛〔2005〕『会計プロフェッションの発展』有斐閣。

第12章

興津裕康〔1978〕『貸借対照表論の展開－ドイツにおける貸借対照表論の系譜－』森山書店。

神戸大学会計学研究室編〔1954〕『シュマーレンバッハ研究』中央経済社。

谷端　長〔1968〕『動的会計論(増補版)』森山書店。

戸田博之〔1994〕『ディナミッシェ・ビランツの一研究』日本評論社。

新田忠誓〔1988〕『動的貸借対照表原理』国元書房。

土方　久〔1986〕『近代会計の展開』森山書店。

安平昭二〔1979〕『簿記理論研究序説－スイス系学説を中心として－』千倉書房。

第13章

青柳文司〔1962〕『会計士会計学－ジョージ・オー・メイの足跡－』同文舘出版。

───〔1986〕『アメリカ会計学』中央経済社。

井尻雄士〔1968〕『会計測定の基礎』東洋経済新報社。

黒澤　清〔1964〕『近代会計学(普及版三訂)』春秋社。

松尾憲橘訳〔1971〕『ハットフィールド　近代会計学』雄松堂。

（平林　喜博）

和文参考文献

浅田　實〔1984〕『商業革命と東インド貿易』法律文化社。
浅羽良昌〔1991〕『アメリカ植民地貨幣史論』大阪府立大学経済学部。
新井清光〔1978〕『会計公準論(増補版)』中央経済社。
石坂昭雄〔1974〕『ネーデルラント共和国の経済的興隆と17世紀のヨーロッパ経済－その再検討のために－』経済学研究(北海道大学)、第24巻第4号、1-66頁。
─────・壽永欣三郎・諸田　實・山下幸夫編〔1980〕『商業史』有斐閣。
─────・船山栄一・宮野啓二・諸田實〔1985〕『新版　西洋経済史』有斐閣。
泉谷勝美〔1997〕『スンマへの径』森山書店。
伊藤邦雄〔1996〕『会計制度のダイナミズム』岩波書店。
今井登志喜〔1950〕『近世における繁栄中心の移動』誠文堂新光社。
岩辺晃三〔1987〕「『中小企業簿記要領』の意義と内容(上・下)」『社会科学論集』(埼玉大学)、第61号、13-40頁；第62号、95-121頁。
─────〔1993〕『天海・光秀の謎－会計と文化－』税務経理協会。
─────〔1994〕『複式簿記の黙示録』徳間書店。
上埜　進〔2004〕『管理会計(第2版)』税務経理協会。
上村忠男・大貫隆・月本昭男・二宮宏之・山本ひろ子編著〔2001～2004〕『歴史を問う』(全6巻)岩波書店。
浦野雄幸〔1970〕『株式会社監査制度論』商事法務研究会。
大阪市役所編纂〔1980〕『明治大正大阪市史(復刻版)』(第3巻〈経済篇・中〉)清文堂出版。
大下丈平〔1996〕『フランス管理会計論』同文舘出版。
太田哲三〔1956〕『会計学の四十年』中央経済社。
大塚久雄〔1969〕『株式会社発生史論』(大塚久雄著作集第1巻)岩波書店。
大野真弓編〔1973〕『イギリス史(新版)』山川出版社。
大森研造〔1921〕「我国在来の商業帳簿」『経済論叢』(京都大学)、第12巻5号、117-133頁。
大矢知浩司〔1971〕『会計監査－アメリカにおける生成と発展－』中央経済社。
岡下　敏〔1980〕『シュバルツ簿記書の研究』同文舘出版。
岡野　浩〔2002〕『日本的管理会計の展開(第2版)』中央経済社。
岡本　清・廣本敏郎・尾畑　裕・挽　文子〔2003〕『管理会計』中央経済社。
興津裕康〔1978〕『貸借対照表論の展開－ドイツにおける貸借対照論の系譜－』森山書店。
─────〔1984〕『貸借対照表論の研究』森山書店。
─────訳〔1991〕(シュヴァイツァー, M. 著)「エーリッヒ・コジオール博士の回想」『会計』、第140巻第3号、76-90頁。
─────訳〔1993〕(シュヴァイツァー, M. 著)「原価計算のパイオニアとしてのオイゲン・シュマーレンバッハ(一)・(二)」『会計』、第143巻第4号、103-114頁；第143巻第5号、101-111頁。
─────〔2000a〕「原価主義会計の論理と会計情報の信頼性」『会計』、第157巻第2号、1-13頁。
─────〔2000b〕「コジオールの収支的貸借対照表論」『神戸学院経済学論集』(神戸学院

大学），第31巻第4号，1-16頁。
小倉榮一郎〔1962〕『江州中井家帳合の法』ミネルヴァ書房。
――――〔1980〕「わが国固有帳合法の史的展開／6」『企業会計』，第32巻第6号，100-103頁。
小栗崇資〔2002〕『アメリカ連結会計生成史論』日本経済評論社。
小田中直樹〔2004〕『歴史学ってなんだ？』PHP研究所。
片岡泰彦〔1988〕『イタリア簿記史論』森山書店。
――――〔1994〕『ドイツ簿記史論』森山書店。
――――〔1999〕「複式簿記起源論『同時期説』への考察」『会計』，第156巻第5号，81-93頁。
――――〔2000a〕「ベネデット・コトルリ『簿記論』再考（一）」『会計』，第158巻第1号，83-95頁。
――――〔2000b〕「ベネデット・コトルリ『簿記論』再考（二）」『会計』，第158巻第2号，111-126頁。
――――〔2000c〕「複式簿記成立上の前提要素と起源論についての考察」『Research Papers』（大東文化大学），No. J-32。
――――〔2002〕「『パチョーリ簿記論』の特徴についての考察」『経営論集』（大東文化大学）第3号，31-49頁。
――――〔2003a〕「イタリア簿記史論とドイツ簿記史論に関する考察」『Research Papers』（大東文化大学），No. J-39。
――――〔2003b〕「ドイツ簿記史とパチョーリ簿記論との関連性」『日本会計史学会年報』，第21号，1-14頁。
加藤榮一〔1980〕「連合東インド会社の初期会計記録と平戸商館」『東京大学史料編纂所報』，第14号，352-372頁。
加藤恭彦〔1993〕『現代ドイツ監査制度論』千倉書房。
川北　博〔2001〕『会計情報監査制度の研究―日本型監査の転換―』有斐閣。
河原一夫〔1990〕『江戸時代の帳合法』ぎょうせい。
岸　悦三〔1975〕『会計生成史―フランス商事王令会計規定研究―』同文舘出版。
――――〔1990〕『会計前史―パチョーリ簿記論の解明―』（増補版）同文舘出版。
――――〔2002〕「商法会計規定の研究―16世紀ジェノヴァ最高法院判決を中心として―」，岸　悦三編著『近代会計の思潮』同文舘出版，3-11頁。
北井不二男〔1999〕「我が国における西洋式簿記の導入経路と発展過程」『産能短期大学紀要』，第32号，151-161頁。
木村和三郎〔1943〕『原価計算論研究』日本評論社。
近代会計制度百周年記念事業委員会〔1978〕『近代会計百年―その歩みと文献目録』日本会計研究学会。
久野光朗〔1985〕『アメリカ簿記史―アメリカ会計史序説―』同文舘出版。
久保田音二郎〔1977〕『監査役監査の展開』税務経理協会。
黒川　博〔1993〕『U. S. スティール経営史』ミネルヴァ書房。
黒澤　清〔1967〕『企業経営と複式簿記原理』同文舘出版。
――――〔1986〕『職業会計人の実践哲学―福沢諭吉の「学問のすすめ」と「帳合之法」の研究』TKC広報部。
――――〔1994〕『日本会計学発展史序説』雄松堂書店。
桑原正行〔2004〕「20世紀初頭アメリカ会計理論における資本会計の展開―剰余金概念の変遷を中心として―」『日本会計史学会年報』，第22号，39-51頁。

慶應義塾編〔1958〕『図説　慶應義塾百年小史　1858-1958』慶応義塾。
幸田成友訳〔1974〕(F. カロン著)『日本大王国志』(東洋文庫) 平凡社。
小島男佐夫〔1987〕『会計史入門』森山書店。
小林真之〔1998〕『株式恐慌とアメリカ証券市場－両大戦間期の「バブル」の発生と崩壊』北海道大学図書刊行会。
斎藤静樹〔1984〕『資産再評価の研究』東京大学出版会。
科野孝蔵〔1988〕『オランダ東インド会社の歴史』同文舘出版。
清水幾太郎訳〔1962〕(E. H. カー著)『歴史とは何か』岩波書店。
清水　博編著〔1986〕『アメリカ史(増補改訂版)』山川出版社。
清水泰洋〔2003〕『アメリカの暖簾会計：理論・制度・実務』中央経済社。
─────〔2004〕「SEC 会計規制の生成と無形資産会計」『産業経理』，第63巻第 4 号，40-48頁。
白井佐敏〔1997〕「ドイツ商人の会計記録」，神戸大学会計学研究室編『第五版　会計学辞典』同文舘出版，927頁。
鈴木一道〔2001〕『イギリス管理会計の発展』森山書店。
鈴木圭介編著〔1972/1988〕『アメリカ経済史Ⅰ・Ⅱ』東京大学出版会。
高須教夫〔1996〕『連結会計論－アメリカ連結会計発達史－』森山書店。
─────〔2002〕「米国における企業集団と連結会計」，松尾聿正・水野一郎・笹倉淳史編著『持株会社と企業集団会計』同文舘出版，87-103頁。
高田正淳〔1965〕『収支損益計算論』千倉書房。
高寺貞男〔1981〕『会計政策と簿記の展開』ミネルヴァ書房。
─────〔1999〕『利益会計システムの進化』昭和堂。
瀧本誠一〔1930〕『日本経済大典』第49巻，啓明社。
竹内一男〔1972〕「布屋両替店の勘定帳」『三和調査資料』No. 304。
─────〔1973〕「山口家の勘定帳－布屋両替店の勘定帳続編－」『三和調査資料』No. 319。
─────〔1976〕「鴻池与三吉家差引帳の紹介－江戸時代両替商預金元帳に表れた貨幣流通事情－」『三和銀行経済季報（秋特別号）』。
─────〔1998〕『大福帳と算用帳－鴻池両替商の帳簿組織』自費出版。
高橋清徳編訳〔2000〕『図説 交易のヨーロッパ史－物・人・市場・ルート』東洋書林(Plessis, A. and O. Feiertag〔1991〕*Histoire du Grand commerce in Europe*, Paris)。
田中孝治〔1999〕「和式帳合法の教育」『会計』，第156巻第 3 号，96-110頁。
─────〔2002〕「明治二十三年商法発布と和式帳合法」『会計』，第161巻第 6 号，93-105頁。
─────〔2003〕「明治維新期の国際会計教育」河合秀敏・盛田良久編『21世紀の会計と監査』同文舘出版，161-177頁。
谷端　長〔1965〕『動的会計論』森山書店。
千葉準一〔1991〕『英国近代会計制度－その展開過程の探求』中央経済社。
辻　厚生〔1971〕『管理会計発達史論』有斐閣。
─────〔1985〕『管理会計の基礎理論』中央経済社。
─────〔1988〕『管理会計発達史論(改訂増補)』有斐閣。
津守常弘〔2002〕『会計基準形成の論理』森山書店。
友岡　賛〔1996〕『歴史にふれる会計学』有斐閣。
豊原治郎〔1971〕『アメリカ商品流通史論』未来社。
─────〔1976〕『アメリカ流通史論考』未来社。

永井清彦訳〔1986〕（ヴァイツゼッカー，R. von 著）『荒れ野の40年』（岩波ブックレット No. 55）岩波書店。

中島省吾〔1979〕『「会社会計基準序説」研究』森山書店。

中嶌道靖〔2000a〕「20世紀初頭ドイツにおける技術者原価計算の展開」『日本会計史学会年報』，第18号，1-14頁。

─────〔2000b〕「20世紀初頭ドイツにおける技術者の原価計算の史的考察」『原価計算研究』，第24巻第1号，70-80頁。

─────〔2003〕「原価計算と複式簿記との接合について－20世紀初頭ドイツにおける原価計算と複式簿記の接合論の分析を通して－」『日本簿記学会年報』，第18号，34-39頁。

中野常男〔1992〕『会計理論生成史』中央経済社。

─────〔2003〕「アメリカへの複式簿記の伝播と近代会計学の生成」，土方　久編著『近代会計と複式簿記』税務経理協会，55-71頁。

─────・高須教夫・山地秀俊〔1993〕『アメリカ現代会計成立史論』神戸大学経済経営研究所。

─────・橋本武久〔2004〕「『連合東インド会社』における企業統治と会計システム」『生駒経済論集』（近畿大学），第2巻第1号，217-235頁。

中村萬次〔1960〕『減価償却政策』中央経済社。

─────〔1991〕『英米鉄道会計史研究』同文舘出版。

西川孝治郎〔1971〕「わが国会計史研究について－和式帳合の二重構造－」『会計』，第100巻第7号，94-114頁。

─────〔1974〕『日本簿記史談』同文舘出版。

─────〔1982〕『文献解題日本簿記学生成史』雄松堂書店。

西川　登〔1993〕『三井家勘定管見』白桃書房。

─────〔1996〕「社史に見る西洋式簿記の導入」『商経論集』（神奈川大学），第31巻第3号，99-135頁。

─────〔2004a〕『三井家勘定管見〔資料編〕』白桃書房。

─────〔2004b〕「日本産業の近代化と簿記－洋式簿記法の導入と在来簿記法－」『日本簿記学会年報』，第19号，38-43頁。

西野嘉一郎〔1985〕『現代会計監査制度発展史－日本公認会計士制度のあゆみ－』第一法規。

二宮宏之〔2004〕「歴史の作法」，上村忠男・大貫隆・月本昭男・二宮宏之・山本ひろ子編著『歴史を問う』（第4巻），岩波書店，3-75頁。

橋本武久〔2000〕「17世紀ネーデルラントの会計事情」『会計』，第158巻第1号，96-108頁。

─────〔2003〕「W. van Gezel〔1681〕の一考察－元帳に位置付けとその締切りについて－」『産業経理』，第63巻第3号，52-58頁。

林　玲子〔1969〕「第六章 近世後期の商業 第二節 近世の商家」，豊田　武・児玉幸多編〔1969〕『体系日本史叢書13 流通史Ⅰ』山川出版社，187-250頁。

原　征士〔1989〕『わが国職業的監査人制度発達史』白桃書房。

久野秀男〔1992〕『会計制度史比較研究』第一法規出版。

土方　久〔2000〕「簿記の構造・覚え書」『商学論集』（西南学院大学），第47巻第2号，1-22頁。

─────〔2001〕「ドイツ固有の簿記の成立」『商学論集』（西南学院大学），第48巻第2号，1-30頁。

─────〔2002〕「ドイツ固有の簿記の展開」『商学論集』（西南学院大学），第48巻第3・4号，

23-52頁。
一橋大学学園史編集委員会編〔1983〕『一橋大学学制史資料 第1巻』。
平井泰太郎〔1936〕「出雲帳合の性質」『国民経済雑誌』,第61巻第3号,1-28頁。
平戸市史編さん委員会(編)〔1998〕『平戸市史 海外資料編Ⅲ(訳文編)』長崎県平戸市。
福井憲彦〔2006〕『歴史学入門』岩波書店。
藤井秀樹〔1997〕『現代企業会計論－会計観の転換と取得原価主義会計の可能性－』森山書店。
―――〔2003〕「Littleton の会計理論－原価主義会計論の2つの潮流と A. C. Littleton －」土方 久編著『近代会計と複式簿記』税務経理協会,104-112頁。
―――〔2004〕「原価主義と時価評価」『企業会計』,第56巻第1号,33-41頁。
松本四郎〔1963〕「元禄・享保期における長谷川家の木綿問屋経営」,北島正元編著『江戸商業と伊勢店－木綿問屋長谷川家の経営を中心として－』吉川弘文館,139-206頁。
宮本又次〔1957〕「江戸時代の帳簿と帳合」『大阪大学経済学』(大阪大学),第6巻3・4合併号,87-112頁。
三代川正秀〔2004〕「江戸の帳合と正規の簿記の原則」『経営経理研究』(拓殖大学),第71号,19-32頁。
村岡健次・川北 稔編著〔1986〕『イギリス近代史－宗教改革から現代まで－』ミネルヴァ書房。
茂木虎雄〔1969〕『近代会計成立史論』未来社。
―――〔1979〕「オランダ会計史」,小島男佐夫編著『体系近代会計学Ⅵ 会計史および会計学史』中央経済社,89-112頁。
森田哲彌〔1996〕「原価主義会計」,森田哲彌・岡本 清・中村 忠編集代表『会計学大辞典(第四版)』中央経済社,310-311頁。
山浦久司〔1993〕『英国株式会社会計制度論』白桃書房。
山下勝治〔1936〕「出雲帳合に於ける両面勘定」『彦根高商論叢』,第20号,89-136頁。
山地秀俊〔1983〕『会計情報公開論』神戸大学経済経営研究所。
―――〔1994〕『情報公開制度としての現代会計』同文舘出版。
―――・中野常男・高須教夫〔1998〕『会計とイメージ』神戸大学経済経営研究所。
山桝忠恕〔1961〕『監査制度の展開』有斐閣。
行武和博〔1992〕「出島オランダ商館の会計帳簿－その帳簿分析と日蘭貿易の実態把握」『社会経済史学』,第57巻第6号,59-97頁。
―――〔1998〕「平戸オランダ商館の会計帳簿－その記帳形態と簿記計算構造－」平戸市史編さん委員会編,401-427頁。
四方一彌〔2004〕『「中学校教則大綱」の基礎的研究』梓出版社。
渡邉 泉〔1993〕『決算会計史論』森山書店。
―――〔1996〕「ダウリス製鉄会社の資金計算書」『大阪経大論集』,第47巻第3号,147-162頁。
―――〔2000〕「16－18世紀イギリス簿記書にみる売残商品の評価方法」『大阪経大論集』,第50巻6号,101-122頁。
―――〔2004〕「イギリス簿記書に見る資産評価の歴史」『三田商学研究』,第47巻第1号,51-62頁。
渡辺和夫〔1992〕『リトルトン会計思想の歴史的展開』同文舘出版。
渡辺大介〔1984〕「19世紀イギリスにおける管理会計の実態」『大阪経大論集』,第158号,227-300頁。

欧文参考文献

American Accounting Association (AAA) [1936] "A Tentative Statement of Accounting Principles Affecting Corporate Reports," *The Accounting Review*, Vol. XI, No. 2, pp. 187-191 (中島省吾訳編 [1964] 『増訂 A. A. A. 会計原則―原文・解説・訳文および訳註―』中央経済社, I. 3-13頁; III. 25-41頁).

――――[1957] "Accounting and Reporting Standards for Corporate Financial Statement : 1957 Revision," *The Accounting Review*, Vol. XXXII, No. 4, pp. 536-553 (中島訳 [1964], I. 52-62頁, II. 128-148頁).

――――[1966] *A Statement of Basic Accounting Theory*, Sarasota, Florida (飯野利夫訳 [1969] 『アメリカ会計学会・基礎的会計理論』国元書房).

American Institute of Certified Public Accountants (AICPA) [1952] *Changing Concepts of Business Income*, Report of Study Group on Business Income, New York (reprinted ed., Houston, Texas, 1975) (渡辺進・上村久雄訳 [1956] 『企業所得の研究―変貌する企業所得概念―』中央経済社).

Atkinson, A. A., Kaplan, R. S. and S. M. Young [2004] *Management Accounting*, 4th ed., Prentice Hall.

Baxter, W. T. [1956] "Accounting in Colonial America," in A. C. Littleton and B. S. Yamey (eds.), *Studies in the History of Accounting*, London, pp. 272-287.

――――[2004], "Observations on Money, Barter and Bookkeeping", *The Accounting Historians Journal*, Vol. XXXI, No. 1, pp. 129-139.

Benjamin, L. [1903] "Sitzungsberichte der Bezirksveine : Kostenanschläge in der Praxis des Fabrikanten," *Zeitschrift des Vereines Deutscher Ingenieure* (*Z-VDI*), Bd. 47, Nr. 29: S. 1051-1053.

Benston, G. J. [1976] *Corporate Financial Disclosure in the UK and the USA*, Farnborough, Hampshire.

Bonbright, J. C. and G. C. Means [1932] *The Holding Company, Its Public Significance and Its Regulation*, New York (reprinted ed., New York, 1969).

Brandeis, L. D. [1914] *Other People's Money and How the Bankers Use It*, New York.

Broadbridge, S. [1970] *Studies in Railway Expansion and Capital Market in England, 1825-1873*, Guildford and London.

Brown, R. (ed.) [1905] *A History of Accounting and Accountants*, Edinburgh (reprinted ed., London, 1968).

Bruchey, W. S. [1975] *Growth of the Modern American Economy*, New York (石井修・米田巌訳 [1980] 『アメリカ経済史―人間と技術の役割―』日本経済評論社).

Bruijin, J. R., Gaastra, F. S. and I. Schöffer [1987] *Dutch-Asiatic Shipping in the 17th and 18th Centuries*, Vol. I, The Hague.

Bywater, M. F. and B. S. Yamey [1982] *Historic Accounting Literature : a companion guide*, London.

Carosso, V. P. [1970] *Investment Banking in America, A History*, Cambridge, Massachusetts (小

林襄治他訳〔1978〕「アメリカの投資銀行(上)・(下)」『証券研究』第55巻・第56巻).
Chandler, A. D., Jr. 〔1990〕 *Scale and Scope : The Dynamics of Industrial Capitalism*, Cambridge, Massachusetts (阿部悦生・川辺信雄・工藤　章・西牟田祐二・日高千景・山口一臣訳〔1993〕『スケール・アンド・スコープ：経営力発展の国際比較』有斐閣).
Chatfield, M. 〔1974〕 *A History of Accounting Thought*, Hinsdale, Illinois (津田正晃・加藤順介訳〔1978〕『チャットフィールド会計思想史』文眞堂).
───〔1977〕 *A History of Accounting Thought*, revised ed., Huntington, New York.
─── and R. Vangermeersch (eds.)〔1996〕 *The History of Accounting : An International Encyclopedia*, New York.
Chatov, R. 〔1975〕 *Corporate Financial Reporting, Public or Private Control?*, New York.
Childs, W. H. 〔1949〕 *Consolidated Financial Statements, Principles and Procedures*, New York.
Clark, J. B. 〔1900〕 "Trust," *Political Science Quarterly*, Vol. XV, No. 2, pp. 181-195.
Cole, W. M. 〔1908〕 *Accounts. Their Construction and Interpretation*, Boston.
Coleman, A. R., Shenkir, W. G. and W. E. Stone 〔1974〕 "Accounting in Colonial Virginia : A Case Study," *The Journal of Accountancy*, Vol. CXXXVIII, No. 1, pp. 32-43.
Dewing, A. S. 〔1914〕 *Corporate Promotions and Reorganizations*, Cambridge, Massachusetts.
Dorn, G. 〔1961〕 *Die Entwicklung der industriellen Kostenrechnung in Deutschland*, Verlag Duncker & Humblot (平林喜博訳〔1967〕『ドイツ原価計算の発達』同文舘出版).
Edwards, J. D. 〔1960〕 *History of Public Accounting in the United States*, East Lansing, Michigan (reprinted ed., University, Alabama, 1998).
Edwards, J. R. (ed.)〔1981〕 *British Company Legislation and Company Accounts 1844-1976*, Vol. 1, New York.
───〔1989〕 *A History of Financial Accounting*, London.
Ellenbogen, E. von 〔1538〕 *Buchhalten auf preussische müntze und gewichte*···, Wittenberg.
Evans, G. H. 〔1936〕 *British Corporation Finance 1775-1850 : A Study of Preference Shares*, Baltimore.
Flesher, D. L. 〔1979〕 "Barter Bookkeeping : A Tenacious System," *The Accounting Historians Journal*, Vol. VI, No. 1, pp. 83-86.
Gaastra, F. 〔1989〕 *Bewind en Beleid bij de VOC : De financiële en commerciële politiek van de bewin hebbers, 1672-170*, Zutphen.
Garner, S. P. 〔1954〕 *Evolution of Cost Accounting to 1925*, University, Alabama (品田誠平・米田清貴・園田平三郎・敷田礼二訳〔1958〕『原価計算の発展−1925年まで−』一粒社).
Geijsbeek, J. B. 〔1914〕 *Ancient Double-Entry Bookkeeping* ; ······, Denver, Colorado..
Gezel, W. van 〔1681〕 *Kort begryp van 't beschouwig onderwijs in 't koopmans boekhouden*······, Amsterdam (reprinted ed., London, 1979).
Goldberg, L. 〔2001〕 *A Journey into Accounting Thought*, Routledge (工藤栄一郎訳〔2005〕『ゴールドバーグの会計思想』中央経済社.
Gottlieb, J. 〔1531〕 *Ein teutsch verstendig Buchhalten*···, Nürnberg.
───〔1546〕 *Buchhalten, zwey Künstliche und verstendige Buchhalten*···, Nürnberg.
Grammateus, H. 〔1518〕 *Ayn new hunstlich Buech*···, Erfurt.
Greene, T. L. 〔1897〕 *Corporation Finance*, New York.
Hamilton, R. 〔1788〕 *An Introduction to Merchandise*, ···, 2nd ed., Edinburgh (1st ed., Edinburgh, 1777).

欧文参考文献　　245

Haney, L. H. [1913] *Business Organization and Combination, An Analysis of the Evolution and Nature of Business Organization in the United States and a Tentative Solution of the Corporation and Trust Problems*, New York.

Hatfield, H. R. [1899] "The Chicago Trust Conference," *The Journal of Polititical Economy*, Vol. Ⅷ, No. 1, pp. 1-18.

───── [1909] *Modern Accounting : Its Principles and Problems*, New York(松尾憲橘訳〔1971〕『近代会計学－原理とその問題－』雄松堂書店).

───── and A. C. Littleton[1932] "A Check-List of Early Bookkeeping Texts," *The Accounting Review*, Vol. Ⅶ, No. 3, pp. 194-206.

Have, O. ten [1974] *De Geschiednis van het Boekhouden*, Delwel(三代川正秀訳〔2001〕『新訳会計史』税務経理協会).

Hawkins, D. F. [1963] "The Development of Modern Financial Reporting Practices among American Manufacturing Corporations," *Business History Review*, Vol. XXXⅦ, No. 3, pp. 135-168(山口一臣訳〔1972〕「近代的財務報告制度の発展－製造企業－」,古川栄一監訳『A. D. チャンドラー他著／J. P. ボーマン編 アメリカ近代経営史』日本経営出版会, 153-187頁).

Hayes, R. [1731] *Modern Book-keeping : or, the Italian method improved* …, London.

Hession, C. H., Miller, S. M. and C. Stoddart [1956] *The Dynamics of the American Economy*, New York.

Hofstadter, R. [1955] *The Age of Reform : From Bryan to F. D. R.*, New York(清水和久・斉藤眞・泉　昌一・阿部　斉・有賀　弘・宮島直機訳〔1988〕『改革の時代－農民神話からニューディールへ』みすず書房).

Hounshell, D. A. [1984] *From the American System to Mass Production, 1800-1932*, Baltimore(和田一夫・金井光太郎・藤原道夫訳『アメリカン・システムから大量生産へ：1800～1932』名古屋大学出版会).

Hughes, H. [1981] *Godwill in Accounting : A History of the Issues and Problems*, Research Monograph No. 80, Atlanta, Georgia.

Ijiri, Y. [1981] *Historical Cost Accounting and Its Rationality*, CGA Research Monograph No. 1, Vancouver.

Johnson, H. T. [1984] *The Role of Accounting History in the Education of Prospective Accountants*, Department of Accountancy University of Glasgow.

───── and R. S. Kaplan [1987] *Relevance Lost : The Rise and Fall of Management Accounting*, Boston, Massachusetts.(鳥居宏史訳〔1992〕『レレバンス・ロスト－管理会計の盛衰－』白桃書房).

Joint Working Group of Standard-Setters (JWG) [2000] *Financial Instruments and Similar Items*, An Invitation to Comment on the JWG's Draft Standard(日本公認会計士協会訳〔2001〕『金融商品及び類似項目』日本公認会計士協会).

Jones, E. (Eliot) [1921] *The Trust Problem in the United States*, New York.

Jones, E. (Edgar) [1987] *A History of GKN (Vol. 1 : Innovation and Enterprise, 1759-1918)*, Basingstoke, Hampshire.

Kats, P. [1926a] "Hugh Oldcastle and John Mellis-Ⅰ," *The Accountant*, Vol. LXXⅣ, No. 2677, pp. 483-487.

─────[1926b] "Hugh Oldcastle and John Mellis-Ⅱ," *The Accountant*, Vol. LXXⅣ, No. 2682 pp. 641-648.

Kehl, D. 〔1941〕 *Corporation Dividends, Legal and Accounting Problems Pertaining to Corporate Distributions*, New York.

Kellenbenz, H. 〔1970〕 "Der Stand der Buchhaltung in Oberdeutschland zur Zeit der Fugger und Welser," *Die Wirtschaftsprüfung*, Jg. 23, No. 22, S. 621-626.

Korte, de J. P. 〔1984〕 *De Jaalijkse Financiele Verantwoording in de Verenighe Oostindische Compagnie*, Leiden.

―――― 〔2000〕 *The Annual Accounting in the Dutch East India Company (translated by L. F. van Looken Compagne-de Korte)*, Amsterdam.

Kosiol, E. 〔1940〕 *Formalaufbau und Sachinhalt der Bilanz*, In : *Wirtschaftslenkung und Betriebswirtshaftslehre*, Leipzig, S. 103ff.

―――― 〔1944〕 *Bilanzreform und Einheitsbilanz―Grundlegende Studien zu den Möglichkeiten einer Rationalizierung der periodischen Erfolgsrechnung―*, 1 Aufl., Reichenberg, Leipzig und Wien (Aufl., Berlin und Stuttgart, 1949).

Kreiser, L. 〔1976〕 "Early American Accounting," *The Journal of Accountancy*, Vol. CXLⅡ, No. 1, pp. 77-80.

Langton, J. and Morris, R. J. 〔1986〕 *Atlas of Industrialising Britain 1780-1914*, London (米川伸一・原　剛訳〔1989〕『イギリス産業革命地図 近代化と工業化の変遷1780-1914』原書房).

Littleton, A. C. 〔1933〕 *Accounting Evolution to 1900*, New York (reprinted ed., New York, 1966)(片野一郎訳〔1978〕『リトルトン会計発達史(増補版)』, 同文舘出版).

―――― 〔1952〕 "Significance of Invested Cost," *The Accounting Review*, Vol. XXVII, No. 2, pp. 167-173.

―――― 〔1953a〕 "A Reply," *The Accounting Review*, Vol. XXVIII, No. 1, pp. 8-11.

―――― 〔1953b〕 *Structure of Accounting Theory*, AAA Monograph No. 5, Sarasota, Florida (大塚俊郎訳〔1955〕『会計理論の構造』東洋経済新報社).

Mair, J. 〔1736〕 *Book-keeping Methodiz'd* : …, Edinburgh.

―――― 〔1773〕 *Book-keeping Moderniz'd* : …, Edinburgh.

Malcolm, A. 〔1731〕 *A Treatise of Book-keeping, or, Merchants Accounts* : …, London.

May, G. O. 〔1943〕 "Improvement in Financial Accounts," *Dickinson Lectures in Accounting*, Cambridge, Massachusetts, pp. 1-48.

―――― 〔1952〕 "Limitations on the Significance of Invested Cost", *The Accounting Review*, Vol. XXVII, No. 4, pp. 436-440.

McCraw, T. K. (ed.) 〔1997〕 *Creating Modern Capitalism : How Enterpreneurs, Companies, and Countries Triumphed in Three Industrial Revolutions*, Cambridge, Massachusetts.

McMickle, P. J. and P. H. Jensen (eds.) 〔1988〕 *The Birth of American Accountancy*, New York.

Meade, E. S. 〔1906〕 *Trust Finance, A Study of the Genesis, Organization, and Management of Industrial Combinations*, New York.

Mellis, J. 〔1588〕 *A Briefe Instruction and maner hovv to keepe bookes of Accompts* …, London.

Meltzer, H. 〔1908〕 "Kalkulation und Selbstkostenwesen," *Zeitschrift des Vereines Deutscher Ingenieure (Z-VDI)*, Bd. 52, Nr. 25：S. 981-987, Bd. 52, Nr. 26: S. 1024-1030, Bd. 52, Nr. 27: S. 1071-1078.

Mepham, M. 〔1988〕 *Accounting in Eighteenth Century Scotland*, New York.

Messerschmitt, A. [1903] *Die Kalkulation im Mascinenwesen, nebest Anteilung zu bestimmung der allgemeinen wie spezialisierten Akkord-Gedinge und der Wahl der Materianlien, sowie Anhang von Akkord-Verzeichnissen und Preisen maschineller Gegenstände*, Zweitte durchgesehen und erweiterte Auflage, Essen.

Mofsky, J. S. [1971] *Blue Sky Restrictions on New Business Promotions*, New York.

Monteage, S. [1675] *Debtor and creditor made easie : or, a short instruction for the attaining the right use of accounts* …, London.

Nelson, R. L. [1959] *Merger Movements in American Industry, 1895-1956*, New York.

Pacioli, L. [1494] *Summa de Arithmetica Geometria Proportioni et Proportionalita*, Venezia.

Paker, R. H. [1986] *The Development of the Accountancy Profession in Britain to the Early Twentieth Century*, University, Alabama.

Paton, W. A. [1922] *Accounting Theory*, New York.

―――― and A. C. Littleton [1940] *An Introduction to Corporate Accounting Standards*, AAA Monograph No. 3, Chicago（中島省吾訳〔1958〕『会社会計基準序説(改訳版)』，森山書店）.

Penndorf, B. [1913] *Geschichte der Buchhaltung in Deutschland*, Leipzig.

Pollard, S. [1965] *The Genesis of Modern Management* : A Study of the Industrial Revolution, London（山下幸男・桂　芳男・水原正享訳〔1982〕『ポラード　現代企業管理の起源　イギリスにおける産業革命の研究』千倉書房）.

Porter, G. and H. C. Livesay [1971] *Merchants and Manufacturers : Studies in the Changing Structure of Nineteenth-Century Marketing*, Baltimore（山中豊国・中野　安・光沢滋朗訳〔1983〕『経営革新と流通支配－生成期マーケティングの研究』ミネルヴァ書房）.

Previts, G. J. and B. D. Merino [1979] *A History of Accounting in America, An Historical Interpretation of the Cultural Significance of Accounting*, New York（大野功一・岡村勝義・新谷典彦・中瀬忠和訳〔1983〕『アメリカ会計史－会計の文化的意義に関する史的解釈－』同文舘出版）.

―――― and B. D. Merino [1998] *A History of Accountancy in the United States : The Cultural Significance of Accounting*, Columbus, Ohio.

Preuβ, F [1903] "Das Prämiensystem der Arbeiterlöhnung," *Zeitschrift des Vereines Dartschen Ingerieune (Z-VDI)*, Bd. 47, Nr. 5, Janu, SS. 172-175. Bd. 47, Nr. 12, Marz, SS. 439-440.

Riley, E. M. [1968] "William Prentis & Co. : Business Success in Eighteenth Century Wiiliamsburg," *Financial Executive*, Vol. XXXVI, No. 4, pp. 35-38, 40-41.

Ripley, W. Z. [1927] *Main Street and Wall Street*, Boston.

Roover, R. de [1956] *The Development of Accounting prior to Luca Pacioli according to the Account-Books of Medieval Merchants*, in A. C. Littleton and B. S. Yamey, *Studies in the History of Accounting*, London, pp. 114-174.

Savary, J. [1675] *Le parfait negociant*, 1ère édition, Louis Billaine, Paris.

Schmalenbach, E. [1908] "Die Abschreibung," *Zeitschrift für handelswissenschaftliche Forschung*, Jg. 3, S. 81-88.

――――[1916] "Theorie der Erfolgsbilanz," *Zeitschrift für handelswissenschaftliche Forschung*, Jg. 10, S. 379-382.

――――[1925] *Grundlagen dynamisher Bilanzlehre* (3 Aufl.), Leipzig.

――――[1926] *Dynamishe Bilanz* (4 Aufl.), Leipzig.

Schweicker, W. [1549] *Zwifach Buchhalten*⋯, Nürnberg.
Schweitzer, M. [1995] "Eugen Schmalenbach as the Founder of Cost Accounting in the German Speaking World", in A. Tsuji and S. P. Garner (eds.) [1995] *Studies in Accounting History : Tradition and Innovation for the Twenty-first Century*, London, pp. 29-43.
Sheldahl, T. K. [1985] "America's Earliest Recorded Text in Accounting: Sarjeant's 1789 Book," *The Accounting Historians Journal*, Vol. XII, No. 2, pp. 1-42.
Stevin, S. [1607] *Vorstelicke bouckhouding op de Italiaensche wyse in domeine en finance extraordinaire*, ⋯⋯, Leyden (reprinted ed., London, 1982).
──────[1608] *Livre de compte de Prince a la manière d'Italie, en domaine et finance extraordinaire*, ⋯⋯, Leyden.
Stockwell, H. G. [1912] *Net Worth and the Balance Sheet*, New York.
United States Industrial Commission [1900] *Preliminary Report on Trust and Industrial Combinations*, Vol. I of the Commission's Report, Washington, D. C. (reprinted ed., Connecticut, 1970).
United States Steel Corporation [1903] *First Annual Report of the United States Steel Corporation fot the Fiscal Year ended December 31, 1902*, Hoboken, New Jersey (Microfilim).
Waal, P. G. A. de [1927] *Van Pacioli tot Stevin*, Roelmond.
Walker, R. G. [1978] *Consolidated Statements, A History and Analysis*, New York.
Wells, M. C. [1978] *Accounting for Common Costs*, Urhana, Illinois. (内田昌利・岡野　浩訳〔1992〕『ウェルズ原価計算論の視座』同文舘出版).
Woolf, A. H. [1912] *A Short History of Accountants and Accountancy*, London (片岡義雄・片岡泰彦訳〔1977〕『ウルフ　会計史』法政大学出版局).
Yamey, B. S. [1962] "Some Topics in the History of Financial Accounting in England 1500-1900," in W. T. Baxter and S. Davidson (eds.), *Studies in Accounting Theory*, London, pp. 11-34.
──────[1990] "Accounting Literature 1474-1800 : A Survey," in B. S. Yamey (ed.) *Historic Accounting Literature II : Supplementary Volume*, Tokyo, pp. 3-17(片岡泰彦訳〔1990〕「B. S. ヤーメイ　会計学文献概観(1449～1800)」『会計』, 第137巻第4号, 127-144頁).
──────, Edey, H. C. and H. W. Thomson [1963] *Accounting in England and Scotland : 1543-1800*, London.
Ympyn, J. [1543] *Nieuwe instructie ende bewijs der loofelijcker consten des rekenboecks*⋯⋯, Antwerpen (reprinted ed., London, 1982).
──────[1543] *Nouvelle instruction*⋯, Antwerpen.

事項索引

〔あ行〕

ASOBAT ……………………………… 13
足利帳 ………………………………… 122
アムステルダム ………………………… 54
アメリカ会計学会 …………………… 215
アメリカ機械技術者協会 …………… 170
アメリカ公認会計士協会 …………… 218
アメリカ法 ……………………………… 68
アメリカン・システム ……………… 169
アントウェルペン(アントワープ) …… 54, 69

イーストマン・コダック社 ………… 142
イギリス式貸借対照表 ……………… 109
イギリス東インド会社 ………………… 99
意思決定有用性アプローチ ………… 222
出雲帳合 ……………………………… 124
一般商品勘定 …………………………… 71
イングランド銀行 ……………………… 99

ヴィッテンボルク家 …………………… 36
ヴェネツィア …………………………… 8
ヴェネツィア式簿記 …………………… 28
ヴェネツィア説 ………………………… 24
売上帳 …………………………………… 71
売残商品 ………………………… 39, 57, 90
売残商品勘定 …………………… 57, 69
運河会社 ……………………………… 97

営業持株会社 ………………………… 143
永続性(継続性) ………………………… 56

大坂両替店 …………………………… 126
大元方 ………………………………… 126
オランダ ……………………………… 54

〔か行〕

カーネギー・スティール社 ………… 114
カーメル ………………………………… 56
開業財産目録 ………………………… 30
会計(学) ……………………………… 118
会計学史 ………………………………… 7
会計監査 ……………………………… 180
会計史 …………………………………… 5
会計士 ………………………………… 141
会計世界一周論 ……………………… 231
会計ビッグバン ………………………… 13
会社会計基準序説 …………………… 215
会社機関 ……………………………… 180
会社条款総括法 ……………………… 182
会社総括法 …………………………… 99
会社法(英) ……………………… 182, 183
買主危険負担 ………………………… 146
科学的管理運動 ……………………… 169
確定資本制 ……………………………… 56
貸方 ……………………………………… 31
過大資本化 ……………………… 114, 156
カタロニア商会 ………………………… 23
合併運動 ……………………………… 155
株式会社 ………………………………… 56
株式制 …………………………… 56, 180
貨幣資本・利益計算 ………………… 208
貨幣性資産 …………………………… 207
借方 ……………………………………… 31
カリマラ(ラシャ商)同業組合 ……… 75
監査会社 ……………………………… 185
カンザス・シティ・ガス社 ………… 141
監査報告書 …………………………… 141
監査役 ………………………………… 189
管理会計 ……………………………… 167

機械工業 ……………………………… 87
期間損益 ……………………………… 42
期間損益計算 …………… 38, 57, 69, 203
企業会計原則 …………………………… 10
企業合併 ……………………………… 142
企業主体理論 ………………………… 164
擬制勘定 ………………………………… 50
キャッシュ・フロー計算書 …………… 90
巨大株式会社企業(ビッグビジネス) … 114, 154
銀行簿記精法 ………………………… 129
金銭帳 …………………………………… 38

口別損益計算 …………………… 38, 88
組合売買 ………………………………… 71
グリーン委員会 ………………………… 99
繰越商品 ………………………………… 39
クレイトン(反トラスト)法 ……… 148, 160

251

グレンジャー原則……………………113

経営管理………………………………80
経営成績………………………………80
経済監査士協会………………………185
経済的実体……………………………140
継続企業………………………………60
経費勘定………………………………22
決算残高勘定…………………………94
決算締切手続…………………………74
決算書監査人…………………………185
原価企画………………………………168
原価計算基準（日）…………………171
原価差異分析…………………………171
原価主義会計…………………………211
減価償却……………………………85, 95
減価償却費……………………………205
原価配分………………………………205
現金勘定………………………………22
現在価格………………………………93
現在価値………………………………71
検証……………………………………38
検証力ある客観的証拠………………216

高価主義………………………………30
公共の人格……………………………80
合計試算表……………………………32
公正価値会計…………………………212
公認会計士監査………………………191
公認会計士法…………………………190
公表財務諸表…………………………115
衡平原則………………………………113
国際会計基準審議会（IASB）………222
古代ローマ起源説……………………20
個別財務諸表…………………………144
コモン・ロー…………………………113
混合勘定………………………………94

〔さ行〕

債権・債務帳…………………………69
債権債務明細書………………………73
債権者…………………………………31
債権者保護思想………………………203
財産法…………………………………60
財産法的損益計算……………………69
財産目録………………………………79
財産目録規定…………………………80
財政状態………………………………80
財政状態変動表………………………90

再調達原価……………………………92
再評価剰余金…………………………162
財務会計………………………………167
財務会計基準審議会（FASB）………222
財務公開………………………………155
債務者…………………………………31
先入先出法……………………………93
差別的賃率出来高制…………………170
産業革命…………………………86, 104
残高勘定…………………………41, 69
残高試算表……………………………73
残高表…………………………………95
三帳簿制………………………………29
算用帳…………………………………124
残余財産………………………………72

GE 社…………………………………142
GM 社…………………………………161
仕入帳…………………………………71
ジェネラル・ストアキーパー………105
ジェノヴァ説…………………………22
時価……………………………………92
時価主義………………………………30
時価主義会計…………………………10
時価評価………………………………85
自己検証性……………………………69
資産の水増し……………………114, 156
資産引継ぎ目録………………………64
資産評価………………………………62
市場価格………………………………73
実地棚卸……………………………60, 73
資本……………………………………109
資本会計………………………………155
資本勘定………………………………73
資本金勘定……………………………23
資本主勘定……………………………40
シャーマン（反トラスト法）………114
社会的責任……………………………142
シャンド・システム…………………129
州際通商法……………………………113
収支計算書……………………………100
収支的貸借対照表……………………209
重商主義政策…………………………77
主観価格………………………………73
取得原価………………………………92
取得原価主義会計…………………10, 211
純粋持株会社…………………………143
準則主義………………………………184
準則主義株式会社（制度）…………113

252　　事項索引

商業帳簿	77
商業帳簿規定	79
証券取引委員会(SEC)	164, 187
証券取引所法	187
証券法	148, 187
証拠能力	80
商事裁判制度	77
状態証明表	58
状態表	58
商人簿記	58
商標(権)	115, 156
商品貨幣	104
商品勘定	22
商品帳	38, 70
情報開示	140
商法講習所	131
正味身代	122
職業的会計士	183
仕訳帳	29, 58, 69
信託会社	185
人的一勘定学説	32
人名勘定	21
スタンダード・オイル・トラスト	113
スタンダード・オイル社	160
ストック	87
ストックトン・ダーリントン鉄道	97
スムマ	7, 27
正規の簿記の諸原則	204
精算表	58
節約賃金分配制度	170
先駆(諸)会社	56
宣誓帳簿監査士	184
全体損益計算	203
総記法	60
総合状態表	63
総合商人	105
惣差引座	124
測定された対価	215
ソランツォ兄弟	24
損益勘定	21, 39, 73
損益勘定表	100
損益計算	31
損益計算書	32, 59
損益集合表	40

〔た行〕

大恐慌	152
貸借対照表	32, 43, 59, 72
貸借対照表監査人	185
貸借対照表勘定	175
貸借複記入原則	80
大福帳	121
代理商	88
代理人簿記	20, 70
ダウライス製鉄会社	89
多帳簿制複式決算簿記	124
ダティーニ商会	72
棚卸資産	90
棚卸資産評価	81
店卸下書	124
店卸目録	124
店算用目録帳	124
田部家	124
単位原価	173
担保力表示	81
力の貯蔵庫	208
秩序的単式簿記	70
中世イタリア起源説	20
帳合	121
帳合之法	128
超過利益税	151
帳簿監査士	184
帳簿締切	38
賃金制度	170
低価主義	81
ディスクロージャー	98
鉄道狂時代	97
鉄道法	100
出目金座	124
デル・ジュディーチェ商会	72
デル・ベーネ商会	72
伝統簿記	121
ドイツ一般商法典	85, 184
登記法	99, 182
同時期説	24
投資銀行家	145
動的会計(理)論	201
動的貸借対照表	197
特殊仕訳帳	71
特殊売買	71

土倉帳・・・・・・・・・・・・・・・・・・・・・・・・・・・・・・122
トスカーナ説・・・・・・・・・・・・・・・・・・・・・・・・・21
特許権・・・・・・・・・・・・・・・・・・・・・・・・・115, 156
特許主義・・・・・・・・・・・・・・・・・・・・・・・・・・・・・182
特許主義株式会社（制度）・・・・・・・・・・・112
特許状・・・・・・・・・・・・・・・・・・・・・・・・・・・・・・・・56
富山家・・・・・・・・・・・・・・・・・・・・・・・・・・・・・・・122
トラスト・・・・・・・・・・・・・・・・・・・・・・113, 142
取引所・・・・・・・・・・・・・・・・・・・・・・・・・・・・・・・・55

〔な行〕

中井家・・・・・・・・・・・・・・・・・・・・・・・・・・・・・・・124
ナショナル・レッド社・・・・・・・・・・・・・・・142
ナポレオン戦争・・・・・・・・・・・・・・・・・・・・・・・87
南海会社・・・・・・・・・・・・・・・・・・・・・・・・・・・・・181
南海泡沫事件・・・・・・・・・・・・・・・・・・・・・・・・181

西漸運動・・・・・・・・・・・・・・・・・・・・・・・・・・・・・112
日記帳・・・・・・・・・・・・・・・・・・・・・・・・・・・・・・・・29
ニューディール政策・・・・・・・・・・・・・・・・・187
ニューヨーク証券取引所（NYSE）・・・・・・・・・・141

ネーデルラント・・・・・・・・・・・・・・・・・・・・・・・53
年次報告書・・・・・・・・・・・・・・・・・・・・・・・・・・・90
年度決算・・・・・・・・・・・・・・・・・・・・・・・・・・・・・・85
年度締切・・・・・・・・・・・・・・・・・・・・・・・・・・・・・・30

暖簾（goodwill）・・・・・・・・・・・・・・・114, 156

〔は行〕

パートナーシップ・・・・・・・・・・・・・・・・・・・107
売却時価・・・・・・・・・・・・・・・・・・・・・・・・・・・・・・92
配当規制・・・・・・・・・・・・・・・・・・・・・・・・・・・・・163
長谷川家・・・・・・・・・・・・・・・・・・・・・・・・・・・・・124
パブリシティ・・・・・・・・・・・・・・・・・・・・・・・・118

引合・・・・・・・・・・・・・・・・・・・・・・・・・・・・・・・・・・122
引合法・・・・・・・・・・・・・・・・・・・・・・・・・・・・・・・122
評価益・・・・・・・・・・・・・・・・・・・・・・・・・・・・・・・・92
費用勘定・・・・・・・・・・・・・・・・・・・・・・・・・・・・・・22
標準原価・・・・・・・・・・・・・・・・・・・・・・・・・・・・・168
標準原価計算・・・・・・・・・・・・・・・・・・・・・・・・168
費用性資産・・・・・・・・・・・・・・・・・・・・・・・・・・207
費用配分（法）・・・・・・・・・・・・・・・・・・・・・・・・96
平戸商館・・・・・・・・・・・・・・・・・・・・・・・・・・・・・・63
ビランチオ・・・・・・・・・・・・・・・・・・・・・・・・・・・88

プール・・・・・・・・・・・・・・・・・・・・・・・・・113, 156
フォード・システム・・・・・・・・・・・・・・・・・169

複式簿記・・・・・・・・・・・・・・・・・・・・・・・・・・・・・・20
普通株式・・・・・・・・・・・・・・・・・・・・・・・144, 156
フッガー家（商会）・・・・・・・・・・・・・・38, 70
ブック・キーピング・バーター・・・・・・106
物財勘定・・・・・・・・・・・・・・・・・・・・・・・・・・・・・・71
物的二勘定学説（資本主理論）・・・・・・61, 164
船勘定・・・・・・・・・・・・・・・・・・・・・・・・・・・・・・・・94
プライス・ウォーターハウス会計事務所・・・115
フランコ・ジャーマン系商社・・・・・・・・・67
フランス商法典（ナポレオン商法）・・・・・・85, 181
ブルー・スカイ法・・・・・・・・・・・・・・・・・・・147
ブルッヘ（ブルージュ）・・・・・・・・・・・・・・・54
プレンティス商会・・・・・・・・・・・・・・・・・・・107
フロー・・・・・・・・・・・・・・・・・・・・・・・・・・・・・・・・87
プロシア一般国法・・・・・・・・・・・・・・・・・・・・・85
プロモーター・・・・・・・・・・・・・・・・・141, 156

ペーソン簿記・・・・・・・・・・・・・・・・・・・・・・・・133
ベスレヘム・スティール社・・・・・・・・・・・142
ベルギー・・・・・・・・・・・・・・・・・・・・・・・・・・・・・・54

報告式貸借対照表・・・・・・・・・・・・・・・・・・・・・84
法定監査（強制監査）・・・・・・・・・・・・・・・115
法的実体・・・・・・・・・・・・・・・・・・・・・・・・・・・・・140
泡沫会社取締条例・・・・・・・・・・・・・・・・・・・182
泡沫条例廃止法・・・・・・・・・・・・・・・・・・・・・182
ボールトン・ワット商会・・・・・・・・・・・・・・97
簿記・・・・・・・・・・・・・・・・・・・・・・・・・・・・・・・・・118
簿記の検証・・・・・・・・・・・・・・・・・・・・・・・・・・・41
ホルツシューア家・・・・・・・・・・・・・・・・・・・・36
本支店会計・・・・・・・・・・・・・・・・・・・・・・・・・・139

〔ま行〕

前給付・・・・・・・・・・・・・・・・・・・・・・・・・・・・・・・207
マニュファクチャー・・・・・・・・・・・・・・・・・・87

三井家・・・・・・・・・・・・・・・・・・・・・・・・・・・・・・・126

無額面株式・・・・・・・・・・・・・・・・・・・・・・・・・・162
無形資産・・・・・・・・・・・・・・・・・・・・・・・114, 156
無形資産会計・・・・・・・・・・・・・・・・・・・・・・・・155

名目勘定・・・・・・・・・・・・・・・・・・・・・・・・・・・・・・21
免許主義・・・・・・・・・・・・・・・・・・・・・・・・・・・・・184
綿作地帯・・・・・・・・・・・・・・・・・・・・・・・・・・・・・104

持株会社・・・・・・・・・・・・・・・・・・・・・・・・・・・・・142
元帳・・・・・・・・・・・・・・・・・・・・・・・・・・29, 58, 69
元帳勘定の締切・・・・・・・・・・・・・・・・・・・・・・・32

〔や行〕

US スティール社·················90, 114, 141
US ラバー社·····························142
有限責任制·························56, 180
有限責任制·····························180
優先株(式)·····················115, 144, 156

洋式簿記·······························127
要約的·································60
予算統制·····························168
余剰···································43

〔ら行〕

利益···································40
利益剰余金·····························162
利足·································122
リバプール・マンチェスター鉄道·············97
リュイエール商会·························73
両替商同業組合·························75

領土簿記·······························60
両面勘定·····························124
ルイ14世商事王令·························77
ルーティンガー家·························36
連結会計·····························139
連結財務諸表·····················139, 155
連合東インド会社(オランダ東インド会社)
 ·································56, 180
連邦議会·······························56
連邦準備局·····························147
連邦通商委員会·························147
連邦取引委員会法·························160
ロンバルディーア説·······················23

〔わ行〕

和式帳合の二重構造·······················127
割増給制·····························170

事 項 索 引　255

人名索引

〔あ行〕

アルキアティ ……………………… 74
イムピン ………………………… 57, 69, 91
イルゾン ………………………………… 85
イングリス ……………………………… 130
ウェブナー ……………………………… 171
ウォーカー ……………………………… 98
海野力太郎 …………………………… 131
梅原精一 ……………………………… 129
ウルフ ……………………………… 22, 233
エーレンボーゲン ……………………… 37
海老原　済 …………………………… 129
エマーソン ……………………………… 171
大森研造 ……………………………… 121
小倉榮一郎 …………………………… 124

〔か行〕

カー ………………………………………… 4
ガーナー ……………………………… 234
カウテレールス ………………………… 74
カステラーニ …………………………… 22
カッツ …………………………………… 20
カロン ………………………………… 121
グラマテウス（シェライバー） ……… 37
グリーン ………………………………… 90
ゲーリー ………………………… 118, 145
コール …………………………………… 90
コジオール …………………………… 8, 208
小島男佐夫 …………………………… 233
ゴットリープ …………………………… 37
コトルリ ……………………………… 25, 70

〔さ行〕

サージャント ………………………… 119
サヴァーリ ……………………………… 79
サヴォンヌ ……………………………… 71
シェアー ………………………………… 61
シャンド ……………………………… 129
シュヴァイカー ………………………… 37
シュヴァイツァー ……………………… 198
シュバルツ …………………………… 37, 70
シュマーレンバッハ ………………… 8, 197
ジョーンズ …………………………… 119

ジョンソン=キャプラン ……………… 234
ズィヴェーキング ……………………… 22
図師民嘉 ……………………………… 130
スタントン …………………………… 119
ステフィン …………………………… 58, 74
ストラッカ ……………………………… 74
ストロッツィ …………………………… 26
スプレイグ …………………………… 119
セライネリオ …………………………… 23
ソロモンズ …………………………… 171

〔た行〕

チャイルズ …………………………… 142
テイラー ……………………………… 169
デウニャーノ …………………………… 23
デスコバール …………………………… 75
デュ・ムーラン ………………………… 75
テン・ハーヴェ ……………………… 233
ド・メイノー …………………………… 74
ド・ラ・ポルト ………………………… 85
トーン ………………………………… 170

〔な行〕

西川孝治郎 …………………………… 123
ニックリッシュ ……………………… 199

〔は行〕

ハーストラ ……………………………… 64
パチョーリ ……………… 7, 27, 57, 101, 134, 230
パッカード …………………………… 132
ハットフィールド ……………… 118, 158, 214
ハミルトン ……………………………… 92
ハルゼー ……………………………… 170
バルドス ………………………………… 74
バルトルス ……………………………… 74
バルバリゴ ……………………………… 29
ピエテルツ ……………………………… 73
ビュッヒャー ………………………… 199
平井泰太郎 …………………………… 124
ファン・フューゼル …………………… 60
フィニ …………………………………… 21
ブーシェ ………………………………… 85
フォーゴ ………………………………… 22
フォスター …………………… 119, 131, 232

フォルサム	119,130	メイヤー	92,119
福澤諭吉	128	メッサーシュミット	173
ブライアント=ストラットン=パッカード	119	メリス(Melis, F.)	22,233
ブラウン	233	メリス(Mellis, J.)	93
ブランダイス	146	メルツァー	174
ブレア	107	メレマ	73
プレンティス	107	メンハー	70
プロイス	172	森下岩楠	130
ヘイズ	92	森島修太郎	130
ペイトン	164,214	モルガン	114,145
ペイトン=リトルトン	215	モンテージ	93
ベスタ	22		
ベネット	119		

〔や行〕

ヤーメイ	60
山下勝治	124

ベロニ	75		
ペンドルフ	22,37,233		
ベンヤミン	172		
ホイットニー	132		
ポラード	97		

〔ま行〕

〔ら行〕

ラファエリ	25
リーガー	210
リトルトン	96,212,234
リプリー	146
ルイス	89
ロエスレル	188
ローワン	172

マリイ	20
マルコム	94
マルシェ	130
マルティネッリ	22
マンツォーニ	57,69
マントゥ	86
ミッチェル	119
メイ	144,217

〔わ行〕

ワルプ	8,208

人名索引

〈編著者略歴〉

平林　喜博（ひらばやし　よしひろ）

1937年　尼崎市に生まれる
1960年　関西学院大学商学部卒業
1963年　神戸大学大学院経営学研究科修士課程修了
現　在　大阪市立大学名誉教授
　　　　経営学博士（大阪市立大学）

＜主要著書（訳書）＞
『ドイツ原価計算の発展』（訳書）同文舘出版　1967年
『費用理論序説』森山書店　1974年（太田賞受賞）
『原価計算論研究』同文舘出版　1980年
『原価と原価理論』（共訳書）新東洋出版　1981年
『原価計算の基本問題』森山書店　1995年
『シュテフェン生産と原価の理論』（共訳書）中央経済社　1995年

平成17年4月18日　初版発行　　　〈検印省略〉
平成18年3月25日　3版発行　　　略称―会計成立史

近代会計成立史

編著者　平　林　喜　博
発行者　中　島　治　久

発行所　同文舘出版株式会社
東京都千代田区神田神保町1-41 〒101-0051
電話　営業 03(3294)1801　編集 03(3294)1803
振替　00100-8-42935　http://www.dobunkan.co.jp

© Y. HIRABAYASHI　　　印刷：広研印刷
Printed in Japan 2005　　製本：加瀬製本

ISBN4-495-18301-X